ESTUDIOS SOBRE CIERTOS ASPECTOS DE LA PRESIDENCIA ESPAÑOLA DEL CONSEJO DE LA UNIÓN EUROPEA

(1 de julio a 31 de diciembre de 2023)

ESTUDIOS SOBRE CIERTOS ASPECTOS DE LA PRESIDENCIA ESPAÑOLA DEL CONSEJO DE LA UNIÓN EUROPEA

(1 de julio a 31 de diciembre de 2023)

Director

Carlos Francisco Molina del Pozo

Coordinadora

Nuria Puentes Ruiz

COLEX 2024

© Editorial Colex, S. L.
Calle Costa Rica, número 5, 3.º B (local comercial)
A Coruña, C. P. 15004
info@colex.es
www.colex.es

I. S. B. N.: 978-84-1194-502-8
Depósito legal: C 773-2024

SUMARIO

NOTA PRELIMINAR

(Pág. 13)

Carlos Francisco Molina del Pozo (Director)
Nuria Puentes Ruiz (Coordinadora)

JORNADAS DE ANÁLISIS SOBRE EL BALANCE DE LA PRESIDENCIA ESPAÑOLA DEL CONSEJO EN 2023

(Pág. 17)

Ignacio García-Valdecasas Fernández

LA PRESIDENCIA DEL CONSEJO DE LA UNIÓN EUROPEA

(Pág. 25)

Enrique González Sánchez

SEGURIDAD Y DEFENSA EN EL ESPACIO ULTRATERRESTRE: LA ESTRATEGIA DE LA UNIÓN EUROPEA

(Pág. 37)

Ronan Ciréfice

LA PRESIDENCIA ESPAÑOLA Y LA POLÍTICA DE PROTECCION DE LOS CONSUMIDORES

(Pág. 59)

Bernardo Hernández Bataller

EL SISTEMA DE VOTACIÓN DEL CONSEJO Y SU REPERCUSIÓN EN EL FUTURO DE LA UNIÓN EUROPEA: ANÁLISIS DE LA PERTINENCIA DEL VOTO POR UNANIMIDAD

Virginia Saldaña Ortega

EL FUTURO DE LA ARMONIZACIÓN FISCAL EN LA UNIÓN EUROPEA

Domingo Carbajo Vasco

LA PRESIDENCIA ESPAÑOLA Y LA GOBERNANZA ECONÓMICA

(Pág. 135)

Eduardo Cuenca García
Margarita Navarro Pabsdorf

LOS FONDOS «NEXT GENERATION EU», UNA OPORTUNIDAD Y UN RETO PARA EL GASTO PUBLICO ESPAÑOL

(Pág. 157)

Alfonso García-Moncó

REINDUSTRIALIZACIÓN EUROPEA. ACUERDOS COMERCIALES Y DE SEGURIDAD ECONÓMICA EN EL MARCO DE LA PRESIDENCIA ESPAÑOLA DEL CONSEJO DE LA UE

(Pág. 167)

Pablo Podadera Rivera

INTEGRACIÓN EUROPEA Y GOBERNANZA MULTINIVEL; UNA REFLEXIÓN DESDE ESPAÑA

Rafael Ripoll Navarro

LA DIMENSIÓN SOCIAL DE LA UNIÓN EUROPEA: APUNTES EN EL CONTEXTO DE LA PRESIDENCIA ESPAÑOLA DEL CONSEJO

Tatsiana Ushakova

NOTA PRELIMINAR

En las páginas de esta obra el lector encontrará el interés del Instituto Eurolatinoamericano de Estudios para la Integración (IELEPI) y de la Cátedra Jean Monnet Ad Personam de Derecho de la Unión Europea de la Universidad de Alcalá (UAH) por los contenidos de la presidencia española del Consejo de la Unión Europea (asumida desde el 1 de julio hasta el 31 de diciembre del 2023).

La presidencia del segundo semestre de 2023 fue llevada a cabo por el Reino de España, iniciándose el primer día de julio de 2023, contando con cuatro prioridades fundamentales:

- Reindustrializar la Unión Europea y garantizar su autonomía estratégica abierta;
- Avanzar en la transición ecológica y la adaptación medioambiental;
- Impulsar una mayor justicia social y económica; y,
- Reforzar la unidad europea.

La apertura internacional de la Unión Europea, como efecto de la globalización, ha traído beneficios materializados en un crecimiento económico y un mayor bienestar social, pero también ha supuesto matices negativos como la deslocalización de las empresas, provocando una dependencia que, la pandemia de COVID-19 demostró puede ser un trastorno capaz de paralizar la producción europea, y por consecuencia, el movimiento de la cadena productora.

Con la presidencia, España quiso hacer más atractiva la Unión Europea, en materia de autonomía estratégica, para que aquellas empresas que así lo decidiesen relocalizasen sus industrias en territorio europeo.

En el aspecto de la transición ecológica y represión de las emisiones contaminantes para frenar el cambio climático, España planteó reducir las dependencias energéticas, lo cual también ayudaría en la decisión de no financiar a Rusia en su guerra; y entre otros elementos, agilizar los expedientes del Fit for 55 o la reducción del uso de microplásticos.

Al fomentar la justicia social y económica, el objetivo de la presidencia española se establecía como una decisión de que el crecimiento económico llegase a todos los ciudadanos de los Estados miembros, mejorándose su bienestar y oportunidades en la vida, lo que también acarrearía una economía más competitiva.

Finalmente, con la prioridad de reforzar la unidad europea, se tenía en cuenta la celebración de las próximas elecciones europeas en base a las elecciones estatales que se han producido en ciertos países y que han capacitado a la extrema derecha con poder para desintegrar los valores de unidad, igualdad y enfoque conjunto. Para evitar la extensión del antieuropeísmo y fortalecer el núcleo europeo, España optó por realizar una profundización del mercado interior, así como por avanzar en la consecución de una nueva Agenda de Migración y Asilo, entre otros planteamientos.

Ahora bien, esta inclinación del IELEPI y de la Cátedra Jean Monnet de la Universidad de Alcalá se plasmó en dos importantes eventos que se celebraron en momentos distintos, es decir, en tiempo previo y de preparación del inicio de la presidencia española del Consejo de la Unión Europea, y durante el ejercicio de la misma, coincidiendo con su fase final.

En este sentido, el primero de los eventos, *Jornadas sobre la presidencia española del Consejo*[1], tuvo lugar el 5 de mayo de 2023, con la finalidad de introducir las prioridades españolas para la presidencia, así como otros diversos elementos que, desde una visión académica se consideraba necesario tuviesen respuesta en estos meses de gobernanza española.

El segundo evento, *Jornadas de análisis de la presidencia española del Consejo*[2], se realizó el 18 de diciembre de 2023, llevándose a cabo un examen minucioso de los meses de presidencia española, para observar si se habían logrado cumplimentar las prioridades anunciadas, así como detectar qué aspectos se tendrían que seguir trabajando en un futuro para avanzar en el engranaje adecuado de la maquinaria de la Unión Europea.

Las dos actividades reseñadas se produjeron con las variadas aportaciones e intervenciones de importantes profesionales en el ámbito europeo y académico universitario. De esta manera, puede decirse que, en esta obra se han recopilado las diversas contribuciones y trabajos que dichos ponentes nos hicieron llegar, lográndose un compendio de estudios sobre la presidencia española del Consejo de la Unión Europea, abordándose la referida temática desde las tres perspectivas clásicas: jurídica, económica y social.

1 IELEPI. «Jornadas sobre la presidencia española en el Consejo», disponible en: https://ielepi.com/jornadas-sobre-la-presidencia-espanola-en-el-consejo/

2 IELEPI. «Jornadas de análisis sobre la presidencia española del Consejo», disponible en: https://ielepi.com/jornadas-de-analisis-sobre-la-presidencia-espanola-del-consejo/

Así pues, encontraremos que esta obra contiene desde unos interesantes comentarios sobre las dos guerras que está viviendo Europa, hasta las prioridades españolas para la presidencia, aspectos de la política de seguridad y defensa europea, la protección de los consumidores, el sistema de votación en la Unión Europea, la fiscalidad y la gobernanza económica europea, los fondos Next Generation EU, la reindustrialización, la integración y gobernanza multinivel, así como la dimensión social. Por consiguiente, puede concluirse que, este libro busca otorgar al lector los elementos más importantes tratados durante el transcurso de la presidencia española del Consejo de la Unión Europea. Ojalá que los presentes contenidos sirvan de reflexión y sean capaces de brindar una completa información al estudioso de la temática de la construcción europea.

Carlos Francisco Molina del Pozo[3] (Director)

Nuria Puentes Ruiz[4] (Coordinadora)

3 Catedrático de Derecho Administrativo y Catedrático Jean Monnet «Ad Personam» de Derecho de la Unión Europea de la Universidad de Alcalá (UAH). Presidente del Instituto Eurolatinoamericano de Estudios para la Integración (IELEPI). ORCID: 0000-0001-5074-8322

4 Doctoranda en Derecho por la Universidad de Alcalá (UAH). Máster en Cooperación Internacional al Desarrollo: Gestión y Dirección de Proyectos. Colaboradora de la Cátedra Jean Monnet ad personam de Derecho de la Unión Europea (UAH). Tesorera del Instituto Eurolatinoamericano de Estudios para la Integración (IELEPI). ORCID: 0009-0003-0154-3998

JORNADAS DE ANÁLISIS SOBRE EL BALANCE DE LA PRESIDENCIA ESPAÑOLA DEL CONSEJO EN 2023

Ignacio García-Valdecasas Fernández[1]

Antes de nada. quiero agradecer al IELEPI, del que me honro en ser miembro, y en particular a su presidente el profesor Dr. Molina del Pozo, mi amigo Carlos, por haberme invitado a inaugurar estas jornadas. Es una satisfacción y un honor.

No voy a hacer un resumen de los logros de la Presidencia española que han sido muchos porque ese será el contenido de las distintas intervenciones de estas jornadas, pero sí quiero empezar señalando que esta presidencia española del Consejo de la Unión Europea ha sido un éxito.

Ha sido una labor difícil con unas elecciones generales imprevistas nada más empezar la presidencia y con una situación de división, enfrentamiento, polarización y tensión que domina la escena política española, la escena política europea y que se resiente en el seno de la Unión Europea.

De la situación política en España nada podría decir que ustedes no sepan y conozcan. En la Unión Europea, hoy vemos la división, la ausencia de consensos y sobre todo la ausencia de un proyecto claro como existió en los años 80 y 90 del pasado siglo.

Además, la guerra de Ucrania está suponiendo un fuerte estrés para las instituciones europeas e incluso hay quien afirma que esta guerra señala el comienzo de un inexorable declive por parte de la Unión Europea. Algo así como el tercer y definitivo intento de suicidio de Europa después de los dos intentos fallidos anteriores de 1914 y 1939.

1 Embajador de España (Ret.). Ponencia dada en las *Jornadas de análisis de la presidencia española del Consejo*, en la Universidad de Alcalá, 18 de diciembre de 2023.

En la esfera internacional las tensiones se derivan esencialmente de la injusta distribución de la riqueza entre el norte y el sur del planeta, de la política expansiva de EEUU y expansionista de la OTAN y de la emergencia de una nueva superpotencia, China que tarde o temprano se enfrentará con el hegemón actual, con los Estados Unidos. Estas últimas son circunstancias históricas clásicas que han ocurrido en múltiples ocasiones anteriores, pero que en este caso se han producido con unas características extraordinarias porque es la primera vez que una superpotencia ayuda al desarrollo y al ascenso de otra superpotencia que terminará haciéndole frente. Un error estratégico descomunal de proporciones extraordinarias que no tiene precedente histórico.

Decía que esta presidencia ha sido una labor titánica que ha recaído una vez más en el escalón técnico. En los funcionarios del Ministerio de Asuntos Exteriores, de la Carrera Diplomática. En los funcionarios de los otros ministerios y de las distintas administraciones españolas en general.

En unos de los debates generados por la presentación del libro del embajador Javier Elorza «Una pica en Flandes» pero con el subtítulo explicativo «La huella de España en Europa» se puso de manifiesto el éxito de España, de sus funcionarios y de sus políticos en los primeros 20 años tras nuestra adhesión en 1985. También se señaló la pobreza de la situación actual en comparación con aquella etapa inmediatamente posterior a la adhesión de España a las comunidades europeas tanto en el plano técnico como en el político.

Yo disiento. Creo que los técnicos, los funcionarios siguen teniendo la misma preparación, el mismo objetivo y el mismo empeño en defender los intereses de España, pero estoy de acuerdo en lo que se refiere a la clase política.

Si se hace una comparación retrospectiva con los años 80 y 90 estamos ante una clase política irreconocible y eso no lo dice la nostalgia y la melancolía de un embajador jubilado, sino que es una opinión común y generalizada y esa pobreza se refiere no solo a la clase política española sino a la clase política europea. Estamos en un momento en el que cobra plena vigencia aquella máxima castellana que decía «que buen vasallo si tuviera buen señor».

Todo lo anterior, además, demuestra el éxito de la integración española en Europa ya que compartimos muchos de los problemas que tienen el resto de nuestros socios y uno de ellos, fundamental, es la clase política que tenemos en este momento en Europa.

En este mismo salón de grados de la Universidad de Alcalá, el 5 de mayo pasado, en las jornadas organizadas por el IELEPI propuse que las prioridades de la Presidencia española del Consejo en materia de relaciones exteriores deberían ser Palestina y Ucrania.

Priorizar Ucrania era obvio con la guerra en curso, pero ¿Palestina?

Aún recuerdo la mirada entre el ligero asombro y la cariñosa condescendencia del Profesor Molina del Pozo. Creí leer su pensamiento: «Oriente Medio está tranquilo, pero claro, como el último destino de Ignacio fue Palestina...».

Sirva de consuelo recordar que ese mismo 5 de mayo de 2023 Jake Sullivan, el poderoso Asesor de Seguridad del Presidente Biden, estaba escribiendo un sesudo trabajo para el último número de 2023 de la prestigiosa revista Foreign Affairs. Número que al llegar el 7 de octubre ya estaba en imprenta. FA no pudo parar la edición y dos semanas después del ataque de Hamas se publicaba el trabajo «Las fuentes del poder de EEUU» en el que Sullivan afirma que no había que dedicar atención a Oriente Medio porque la situación estaba bajo control y gozaba de una estabilidad y tranquilidad no vistas en decenios.

Les puedo asegurar que no tengo una bola de cristal en mi casa, pero los que conocemos un poco el Cercano Oriente sabemos que el conflicto es una llaga que supura y que en cualquier momento puede estallar. Y así ha ocurrido.

En mi ponencia del mes de mayo pasado proponía que España intentara un pequeño avance en estos dos espinosos y terribles conflictos de la esfera internacional. Labor que tendría poco brillo electoral pero que a largo plazo daría un gran prestigio a España.

De Ucrania señalé que teniendo en cuenta que la mayoría de las guerras terminan en una mesa de rendición incondicional o de negociación y dado que teníamos que excluir la mesa de rendición incondicional porque ni la OTAN iba a permitir la derrota total de Ucrania ni una potencia nuclear como Rusia, con 1600 ojivas nucleares, puede aceptar una derrota total y una rendición incondicional y vergonzante había que avanzar cuanto antes a la mesa de negociación para acabar con la muerte y el sufrimiento qué está destruyendo al pueblo ucraniano.

Sin embargo, seguimos escuchando proclamas. Mejor dicho, soflamas incendiarias de políticos europeos que animan a continuar la guerra, que señalan que todo lo que no sea una derrota total de Rusia será un desastre para el orden internacional. Esos mismos políticos, por supuesto, no proponen enviar tropas ni poner muertos y esperan que los cadáveres los siga poniendo Ucrania en una guerra que es suya pero que no es exclusivamente suya.

Poco se ha avanzado durante la presidencia española en esta senda. Hay que reconocer que se trata de una labor que excede a la capacidad de un Estado miembro como España. Sin embargo, la necesidad era y es imperante y lo estamos viendo en el deterioro de la posición de Ucrania y en la dificultad para mantener el esfuerzo bélico tanto por parte de Ucrania como por parte de la Alianza Atlántica debido fundamentalmente a las dudas que han surgido y que están creciendo entre las poblaciones y las opiniones públicas de los países miembros de la alianza atlántica y en especial de Estados Unidos. Además, a pesar de las soflamas, no estamos dispuestos a convertir a nuestro sistema productivo en una economía de guerra como ha hecho, al menos en parte, Rusia.

Ya lo he señalado. Cuando en mi ponencia en la sesión de mayo pasado mencioné a Palestina observé que se producían algunas sorpresas como si estuviera planteando un problema inexistente que pertenece al pasado en el que no valía la pena detenerse ni gastar energía.

Y esto es así porque no vemos y no sabemos lo que allí pasa o para ser más exactos no queremos saber y no queremos ver lo que allí pasa hasta que nos lo meten por los ojos las cadenas de televisión cuando la explosión es demasiado fuerte como para soslayarla.

En el caso de Palestina la explosión es siempre posible en cualquier momento. No hay más que averiguar un poco lo que ocurre diariamente en los territorios palestinos ocupados por Israel.

Y la realidad es terca. Hay un adagio francés que viene a menudo a mi mente y que dice «Jettez la realité par la fenêtre, elle reviendra au galop par la porte». Tirad la realidad por la ventana y volverá al galope por la puerta.

El problema palestino está ahí desde 1917. Desde la declaración Balfour. Desde que en 1921 se estableció el mandato británico sobre Palestina para promover la inmigración judía a Palestina. Desde que la Asamblea General de NU decidió en 1947 dividir el territorio. La lista sería interminable, pero siempre acompañada por la irresponsabilidad de la comunidad internacional. Muy especialmente del imperio británico, al principio, y de los Estados Unidos de América desde la 2.ª WW.

Propuse que España hiciera un pequeño esfuerzo para que se reconozca la realidad porque llevamos varios decenios al margen de la realidad o pretendiendo que la realidad es distinta a lo que es sobre el terreno.

Pequeño esfuerzo para que empiece el debate sobre la posibilidad o no de que la solución sean dos Estados.

Yo creo que la solución de dos Estados está muerta y así lo he dicho en repetidas ocasiones. La hizo imposible Israel al colonizar los territorios palestinos ocupados con un millón de colonos judíos en contra del derecho internacional y de repetidas resoluciones de Naciones Unidas.

De esta situación es corresponsable, como ya he señalado, la comunidad internacional y en especial unos Estados Unidos que han apoyado y animado a Israel y una Unión Europea que ha preferido limitarse a hacer declaraciones sin tomar ninguna medida. En mayo señalé que una declaración condenatoria sin adopción de medidas equivale a una aprobación tácita de lo que se condena. Sigo pensando lo mismo. Hoy con mayor convicción a la vista de lo que ha ocurrido en los dos últimos meses.

No es creíble propugnar la solución de 2SS y permitir a Israel durante más de 50 años que la haya ido matando poco a poco.

Comprendo que dar ese paso es dramático porque una vez que se reconozca que la solución de dos Estados es imposible nos situaríamos también en una posición imposible y éste es el dilema en el que se debaten todos los Estados miembros de la Unión Europea salvo Suecia que ya ha reconocido a Palestina.

Porque el colmo de la incoherencia es proponer la solución de dos Estados y reconocer solo al Estado fuerte y señalar que se reconocerá al Estado débil cuando llegue a un acuerdo con el fuerte.

Sabiendo que el tiempo corre a su favor ¿qué incentivo va a tener el Estado fuerte en llegar a un acuerdo con la parte débil? Sabiendo, además, que esta parte débil no será reconocida hasta que se alcance dicho acuerdo. En efecto, el tiempo corre a favor del fuerte, pero quizás sólo a corto plazo

Y ahora estamos en plena explosión. Por eso Pedro Sánchez el presidente del Gobierno visitó Israel y Palestina en su calidad de Presidente saliente del Consejo de la UE. Visita que ha provocado grueso oleaje.

Sus declaraciones me parecieron acertadas. (Aclaro que yo personalmente he sido y soy muy crítico con el volantazo que el PSOE dio la noche electoral del 23 de julio).

Analizando las declaraciones del presidente del Gobierno en Tel Aviv y en Gaza, debemos dividirlas en 3 partes:

- Condena el atentado terrorista, o el crimen de guerra, de Hamás del 7 de octubre.
- Duda o señala la posibilidad de que Israel no esté respetando el derecho internacional.
- Valora la posibilidad de que España reconozca el Estado de Palestina si la Unión Europea no toma una decisión en ese sentido.

Se le podía haber criticado por lo siguiente:

- Por viajar como presidente del Consejo de la Unión Europea y expresar la posición del Gobierno de España.
- Por no realizar la visita junto con la Comisión en este caso con el Alto Representante de la Unión Europea para la política exterior, el señor Borrell.
- Porque si vas a criticar al gobierno israelí no parece prudente hacerlo en público y en la oficina del primer ministro israelí.
- Por haber acaparado un protagonismo que no le correspondía al hacer sus declaraciones en el cruce de Rafa cuando más de 1000 corresponsales internacionales estaban esperando que se produjera el primer intercambio de rehenes y prisioneros entre Hamás e Israel.

Quizás un reconocimiento de Palestina por parte de España llegaría tarde. Demasiado tarde. Además, es poco probable que se vaya a producir ni por parte de España ni por parte del resto de los miembros de la Unión Europea salvo quizás alguna excepción como la que materializó Suecia en su día.

Por Oriente Medio corren los videos de los discursos de Pedro Sanchez en mítines electorales desde antes de 2018 prometiendo, con su tono convencido, solemne y tajante, «reconoceremos al Estado de Palestina cuando lleguemos el gobierno». Pero a nadie le escandaliza ya que un líder político incumpla flagrante y repetidamente sus promesas electorales.

El problema va a seguir ahí. Seguiremos pretendiendo que la solución son dos Estados. Seguiremos pretendiendo y apoyando una solución que en el fondo sabemos que es imposible.

España ha perdido una ocasión de aportar un granito de arena dando un paso hacia el reconocimiento de la realidad y eso obviamente no es la responsabilidad de los funcionarios sino de los políticos.

Leyendo las Conclusiones de Consejo europeo del 15 de diciembre de 2023 observamos que de un total de siete páginas se dedican tres páginas y media a la guerra de Ucrania.

Leyéndolas y comparándolas con las noticias de actualidad y las soflamas de algunos políticos, un observador ajeno y desconocedor del conflicto llegaría a la conclusión de la UE está en guerra con Rusia. Que fuimos a la guerra con inconciencia y con indiferencia porque sabíamos que los muertos los iba a poner Ucrania.

Fuimos a la guerra sobre dos bases falsas. Sobre dos supuestos falsos: que las grandes potencias, y en especial Rusia, no pueden tener esfera de influencia y que Ucrania había decidido democráticamente acercarse a la OTAN.

Y fuimos a la guerra con bases falsas y para causar un grave perjuicio económico, social y político a Europa, a los europeos, a nosotros mismos.

Pero lo que es peor. No queremos ver nuestro error e insistimos en mantener una guerra que podía haber terminado con los acuerdos de Estambul en marzo de 2022.

Esto hoy ya nadie lo discute. Porque lo han reconocido no solo los mediadores, el excanciller Schroeder, el primer ministro israelí Naftalí Bennet y el gobierno turco, sino también las propias autoridades ucranianas. El último, David Arakhamia, jefe del grupo político de Zelenski en la Rada. (https://www.intellinews.com/top-ukrainian-politician-david-arakhamia-gives-seventh-confirmation-of-russia-ukraine-peace-deal-agreed-in-march-2022-302876/)

Errare humano est, diabólico perseverare.

Europa persevera en el error y sin embargo estoy convencido de que la guerra terminaría en 24hs si tuviéramos que enviar a nuestros jóvenes a los campos de batalla

Yendo a Palestina, a Gaza, observamos que en dos meses ha habido más de 20.000 muertos civiles. Mas que en dos años de guerra en Ucrania. 70 % mujeres y niños...

90 % de desplazados, una destrucción total de viviendas e infraestructuras, carreteras, hospitales, escuelas, desaladoras. El destino de la franja de Gaza es su destrucción total. Si hoy día es un infierno, no encuentro palabras para describir lo que será el día siguiente al fin de la guerra...

Y el Consejo Europeo le dedica... una línea:

> El Consejo Europeo ha mantenido un debate estratégico exhaustivo sobre Oriente Próximo.

¿Habrán sentido los miembros del Consejo Europeo vergüenza o impotencia?

¡Ni siquiera han tenido la valentía ni la capacidad de pedir un alto el fuego o una pausa humanitaria!

¿Nos extraña que el resto del mundo nos acuse de hipocresía y de usar una doble vara de medir?

¿Sabemos que el resto del mundo nos mira con perplejidad?

Muchas gracias.

LA PRESIDENCIA DEL CONSEJO DE LA UNIÓN EUROPEA

Enrique González Sánchez[1]

Sumario: I. Introducción: la Presidencia del Consejo. II. La Presidencia española del Consejo. III. Continuidad de los trabajos en el seno de la Unión. IV. Evaluación del ejercicio de la Presidencia. V. Conclusión.

Resumen: España ostenta la Presidencia del Consejo de la Unión Europea en el segundo semestre de 2023. La Presidencia del Consejo corresponde cada semestre a uno de los 27 Estados miembros mediante un sistema de rotación entre ellos. A partir del Tratado de Lisboa se ha formalizado la existencia del denominado Trío de presidencias en cuyo marco se coordinan y cooperan entre sí tres presidencias sucesivas. Corresponde a los representantes del Estado miembro presidir nueve de las diez formaciones del Consejo, sus órganos preparatorios y la gran mayoría de los grupos de trabajo. La Presidencia, asistida por la Secretaría General del Consejo, organiza y coordina los trabajos y facilita la consecución de acuerdos. La Presidencia española, entre el 1.º de julio y el 31 de diciembre de 2023, coincide con el último ciclo europeo, previamente a la elección de un nuevo Parlamento europeo y una nueva Comisión europea en 2024. De ahí su específica responsabilidad para tratar de facilitar acuerdos sobre el contenido de las propuestas que continúan siendo objeto de debate, y que se reflejan también en el programa y prioridades de la propia presidencia. La brevedad del tiempo de cada presidencia, seis meses, implica la continuidad de los trabajos como una característica de esta, aunque cada presidencia puede tratar de acelerar unos u otros temas, en función del contenido de sus prioridades. El éxito de

---

1 Licenciado en Derecho y en Ciencias Políticas y Sociología. Diplomado en Sociología y Relaciones Internacionales. Embajador de España (jubilado). Director honorario de la Secretaría General del Consejo de la UE.

cada presidencia se valora en primer lugar por el buen funcionamiento de las instancias del Consejo durante el semestre presidencial. Solo en segundo lugar se evalúan las presidencias por los resultados legislativos o las decisiones políticas adoptadas, pues todo ello es fruto de los compromisos entre Estados miembros, con intereses a menudo muy diferentes o posiciones encontradas. El ejercicio de la presidencia facilita al país a quien corresponde la posibilidad de incrementar su influencia y prestigio en el seno de la Unión durante el semestre presidencial, con lo que ello conlleva de mantener esa mayor influencia ulteriormente una vez concluida la presidencia. La presidencia, en coordinación con las Instituciones de la Unión, juega también un papel esencial para preservar la unidad entre los Estados miembros y asegurar el impulso de todos ellos en el marco del proceso de integración.

Palabras clave: Consejo UE, Presidencia España Consejo, Trío presidencias, Programas, Continuidad trabajos, Evaluación Presidencia, Cooperación con Estados miembros e Instituciones UE.

I. Introducción: la Presidencia del Consejo

Parece oportuno examinar el papel y las características de la Presidencia del Consejo desde la óptica del contenido de los Tratados UE[2] y del Reglamento interior del propio Consejo.

La Presidencia del Consejo de la UE, con excepción del Consejo de Asuntos Exteriores, corresponde en igualdad de condiciones a los Estados miembros mediante un sistema de rotación[3]. Los Estados miembros de la UE asumen la Presidencia del Consejo por turnos de seis meses según un sistema de rotación determinado, de acuerdo con el contenido de la Decisión 2021/2242 del Consejo de 13 de diciembre de 2021[4]. Dicha Decisión tiene ya en cuenta la entrada de Croacia en la Unión en 2013, último país adherido, y la salida del Reino Unido de la Unión en 2020[5].

No debe confundirse la Presidencia del Consejo de la UE con una supuesta presidencia de la UE, puesto no existente, ya que cada institución de la UE cuenta con su propio presidente. Tampoco debe confundirse con la presi-

2 Tratado de Lisboa: Tratado de la Unión Europea (TUE) y Tratado de Funcionamiento de la Unión Europea (TFUE) (Textos consolidados).

3 Art. 16. 9 TUE.

4 Decisión (UE) 2021/2242 del Consejo de 13.12.2021 por la que se modifica la Decisión 2009/908/UE por la que se establecen las normas de desarrollo de la Decisión del Consejo Europeo relativa al ejercicio de la Presidencia del Consejo, y de la presidencia de los órganos preparatorios del Consejo (DOUE L450, de 16.12.2021).

5 Al Reino Unido le hubiera correspondido la presidencia del Consejo en el segundo semestre de 2017. Tras su decisión de abandonar la Unión Europea en marzo de 2017, declinó el ejercicio de la presidencia, que fue ejercida por Estonia en dicho semestre.

dencia del Consejo Europeo, cuyo titular es elegido, a partir del Tratado de Lisboa, por los miembros del Consejo Europeo, ni con la presidencia del Consejo de Europa que no es un órgano de la Unión Europea[6].

El Tratado de Lisboa creó la figura del Trío, grupos informales de tres presidencias que se coordinan para dar continuidad a los trabajos a lo largo de dieciocho meses. La constitución de los tríos tiene en cuenta el equilibrio geográfico y la diversidad entre los países miembros[7]. El actual trío, inaugurado por España el 1.° de julio de 2023 se complementa con Bélgica y Hungría hasta el 31 de diciembre de 2024. El trío fija los objetivos a largo plazo y elabora un programa común con los temas y principales asuntos que abordará el Consejo en un periodo de dieciocho meses. A la luz de dicho programa, cada uno de los tres países elabora su programa semestral con mayor detalle. El Consejo de Asuntos Generales de la UE aprobó en su reunión del 27 de junio de 2023 el programa del Trío para el período 1.° de julio de 2023 a 31 de diciembre de 2024. Dicho programa ha sido preparado conjuntamente por las presidencias de España, Bélgica y Hungría y por el Alto Representante para la Política exterior en lo que respecta al contenido de dicha política[8].

Durante su semestre, corresponde a los representantes del Estado miembro presidir nueve de las diez formaciones del Consejo[9] —la excepción es el Consejo de Asuntos Exteriores presidido por el Alto Representante de la Unión para la Política Exterior y la Seguridad Común— y sus órganos preparatorios: el Comité de Representantes Permanentes (COREPER)[10] y la gran mayoría de los grupos de trabajo[11]. La Presidencia se encuentra asistida por

---

6 *Vid.* a este respecto MANGAS MARTÍN, Araceli: «Fantasías sobre la presidencia» en diario *El País* de 30.06.2023.

7 *Vid.* composición tríos hasta 2030 en Decisión del Consejo UE 2016/1316 de 26.07.2016 (DOUE L208 de 2.08.2016).

8 *Vid.* contenido del Programa del Trío en Doc. Consejo UE 10597/23, de 20.06.2023. El programa del Trío aparece especificado en los siguientes apartados: Desarrollar nuestra base económica: el modelo europeo para el futuro. Proteger a los ciudadanos y las libertades. Construir una Europa climáticamente neutra, ecológica, justa y social. Promover los intereses y los valores de Europa en el mundo. Contribuir a la elaboración de la próxima agenda estratégica.

9 Asuntos Generales; Asuntos Económicos y Financieros; Justicia y Asuntos de Interior; Empleo, Política Social, Sanidad y Consumidores; Competitividad (Mercado Interior, Industria, Investigación y Espacio); Transporte, Telecomunicaciones y Energía; Agricultura y Pesca; Medio Ambiente; Educación, Juventud, Cultura y Deporte.

10 El Coreper se reúne en dos formaciones diferentes: Coreper I y Coreper II con una división de temas entre ellos. El Coreper I, presidido por el Representante permanente del país que ostenta la Presidencia, trata, entre otros, los temas políticos, institucionales y financieros, y el Coreper II, presidido por el Representante permanente adjunto, las cuestiones de carácter más técnico.

11 Del resto de grupos de trabajo, los grupos en el ámbito de la Política Exterior y de Seguridad de la Unión son presididos por miembros del Servicio Europeo de Acción Exterior

la Secretaría General del Consejo. La Presidencia se encuentra igualmente asistida por los otros Estados miembros que forman parte del Trío, y, en particular, por el representante del Estado miembro que desempeñará la siguiente Presidencia. Este último, o un miembro del citado grupo, a petición de la Presidencia y siguiendo sus instrucciones, le sustituirá en los casos en que sea necesario, asumirá, si procede, determinadas tareas y velará por la continuidad de los trabajos del Consejo[12].

Entre los cometidos de la Presidencia, se encuentran: convocatoria del Consejo[13], a iniciativa de éste, de uno de sus miembros o de la Comisión; garantizar que los debates se desarrollen adecuadamente en el marco del Consejo[14]; impulso a los trabajos del Consejo, planteando propuestas de compromiso y organizando las reuniones necesarias; búsqueda de consensos que defiendan los intereses generales; representación institucional de todos los Estados miembros en instancias internas y externas; cooperación entre Estados miembros y con otras instituciones de la Unión. La Presidencia representa al Consejo en las relaciones con otras instituciones de la UE, en particular con la Comisión y el Parlamento Europeo. A este efecto, su cometido es intentar llegar a acuerdos sobre expedientes legislativos mediante diálogos tripartitos, reuniones informales de negociación y reuniones, en su caso, del Comité de Conciliación[15].

(SEAE); un número reducido de grupos cuentan con un presidente electo y algunos otros son presididos por miembros de la Secretaría general.

12 Art. 20.2 Reglamento interior del Consejo (1.12.2009).

13 El Consejo tiene su sede en Bruselas, pero los meses de abril, junio y septiembre se reúne en Luxemburgo.

14 Para garantizar que los debates se desarrollen adecuadamente, la Presidencia podrá, salvo decisión contraria del Consejo, adoptar cualquier medida necesaria para favorecer la utilización óptima del tiempo disponible durante las sesiones, y en particular: a) limitar, para tratar puntos determinados, el número de personas por delegación presentes durante la sesión en la sala de reuniones y decidir que se autorice o no la apertura de una sala de escucha; b) fijar el orden en que se tratarán los diferentes puntos y determinar la duración de los debates dedicados a los mismos; c) modular el tiempo dedicado a cada punto concreto, en particular limitando la duración y el orden de las intervenciones; d) pedir a las Delegaciones que presenten por escrito, en plazo determinado y si procede con una breve explicación, sus propuestas de modificación del texto sometido a debate; e) pedir a la Delegaciones que compartan posiciones idénticas o similares sobre un punto concreto, texto o pasaje de un texto, que elijan a una de ellas para expresar una posición conjunta en la sesión, o por escrito antes de la sesión (Art. 20 del Reglamento interior del Consejo).

15 Durante el procedimiento legislativo ordinario (codecisión), puede constituirse un Comité de Conciliación en virtud del artículo 294, 10 TFUE para llegar a un acuerdo sobre la legislación propuesta entre el Parlamento Europeo y el Consejo. El Comité está compuesto por miembros del Consejo y por un número igual de parlamentarios europeos. Está copresidido por los presidentes del Parlamento y del Consejo y su misión es alcanzar un acuerdo sobre un texto conjunto basado en las posiciones de ambas instituciones. La Comisión Europea participa en estos trabajos para propiciar el acercamiento de las diferentes posturas.

A lo largo de los últimos años, la Presidencia ha desempeñado un papel coordinador muy valioso en la gestión de crisis, facilitando la reacción ordenada y el mantenimiento de la unidad europea. Cada Presidencia debe contar con la suficiente flexibilidad para adaptarse a la respuesta que la Unión debe dar a las crisis que puedan surgir.

La Presidencia del Consejo se enmarca en el estado de los debates en curso en la Unión, pero el Estado miembro retiene la capacidad de señalar como prioritarios los ámbitos en los que considera que debería concentrarse mayor atención. Estas prioridades, habida cuenta del desarrollo de los expedientes legislativos y de la coyuntura en la que comience el semestre, se enmarcan en el Programa que se presenta poco antes del inicio de la Presidencia y tiene en cuenta el contenido del programa adoptado al inicio de cada Trío de presidencias.

El futuro presidente del Consejo suele llevar a cabo previamente al inicio de la presidencia una gira por las capitales de los otros Estados miembros a efecto de dar a conocer su programa, conocer las respectivas posiciones nacionales, y ya durante el ejercicio de la presidencia facilitar la consecución de acuerdos mediante la preparación informal de fórmulas de compromiso.

El Estado que preside el Consejo elige periódicamente un logotipo que representa a su país y a la Unión Europea, el cual constituye la característica definitoria de la identidad de cada presidencia. Según el Consejo de la Unión Europea, el logotipo del Estado miembro de la Unión durante su presidencia de la UE debe servir como un símbolo visual indispensable, un signo de reconocimiento de su identidad, un mensaje a Europa y al mundo entero. Sin tratarse de un símbolo oficial de la Unión Europea, el logotipo se utiliza en todas las publicaciones del Estado miembro de la UE que preside y se muestra en el edificio del Consejo en Bruselas y en otros eventos, como los actos oficiales de la Presidencia[16]. El Estado que ejerce la presidencia elige igualmente un lema para su presidencia, el cuál trata de reflejar el contenido de sus prioridades.

II. La Presidencia española del Consejo

España ostenta la Presidencia del Consejo de la Unión Europea en el segundo semestre de 2023 entre el 1.º de julio y el 31 de diciembre. Se trata de la quinta vez que le corresponde a España dicha presidencia. Previamente le había correspondido el ejercicio de la presidencia en el primer semestre de 1989, segundo semestre de 1995, primer semestre de 2002 y primer semestre de 2010.

16 Los logos generalmente están diseñados específicamente para cada presidencia, pero en el caso del trío presidencial España/Bélgica/Hungría de 2010 y 2011 se utilizó el mismo símbolo con solo una modificación de los tres colores para reflejar la bandera de estos tres países.

La Presidencia española de 2023 se desarrolla en el último tramo del actual ciclo institucional europeo, antes de las elecciones al Parlamento Europeo previstas para mayo de 2024 y el posterior nombramiento de una nueva Comisión. En consecuencia, España tiene una particular responsabilidad de culminar las negociaciones de gran número de expedientes abiertos en las grandes líneas de trabajo de la Unión: reglas fiscales, unión bancaria, blanqueo de capitales[17], inteligencia artificial, mercado eléctrico, transición ecológica, etc. Asimismo, las iniciativas que España impulse tendrán una incidencia en el siguiente ciclo europeo.

Con dos años de antelación, todos los Ministerios en España comenzaron a preparar la Presidencia en sus ámbitos competenciales. Con el objetivo de preparar y ejercer la Presidencia con éxito, se han creado las necesarias estructuras de preparación y coordinación:

Comité Organizador de la Presidencia española del Consejo de la UE[18]. Adscrito a la Presidencia del Gobierno, tiene como objetivos la programación, planificación, coordinación y ejecución de las actividades de las administraciones públicas, instituciones y organismos, durante el segundo semestre de 2023, en el contexto de la Presidencia española de la Unión Europea. El Comité está presidido por el ministro de Asuntos Exteriores, Unión Europea y Cooperación y en él están representados todos los Ministerios, asegurando la necesaria coordinación interdepartamental. El Comité está asistido por la Oficina de Coordinación para la Presidencia, adscrita orgánicamente a la Presidencia del Gobierno.

Oficina de Coordinación para la Presidencia española de la UE[19]. Corresponden a la Oficina las funciones de preparación, planificación, coordinación, seguimiento e impulso de las actividades necesarias para la organización y el desarrollo de los eventos relacionados con la Presidencia.

Secretaría General para la Unión Europea[20]. Adscrita orgánicamente a la Secretaría de Estado para la Unión Europea, desempeña una labor activa de coordinación con todos los Ministerios en la identificación del contenido de la Presidencia, seguimiento de expedientes y fijación de posición en estrecho contacto con la Representación Permanente de España ante la UE y las Embajadas de España en Estados miembros.

El logotipo de la Presidencia **UE23** aúna las letras UE de «Unión Europea» y la E distintiva de España, que se forma con una variación tipográfica, compuesta por las tres bandas, dos rojas y una amarilla, de su bandera y quiere

17 España ha presentado la candidatura de Madrid como sede de la nueva Autoridad europea contra el blanqueo de capitales.

18 Real Decreto 41/2022 de 12.01.2022 (BOE n.º 11, de 13.01.2022).

19 Real Decreto 945/2021 de 27.10.2021 (BOE n.º 258, de 28.10.2021).

20 Real Decreto 267/2022 de 12.04.2022 (BOE n.º 88, de 13.04.2022).

transmitir la idea de que España, al igual que los demás Estados miembros, en realidad no solo pertenece a la UE, sino que es un elemento estructural de esta. España ha lanzado igualmente una moneda de dos euros conmemorativa de la presidencia con el logo de esta en su cara nacional.

El lema de la Presidencia «Europa, más cerca», que subraya el concepto de cercanía como aspiración compartida, combina el objetivo de proximidad humana, institucional y política del proyecto europeo.

Reindustrializar la UE y garantizar su autonomía estratégica, avanzar en la transición ecológica y la adaptación medioambiental, impulsar una mayor justicia social y económica y reforzar la unidad europea son las cuatro prioridades de la presidencia española[21], sin que dichas prioridades no parezcan haber sido consensuadas con el partido de la oposición, en el marco de una posible política de Estado[22].

A lo largo de 2022 y durante el primer semestre de 2023 se ha llevado a cabo en el marco del Instituto Nacional de Administración Pública (INAP) un Programa de preparación de la Presidencia del Consejo de la Unión Europea 2023 para la preparación del funcionariado que presidirá los grupos de trabajo y sus equipos. La finalidad del programa ha sido la adquisición de conocimientos, habilidades y competencias profesionales para la gestión de las responsabilidades de la Presidencia del Consejo durante el semestre y para el posterior desarrollo de las funciones correspondientes en el seno de los grupos de trabajo que dan apoyo y soporte a la Presidencia[23].

La Presidencia tiene una de sus expresiones más visibles en la convocatoria en España de reuniones informales a nivel ministerial y a otros niveles. Se trata de una práctica establecida por la que el Estado miembro que ejerce la Presidencia acoge reuniones de las formaciones del Consejo o de un tema particular. El Pleno del Comité Organizador adoptó el 6 de julio de 2022 la lista de ciudades españolas que acogen reuniones, atendiendo a un criterio de equilibrio regional, queriendo así acercar Europa a toda la ciudadanía, y hacer visible a Europa y al mundo la riqueza y diversidad de España. La lista incluye ciudades de todas las Comunidades autónomas. En concreto, las ciudades elegidas son: Albacete, Barcelona, Bilbao, Cáceres, Cádiz, Córdoba, Gijón, Granada, Las Palmas de Gran Canaria, León, Logroño, Madrid, Murcia, Palma de Mallorca, Pamplona, San Sebastián, Santander, Santiago de Com-

21 *Vid.* Concreción de las prioridades en Presidencia española. Consejo de la UE. www.lamoncloa.gob.es.

22 *Vid.* Diario *El País* de 29.06.2023.

23 El Programa constaba de tres pilares esenciales: La sensibilización a Altos Cargos. La activación y actualización del funcionariado directa o indirectamente integrante de los grupos de trabajo. Actividades de preparación complementarias (Activación comunicativa y de interpretación; formación sobre la coordinación comunitaria; formación sobre negociaciones interinstitucionales).

postela, Sevilla, Tarragona, Toledo, Valencia, Valladolid, Vigo, Zaragoza. Se ha previsto un presupuesto de 145 millones de euros para hacer frente a los gastos correspondientes[24].

La Presidencia del Consejo de la Unión no solo afecta a la Administración General del Estado, si no que implica también a las Cortes, Comunidades autónomas y entes locales, agentes sociales, el mundo académico y la sociedad civil.

Al acercarse el comienzo de la Presidencia, la Representación Permanente en Bruselas fue incrementando sus funciones. El Embajador Representante Permanente, el Embajador Representante Permanente Adjunto y los consejeros son los encargados, a sus respectivos niveles, de asumir las funciones de preparación y presidencia de reuniones, negociación de textos y propuesta de acuerdos. La Presidencia en ejercicio se apoya en la Secretaría General del Consejo, el órgano administrativo que asegura la continuidad de los trabajos y asesora técnica, jurídica y logísticamente.

Previamente al inicio de la Presidencia, el futuro presidente del Consejo ha llevado a cabo visitas a las capitales con objeto de dar a conocer el programa y las prioridades de la Presidencia y conocer las posiciones de unos u otros Estados miembros. Una vez iniciada la Presidencia, dichos contactos bilaterales se acentúan tanto en Bruselas como de nuevo en las capitales, ahora también para facilitar la búsqueda de compromisos. La relación es muy estrecha con la Comisión Europea, tanto antes del inicio de la Presidencia, viajando conjuntamente sus miembros a la capital de la futura presidencia[25], como durante el desarrollo de la misma. Se informa regularmente al Parlamento Europeo, tanto en plenario como en las comisiones; y se trabaja en colaboración con la Presidencia del Consejo Europeo, así como con el Alto Representante para la Política Exterior y la Seguridad Común, en lo que se refiere al contenido de esta política. La Presidencia mantiene también contactos regulares con organizaciones patronales[26], sindicales, de consumidores y de otro tipo, a nivel europeo, a efecto de conocer sus intereses y problemas específicos y dar a conocer su programa semestral.

Las elecciones generales, previstas en España al final del año 2023, se adelantaron al 23 de julio, afectando ya con ello al desarrollo ulterior de la

24 *Vid.* diario *El Mundo* de 31.05.2023.

25 La Comisión, con un número reducido de miembros, visitó Madrid el 3 de julio de 2023.

26 La patronal europea, *Business Europe*, entregó el 1 de junio a la vicepresidenta del Gobierno y ministra de Economía, Nadia Calviño, la denominada *Declaración Madrid*, un recopilatorio de las peticiones de las empresas europeas con vistas a la presidencia de España, siendo la competitividad el eje principal sobre el que giran dichas reivindicaciones (*vid.* diario *El Mundo* de 2.06.2023).
En su informe *Por una Unión Europea audaz y competitiva* la CEOE indicaba como prioridades con vistas a la presidencia la sostenibilidad, la digitalización y la competitividad global.

Presidencia, pese a las declaraciones gubernamentales en sentido contrario[27]. De manera inmediata, a la luz de los resultados de las elecciones autonómicas y municipales de 28 de mayo, se suspendió la intervención del presidente «en funciones» Sánchez ante el Parlamento Europeo en el pleno de la segunda semana de julio, como suele ser costumbre al inicio de cada Presidencia, y la Conferencia de presidentes del Parlamento Europeo aplazó su visita a Madrid prevista los días 26 y 27 de junio.

III. Continuidad de los trabajos en el seno de la Unión

La presidencia del Consejo por parte de los Estados miembros tiene una duración muy breve, seis meses. Incluso en el caso de las presidencias que tienen lugar en el segundo semestre del año, como es el caso actual de España, esa duración resulta de hecho todavía más breve, cinco meses, al incluir el mes de agosto, un período en el que la actividad del Consejo es mínima, sin apenas reuniones. De ahí la creación desde el Tratado de Lisboa de la figura del Trío de presidencias para tratar de dar mayor continuidad a los trabajos.

En efecto, en el breve espacio de tiempo de un semestre resulta difícil adoptar nuevas iniciativas legislativas no previstas o planteadas con anterioridad. En el marco del Consejo confluyen la diversidad de intereses de los diferentes Estados miembros, los cuáles negocian entre sí en defensa de sus propios intereses, con el objetivo de que la legislación de la Unión finalmente adoptada tenga en cuenta en mayor medida el interés de cada uno[28]. En consecuencia, las negociaciones se extienden generalmente durante un largo período de tiempo, independientemente del tiempo que ha llevado consigo la elaboración de la correspondiente propuesta legislativa. Incluso la adopción de decisiones políticas se demora en el tiempo más de lo necesario, a consecuencia de esa misma diversidad de intereses entre 27 Estados miembros.

Al inicio de una nueva presidencia, el Estado miembro que comienza su ejercicio, en este caso España, se encuentra con un gran número de temas diversos en marcha objeto de debate al que es necesario dar la debida continuidad, siendo esta la actividad prioritaria de la nueva presidencia. En este sentido, la Presidencia da impulso a los debates en curso a efecto de tratar de llegar a un acuerdo entre los Estados miembros. La Presidencia propone para ello fórmulas de compromiso, elaboradas a menudo en coordinación con la Comisión y con la asistencia de la Secretaría General, que tienen en

27 *Vid.* Declaraciones del ministro Albares en el sentido de que la cita electoral no perjudicaría la presidencia europea (*Diario 20 Minutos* de 14.06.2023).

28 *Vid.* GONZÁLEZ SÁNCHEZ, Enrique: *Manual del negociador en la Unión Europea*. Ministerio de Asuntos Exteriores y de Cooperación. Madrid, 2013.

cuenta los intereses de los diferentes Estados miembros. Ello no impide que, sin vulnerar su imprescindible imparcialidad, la Presidencia pueda dar mayor impulso a unos u otros temas o facilitar el reforzamiento del contenido de determinadas políticas de la Unión. Así, por ejemplo, en anteriores presidencias, España ha tratado de facilitar el reforzamiento de las relaciones de la Unión con los países de América Latina[29] y del Maghreb en el marco de la política de relaciones exteriores de la Unión. Previamente al inicio de la presidencia, el Estado miembro de que se trate elabora su programa y fija sus prioridades para su aplicación durante el semestre. El contenido del programa tiene en cuenta el contenido del programa previo del Trío de presidencias de que se trate, el programa de la Comisión para el año en curso y los temas que están siendo objeto de debate en el marco del Consejo.

La propuesta de nuevas iniciativas solo tiene sentido en una perspectiva a medio o largo plazo, aunque su planteamiento durante el semestre presidencial puede sentar las bases para su desarrollo ulterior. Nada impide, sin embargo, que la futura presidencia negocie, en los meses previos al inicio de esta, con el Parlamento Europeo, la Comisión u otros Estados miembros el planteamiento de unas u otras iniciativas que puedan ser debatidas ulteriormente durante el semestre presidencial.

En ocasiones el desarrollo de la presidencia se modifica sustancialmente en relación con el programa previsto a causa de la aparición de crisis imprevistas frente a las cuáles la Presidencia y el conjunto de Instituciones de la Unión deben reaccionar y hacer frente. Tal fue el caso con la crisis financiera de 2008, la pandemia COVID de 2019, la invasión rusa de Ucrania en 2022 o las recurrentes crisis inmigratorias. Estas últimas afectaron específicamente a España en alguna de sus presidencias previas afectando con ello notablemente al desarrollo de la misma y de sus prioridades.

IV. Evaluación del ejercicio de la Presidencia

El criterio prioritario para enjuiciar el éxito de la Presidencia lo constituye el buen funcionamiento de las instancias del Consejo a todos sus niveles, Consejo propiamente dicho, Coreper y grupos de trabajo. Teniendo en cuenta las competencias ya indicadas de la Presidencia, ese buen funcionamiento es en gran medida su propia responsabilidad, contando en todo caso para ello con la asistencia muy valiosa de la Secretaría General del Consejo. La experiencia de presidencias anteriores constituye un elemento valioso para asegurar ese buen funcionamiento. En este sentido, España, que ha presidido en cuatro ocasiones precedentes el Consejo con notable éxito, cuenta ya

29 En la actualidad, tras la celebración de la Cumbre de la UE con la Comunidad de Estados Latinoamericanos y Caribeños (CELAC), que tuvo lugar en Bruselas los días 17 y 18 de julio de 2023, España podría impulsar la conclusión de los acuerdos de libre comercio con Mercosur, Chile y México.

con la experiencia para que nuevamente su presidencia resulte ahora también coronada por el éxito. Claves de dicho éxito son también la buena coordinación de los trabajos con las otras instituciones de la Unión, en particular el Parlamento Europeo y la Comisión, la eficaz cooperación con los otros Estados miembros, la positiva coordinación interna en el marco de la propia Administración, con otras instancias sociales, en particular empresariado y representantes sindicales, y sociedad civil. En la medida en que el ejercicio de la presidencia constituye una actividad hacia el exterior, resulta igualmente recomendable el consenso con la oposición, tanto en la preparación de los trabajos, en particular la elaboración del programa, como en el desarrollo de la propia presidencia.

A partir del buen funcionamiento del Consejo, el éxito de la Presidencia se evalúa también en función de sus resultados en términos legislativos, es decir el número y la importancia de las decisiones adoptadas. Ello es algo que solo limitadamente depende de la Presidencia, pues los acuerdos adoptados son el resultado de los compromisos entre los intereses a menudo enfrentados de los 27 Estados miembros, pero que la Presidencia puede facilitar con sus facultades de búsqueda y planteamiento de fórmulas de compromiso.

El éxito de la Presidencia no depende del tamaño, capacidades o recursos del país que la ejerce. En ocasiones un país grande puede encontrar dificultades por problemas de carácter muy diferente, como, por ejemplo, una mala coordinación interior, mientras que un país pequeño con limitados recursos de personal puede llevar a cabo su presidencia con notable éxito, como ha sido el caso en diversas ocasiones.

V. Conclusión

El ejercicio de la Presidencia facilita al país a quien corresponde la posibilidad de incrementar su influencia y prestigio en el seno de la Unión durante el semestre presidencial, con lo que ello conlleva de mantener esa mayor influencia ulteriormente una vez concluida la Presidencia.

España, uno de los países más europeístas dentro de la Unión, se convirtió paulatinamente tras su adhesión a la Comunidad en 1986 en «alumno modelo» de la misma con lo que ello repercutió en su influencia en la misma y el disfrute de beneficios consustanciales a dicha pertenencia. Sin embargo, la crisis financiera de 2008 que afectó al conjunto de los países de la Unión afectó de manera especial a España y contribuyó a la merma de esa mayor influencia que hasta entonces disfrutaba. En este sentido, el ejercicio de la actual Presidencia constituye un reto para, a la luz del esperable éxito de la misma, recuperar e incrementar la influencia interior[30] y hacia el exterior.

30 España ha presentado la candidatura de la Vicepresidenta y Ministra de Economía Nadia Calviño a la Presidencia del Banco Europeo de Inversiones (BEI).

El ejercicio de la Presidencia constituye también un reto para que la propia Unión Europea continúe avanzando en el proceso de integración, tras las crisis de los últimos años que han afectado a su desarrollo. En este sentido, el papel de la Presidencia, en coordinación con las Instituciones de la Unión, juega un papel esencial para preservar la unidad entre los Estados miembros y asegurar el impulso de todos ellos en dicho proceso.

Bibliografía

Tratado de Lisboa. Versión consolidada. Real Instituto Elcano. Marcial Pons, 2008.

«La Presidencia del Consejo de la UE». www.consilium.europa.eu

«La Presidencia española del Consejo de la UE». www.lamoncloa.gob.es

Presidencia española del Consejo de la UE. Ministerio de Asuntos exteriores y de Cooperación. Secretaría de Estado para la UE. *Hablamos de Europa.*

González Sánchez, Enrique. «La estructura institucional de las Comunidades Europeas y el proceso de toma de decisiones», en *Estudios de Derecho Comunitario Europeo*. Consejo General del Poder Judicial. Madrid, 1989.

González Sánchez, Enrique. «Prioridades de la Presidencia española del Consejo de la UE». *Real Instituto Elcano. ARI* 30/201.

González Sánchez, Enrique: *Manual del negociador en la Unión Europea*. Ministerio de Asuntos Exteriores y de Cooperación. Madrid, 2013.

Mangas Martín, Araceli: «Fantasías sobre la presidencia» en diario *El País* de 30.06.2023.

Mangas Martín, Araceli; **Liñán Nogueras, Diego J**. *Instituciones y Derecho de la Unión Europea*. 7.ª ed. Madrid: Tecnos, 2012.

Aldecoa, Francisco; **Guinea Llorente, Mercedes**: *Presidencia española del Consejo de la Unión Europea 2023: Propuestas desde la sociedad civil*. Movimiento Europeo. Consejo federal español. Madrid, 2023.

SEGURIDAD Y DEFENSA EN EL ESPACIO ULTRATERRESTRE: LA ESTRATEGIA DE LA UNIÓN EUROPEA

Ronan Ciréfice[1]

Sumario: I. Introducción. II. Las nuevas amenazas espaciales: una realidad para los Estados miembros de la UE. III. Mejorar la resiliencia y la protección de los sistemas y servicios espaciales en la UE. IV. Responder de manera conjunta a las amenazas espaciales. V. El desarrollo de capacidades espaciales de doble uso. VI. El fomento de alianzas para garantizar la seguridad del espacio ultraterrestre. VII. Conclusiones. Bibliografía.

Resumen: La seguridad y la defensa del espacio ultraterrestre se ha convertido en una prioridad para el conjunto de las potencias espaciales. En este sentido, no es de extrañar que la UE, con el regreso de la guerra en el continente y a sus puertas, haya tomado la decisión de elaborar una estrategia para intentar proteger sus importantes activos espaciales y prevenir cualquier amenaza que podría surgir. Conocimiento, resiliencia, protección y respuesta son los pilares esenciales de esta nueva estrategia, que se inscribe en el marco más amplio de la nueva dirección iniciada por la UE hacia su autonomía estratégica, incluso en lo que al espacio se refiere. Si bien es cierto que el Consejo ha celebrado el pasado 13 de noviembre de 2023 la adopción de este texto, podemos decir que existe una gran preocupación en cuanto a esta nueva carrera espacial que toma, en muchos aspectos, elementos conflictuales del pasado que pensábamos definitivamente abandonados a favor de una cooperación pacífica mundial a favor del desarrollo mundial y del crecimiento sostenible. Esperamos que, con esta nueva estrategia, la UE sepa encontrar un justo medio, protegiéndose por supuesto contra las múlti-

1 Universidad Isabel I (Burgos).

ples amenazas, pero sirviendo sobre todo como un ejemplo para el resto del mundo en un uso más que nunca necesario pacífico del espacio.

Palabras clave: Unión Europea, espacio ultraterrestre, seguridad y defensa, paz internacional, tecnología.

I. Introducción

El espacio ultraterrestre se ha convertido durante los últimos años en un lugar estratégico para todas las grandes potencias mundiales. En este sentido, la Unión Europea (UE), consciente de la cada vez mayor importancia de los activos espaciales para el desarrollo de sus propias políticas, ha venido desarrollando una ambiciosa política en la materia, plasmada en abril de 2021 en un Programa Espacial de gran envergadura[2], reuniendo en un solo texto jurídico la regulación de las distintas vertientes de la actual capacidad espacial europea (nos referimos, por supuesto, a Galileo[3], EGNOS[4] y Copernicus[5], entre otros) y preparando el marco regulatorio para sus futuras aplicaciones[6].

A raíz de lo anterior, no es de extrañar que, además de los increíbles avances tecnológicos en los que estamos asistiendo, otras temáticas tales como la seguridad y la defensa hayan cobrado fuerza dentro de las distintas estrategias nacionales en la materia, puesto la gran inestabilidad planetaria que conocemos y las nuevas amenazas que han aparecido.

En este contexto internacional incierto, la UE ha decidido reaccionar, elaborando su propia Estrategia al respecto con el fin de dotarse con unos instrumentos jurídicos que estima ser más adecuados a esta nueva realidad, de creciente rivalidad y hostilidades entre sus actores. Como lo veremos, el documento, presentado el pasado 10 de marzo de 2023[7] por la Comisión

---

2 Reglamento (UE) 2021/696 de 28 de abril de 2021 por el que se crean el Programa Espacial de la Unión y la Agencia de la Unión Europea para el Programa Espacial y por el que se derogan los Reglamentos (UE) n. 912/2010, (UE) n. 1285/2013 y (UE) n. 377/2014 y la Decisión n. 541/2014/UE (DOUE L 170 de 12 de mayo de 2021, pp. 69-148). Véase, asimismo, para un repaso a la política espacial europea: Ciréfice, R., «La Unión Europea dentro de la nueva gobernanza espacial mundial». En: P.C. Molina del Pozo Martín (coord.), *Derecho de la Unión Europea e integración regional. Liber Amicorum al Prof. Dr. Carlos Francisco Molina del Pozo*, Tirant Lo Blanch, 2020, pp. 1387-1415.

3 Sistema global de navegación por satélite.

4 Sistema Europeo de Navegación por Complemento Geoestacionario. En la práctica, viene a reforzar y corregir las señales abiertas emitidas por Galileo y otros GNSS.

5 Sistema de observación de la Tierra.

6 El Programa Espacial de la UE introduce, además de los anteriores, nuevos componentes tales como el SDA (conocimiento del medio espacial), el cual tiene como función supervisar los peligros espaciales, así como GOVSATCOM, una iniciativa de comunicación gubernamental por satélite.

7 JOIN (2023) 9 final, de 10 de marzo de 2023. *Estrategia Espacial de la Unión Europea para la Seguridad y la Defensa*.

Europea y el Alto Representante de la UE para Asuntos Exteriores y Política de Seguridad (AR), constituye un cambio radical, mucho más ofensivo[8], en la visión que tiene el continente del espacio, en correlación con la Brújula Estratégica adoptada en 2022[9] y su objetivo fundamental de reforzar la autonomía estratégica de la UE, incluso en lo que al espacio ultraterrestre se refiere.

El pasado 13 de noviembre de 2023, el Consejo de la UE, bajo la Presidencia española, tuvo la oportunidad de pronunciarse sobre el texto, marcando su decidido apoyo a favor de la Estrategia a través de la adopción de unas detalladas conclusiones[10] al considerar que «dicha Comunicación sienta las bases necesarias para abordar adecuadamente el carácter estratégico del ámbito espacial»[11]. Tal como lo veremos, en nuestra opinión, esta estrategia sirve en los hechos como una especie de antesala frente a lo que ciertos Estados y las principales instituciones de la UE quieren como el desarrollo de una verdadera Europa de la defensa[12], siendo el principal riesgo en la materia la posibilidad de contravenir a los propios principios fundamentales del Derecho del espacio que la UE promueve[13].

Pues bien, a continuación vamos a entrar a analizar los principales pilares de esta nueva estrategia, los cuales podemos agrupar de la siguiente ma-

8 En este sentido, algunos elementos de la Estrategia llaman la atención: «es necesario adoptar medidas adicionales para defender los intereses estratégicos de la UE e impedir actividades hostiles en el espacio o desde él (...). Asimismo, la UE (...) responderá ante cualesquiera actividades hostiles o amenazas y seguirá desarrollando servicios de seguridad y defensa basados en la tecnología espacial» (*op. cit.* pp. 1-2).

9 Brújula Estratégica para la Seguridad y la Defensa – Por una Unión Europea que proteja a sus ciudadanos, defienda sus valores e intereses y contribuya a la paz y la seguridad internacionales, aprobada por el Consejo el 21 de marzo de 2022. https://data.consilium.europa.eu/doc/document/ST-7371-2022-INIT/es/pdf

10 Conclusiones disponibles en el siguiente enlace: https://data.consilium.europa.eu/doc/document/ST-14512-2023-INIT/es/pdf

11 Punto 9 de las Conclusiones del Consejo.

12 Véanse, por ejemplo, la Recomendación del Parlamento Europeo de 8 de junio de 2022 sobre la política exterior, de seguridad y de defensa de la UE tras la guerra de agresión rusa contra Ucrania. La presidenta de la Comisión Europea también lo recordó en su Discurso sobre el estado de la Unión 2021, declarando que «por fortuna, durante los últimos años comenzamos a desarrollar un ecosistema europeo de defensa, aunque lo que de verdad echamos en falta es una Unión Europea de la Defensa».

13 Recordamos, entre otros, los términos del artículo IV del Tratado sobre los principios que deben regir las actividades de los Estados en la exploración y utilización del espacio ultraterrestre, incluso la Luna y otros cuerpos celestes [Resolución 2222 (XXI) de 19 de diciembre de 1966]: «La Luna y los demás cuerpos celestes se utilizarán exclusivamente con fines pacíficos por todos los Estados Parte en el Tratado. Queda prohibido establecer en los cuerpos celestes bases, instalaciones y fortificaciones militares, efectuar ensayos con cualquier tipo de armas y realizar maniobras militares». Véase, asimismo, el documento elaborado por el Comité Internacional de la Cruz Roja de 3 de mayo de 2022: «Restricciones en virtud del derecho internacional a las operaciones militares que tengan lugar en el espacio ultraterrestre o se relacionen con él en el marco de conflictos armados».

nera: garantizar una comprensión compartida de las amenazas espaciales; mejorar la resiliencia y la protección de los sistemas y servicios espaciales en la UE; reforzar la capacidad colectiva de la UE para responder a cualquier ataque y amenaza que ponga en peligro los intereses de seguridad de la UE; desarrollar capacidades espaciales de doble uso y, finalmente, fomentar las alianzas mundiales.

II. Las nuevas amenazas espaciales: una realidad para los Estados miembros de la UE

El regreso de la carrera espacial mundial está generando una nueva serie de amenazas para el conjunto de la Humanidad. Una de ellas, de especial preocupación dentro de la comunidad internacional, consiste en el desarrollo por parte de ciertos Estados de actividades intencionalmente hostiles, llevadas a cabo a través de capacidades contraespaciales[14]. En palabras de la Comisión, dichas operaciones tienen, por un lado, como efecto la interrupción, la destrucción o la negación intencional del uso de los sistemas espaciales; por otro lado, permiten inspeccionar, manipular, escuchar o interceptar los datos proporcionados por dichos sistemas y denegar el acceso o la libre circulación en el ámbito espacial[15].

Si bien el desarrollo de capacidades contraespaciales no es en sí mismo nuevo, la novedad recae en el carácter eminentemente hostil de su uso. Muestra de ello es el hecho que Estados Unidos, por ejemplo, se vaya preparando abiertamente desde años para una posible guerra en el espacio[16]. Así, con la llegada al poder de Donald Trump, se restableció, entre otros, el Comando Espacial de los Estados Unidos (USSPACECOM) y se creó la Fuerza Espacial de los Estados Unidos (USSF)[17], precisamente de cara a operar, entrenar y equipar a las fuerzas espaciales[18]. También viene celebrando simulacros de «guerras espaciales» junto con sus aliados[19].

---

14 Las operaciones contraespaciales tienen como objetivo «demostrar las capacidades, disuadir a los competidores, negarles el uso de sus sistemas espaciales u obtener ventajas en materia de información. Se dirigen a activos espaciales en órbita, a su infraestructura terrestre de apoyo y a los enlaces de datos entre ellos» [JOIN (2023) 9 final, *op. cit.* p. 2].

15 JOIN (2023) 9 final, *op. cit.* p. 2.

16 Véase: Fundación Mundo Seguro, «Capacidades Globales de Contraespacio». 2023. https://swfound.org/media/207559/swf_global_counterspace_capabilities_2023_es_esp.pdf

17 Véase: https://www.france24.com/es/20191221-hist%C3%B3rico-donald-trump-crea-oficialmente-la-fuerza-espacial-de-estados-unidos

18 Fundación Mundo Seguro, 2023, *op. cit.* p. 8.

19 Véase, Savin, L., «La estrategia espacial de la OTAN», 2022. https://noticiaspia.com/la-estrategia-espacial-de-la-otan/
En este orden de ideas, la OTAN desarrolló un ejercicio militar sin precedente en Alemania los pasados 12-23 de junio de 2023, reuniendo más de 10000 participantes de 25 Estados, simulando un ataque contra un país miembro de la OTAN.

De manera general, el Centro de Estudios Estratégicos e Internacionales (CSIS) ha identificado cuatro grandes categorías de amenazas espaciales[20]:

- las amenazas físicas cinéticas (armas que intentan atacar o detonar directamente una ojiva cerca de un satélite o estación terrestre);
- las amenazas físicas no-cinéticas (armas que tienen efectos físicos sobre su objetivo, pero sin establecer contacto físico, tipo láseres, HPM [High-Powered Microwave] y EMP [Electromagnetic Pulse]; en la mayoría de los casos, son invisibles y, por tanto, muy difíciles de atribuir);
- las amenazas electrónicas (ataques mediante la interferencia o suplantación de señales de radiofrecuencia);
- las amenazas ciber (los ciberataques tienen como objetivo los datos en sí, así como los sistemas que los utilizan: antenas de satélite, antenas de estaciones terrestres, líneas de comunicaciones que conectan las estaciones a las redes terrestres, terminales de usuario que se conectan al satélite).

Desde la óptica europea, una de las principales amenazas viene, sin lugar a duda, de su vecino ruso, la cual fue grandemente reforzada desde su invasión a Ucrania (amenaza de hacer estrellar la Estación Espacial Internacional, interferencias en la señal GPS de los satélites, etc)[21]. Aunque poco antes de la invasión, Rusia ya había alarmado a la comunidad internacional, con el lanzamiento el pasado 15 de noviembre de 2021 de un misil antisatélite (ASAT)[22] en contra de un satélite suyo, el Kosmos 1408, el cual fue destruido de inmediato, «causando una nube de escombros orbitales formada por miles de fragmentos»[23].

---

20 Center for Strategic & Internacional Studies, «Space Threat Assessment 2020», 2020. https://aerospace.csis.org/wp-content/uploads/2020/03/Harrison_SpaceThreatAssessment20_WEB_FINAL-min.pdf. V., asimismo, Quiquet, F., «Quelles sont les menaces qui pèsent sur les systèmes spatiaux?» ,2020. https://www.spacesecurity.info/quelles-sont-les-menaces-qui-pesent-sur-les-systemes-spatiaux/

21 Véase, en este sentido: Hilborne, M., «La guerra de Ucrania y Rusia podría desencadenar consecuencias peligrosas en el espacio», 2022. Recuperado de: https://www.nationalgeographic.com.es/ciencia/guerra-ucrania-podria-desencadenar-consecuencias-peligrosas-espacio_17985

22 Se puede definir un arma ASAT «como un dispositivo que hace un satélite inoperante al negar su funcionalidad» [definición de Johnson-Freese, citado por Yagües Palazón, M., «Las implicaciones estratégicas de la disuasión espacial en el marco de las relaciones sino-americanas», *Revista de Estudios en Seguridad Internacional*, 2018, vol. 4, n. 1, pp. 177-195]. Siguiendo el autor, las armas ASAT se dividen en nucleares, convencionales y de energía directa, según el nivel de destructibilidad.

23 Marín, D., «Rusia destruye el satélite Kosmos 1408 en una prueba ASAT», 2021. https://danielmarin.naukas.com/2021/11/17/rusia-destruye-el-satelite-kosmos-1408-en-una-prueba-asat/

Si bien en la práctica, Rusia no es ni mucho menos el único país a realizar este tipo de pruebas[24], cabe resaltar que su actuación ha generado grandes inquietudes, debido a las potencialidades destructivas que esta capacidad puede generar, al ser utilizada en el marco de un conflicto bélico con el objetivo de destruir satélites espía de un Estado enemigo. Además de los peligros corridos por parte de las tripulaciones de la Estación Espacial Internacional y de la Estación Espacial China, debido a los desechos espaciales generados.

En este sentido, la discusión generada a raíz de esta situación cobra en la actualidad una especial relevancia frente a la gran inestabilidad mundial. Muestra de esas preocupaciones fue el llamamiento de Estados Unidos en abril de 2022 a favor de una moratoria de este tipo de pruebas, seguido por cuatro países (Canadá, Nueva Zelanda, Japón y Alemania). Consecutivamente, el 7 de diciembre de 2022, la Asamblea General de la ONU aprobó una resolución en esta misma dirección, exhortando a todos los Estados «a que se comprometan a no realizar ensayos destructivos de misiles antisatélite de ascenso directo», para así «evitar daños en el medio espacial» y «prevenir la carrera armamentista en el espacio ultraterrestre»[25].

Otra preocupación de gran calado por parte de los Estados europeos viene del desarrollo por parte de algunos actores del mundo espacial de sistemas ASAT co-orbital[26]. En este sentido, la Fundación Mundo Seguro[27] estima que desde 2010, Rusia ha estado desarrollando tecnologías en vínculo con un programa ASAT co-orbital, potencialmente respaldado por un programa de vigilancia y seguimiento. Por su parte, según el mismo informe[28], China ha ido realizando múltiples pruebas de tecnologías de aproximación y encuentro tanto en órbita terrestre baja (LEO)[29] como en órbita terrestre geoestacionaria (GEO) que podrían conducir a una capacidad ASAT co-orbital.

Lo podemos observar, la UE estima esencial tener la capacidad suficiente para valorar de manera exhaustiva tanto las amenazas espaciales que existen

---

24 Estados Unidos también ha realizado en el pasado este tipo de pruebas ASAT. La última remonta a 2008 y tenía como objetivo derribar un satélite espía que falló poco después de su lanzamiento. China lo había hecho poco antes, en enero de 2007, destruyendo un satélite meteorológico. Por su parte, India derribó un satélite en 2019 (Misión Shakti).

25 Puntos 1 y 2 de la resolución 77/41. https://documents-dds-ny.un.org/doc/UNDOC/GEN/N22/738/97/PDF/N2273897.pdf?OpenElement. Cabe resaltar que 155 países votaron a favor, 9 votaron en contra (Bielorrusia, Bolivia, China, Cuba, Irán, Nicaragua, República Centroafricana, Rusia y Siria) y 9 se abstuvieron (incluido India).

26 Siguiendo las definiciones dadas por Yagües Palazón, M. (2018), «Las implicaciones estratégicas de la disuasión espacial...», *op. cit.*, «un arma ASAT co-orbital es lanzada al espacio y tras colocarse en el mismo plano orbital que el satélite, se dirige hacia él y es detonado».

27 Fundación Mundo Seguro, 2023, *op. cit.* p. 9.

28 *Ibidem*, p. 11.

29 Hasta 2000 kilómetros de altitud.

como las capacidades contraespaciales y los comportamientos asociados de los Estados participantes en la carrera espacial para poder prepararse para cualquier eventualidad de manera adecuada.

En esta línea, se creó en 2007, dentro del Servicio Europeo de Acción Exterior, la Capacidad Única de Análisis de Inteligencia (SIAC), formada por una parte por la EU INTCEN (*Intelligence Analysis Center*, inteligencia civil) y, por otra, por la Dirección de Inteligencia del Estado Mayor de la Unión Europea[30] (inteligencia militar). Siguiendo a Díaz-Caneja Greciano[31], podemos resaltar que el EU INTCEN constituye el verdadero centro neurálgico para cuestiones de inteligencia. Entre otros,

> «sus productos se basan en información proporcionada por los servicios de seguridad e inteligencia de los Estados miembros, la obtenida de fuentes abiertas (medios de comunicación, sitios web, blogs, etc.), de información diplomática, redes consulares, organizaciones internacionales, organizaciones no gubernamentales, misiones y operaciones de la PCSD, del Centro de Satélites de la UE, visitas y misiones de obtención de información en escenarios de crisis»[32].

Pues bien, la nueva estrategia pretende encargar, precisamente, al Alto Representante, con el apoyo de la SIAC, la elaboración de un análisis anual clasificado del panorama de las amenazas espaciales que incluya la evolución de las capacidades contraespaciales de los distintos actores[33]. Además, el Consejo, en sus conclusiones de noviembre de 2023, propuso ir más allá, abogando a favor del refuerzo de la propia SIAC, así como de los servicios de inteligencia militar y civil de los Estados miembros, «con miras a mejorar su comprensión estratégica de las amenazas espaciales y las operaciones contraespaciales, mediante su inclusión en las necesidades de inteligencia»[34].

Sobre este último aspecto, cabe resaltar que sigue existiendo un importante límite, fijado por los Tratados, y en particular por los artículos 21 y ss. del TUE: son los propios Estados los encargados de proporcionar información

---

30 El Estado Mayor de la Unión Europea fue creado mediante Decisión del Consejo, de 22 de enero de 2001 (DOUE L 27, de 30 de enero de 2001). Está compuesto por militares de los Estados miembros en comisión de servicio en el Servicio Europeo de Acción Exterior desde el 1 de enero de 2011. Es la fuente de los conocimientos militares de la UE. Entre sus funciones, podemos destacar: suministrar una capacidad de alerta temprana, planificar, evaluar y asesorar en lo referente al concepto de gestión de crisis y a la estrategia militar general.

31 Díaz-Caneja Greciano, J.M., «La cooperación de inteligencia en la Unión Europea». *Instituto Español de Estudios Estratégicos*, Documento Opinión 151/2014, 2014, p. 8. https://www.ieee.es/Galerias/fichero/docs_opinion/2014/DIEEEO151-2014_CooperacionInteligencia_UE_JMDiaz_Caneja.pdf

32 Díaz-Caneja Greciano «La cooperación de inteligencia» *op. cit.* p. 8.

33 JOIN (2023) 9 final, *op. cit.* p. 3.

34 Punto 11 de las Conclusiones del Consejo, 13 de noviembre de 2023.

de inteligencia directamente a la UE. Por tanto, tal como lo resaltó en su momento la entonces Alta Representante Ashton, la dificultad radica en que «las contribuciones dependen de la disponibilidad de la inteligencia en los servicios de los Estados y de la voluntad de compartir»[35]. Sin duda alguna, un cambio de paradigma será estrictamente necesario si lo que se pretende es disponer de una información pertinente, actualizada y útil para dar respuestas coordinadas a estas amenazas[36].

III. Mejorar la resiliencia y la protección de los sistemas y servicios espaciales en la UE

La resiliencia de la UE y su autonomía estratégica constituyen en la actualidad una prioridad europea, también en materia espacial. En efecto, la tecnología espacial, y de manera más general, los activos espaciales de la UE, tienen un uso cada vez mayor y variado, prestando servicios esenciales a la sociedad (tanto para el cotidiano de los ciudadanos como para el crecimiento económico de las empresas). Por consiguiente, la UE pretende con razón ser capaz de lograr protegerlos de manera segura, empezando por las infraestructuras vitales, tanto terrestres como satelitales.

Recientemente, algunas normas comunitarias fueron adoptadas en la materia. Por ejemplo, la Directiva (UE) 2022/2557 de 14 de diciembre de 2022 relativa a la resiliencia de las entidades críticas[37] (Directiva REC), la cual tiene como objetivo «establecer un marco de la Unión con el fin de aumentar la resiliencia de las entidades críticas en el mercado interior fijando unas normas mínimas armonizadas, y de prestarles asistencia mediante un apoyo coherente y específico y medidas de supervisión»[38]. Pues bien, como novedad cabe destacar la obligación por parte de los Estados miembros de adoptar,

---

35 Véase la respuesta dada por la Alta Representante el 21 de agosto de 2012 a las preguntas escritas E-006018/12 y E-006020/12, disponible en el siguiente enlace: https://www.europarl.europa.eu/doceo/document/E-7-2012-006018-ASW_CS.html?redirect

36 Véase, en este sentido, la propuesta de Resolución del Parlamento Europeo sobre la aplicación de la política exterior y de seguridad común: informe anual 2023 [2023/2117 (INI)] y, en particular, su punto 15: «pide que se refuercen el Centro de Inteligencia y de Situación de la Unión Europea y el Centro de Respuesta a las Crisis del Servicio Europeo de Acción Exterior (SEAE) mediante el establecimiento de un sistema de flujos automáticos de inteligencia de los Estados miembros al SEAE y al Centro de Inteligencia y de Situación de la Unión Europea sobre cuestiones exteriores y de seguridad que se produzcan fuera de la Unión».

37 DOUE L 333, de 27 de diciembre de 2022, pp. 164 y ss. En materia espacial, el texto considera como entidades críticas a «los operadores de infraestructuras terrestres, cuya propiedad, gestión y explotación corresponde a Estados miembros o entidades privadas, que apoyan la prestación de servicios espaciales» (anexo).

38 Considerando 1 de la Directiva 2022/2557.

antes del 17 de enero de 2026, una estrategia específica, con el fin de establecer «objetivos estratégicos y medidas de actuación, basándose en estrategias nacionales y sectoriales, planes o documentos similares existentes en la materia, con vistas a alcanzar y mantener un alto nivel de resiliencia por parte de las entidades críticas» (art. 4).

En el mismo orden de ideas, también se adoptó un nuevo texto en materia de ciberseguridad, la Directiva (UE) 2022/2555, de 14 de diciembre de 2022[39] (Directiva SRI 2). Con el fin de «alcanzar un elevado nivel común de ciberseguridad en toda la Unión con el objetivo de mejorar el funcionamiento del mercado interior», el texto establece, entre otros, obligaciones que requieren la adopción por parte de los Estados miembros de estrategias nacionales de ciberseguridad, medidas para la gestión de riesgos de ciberseguridad, así como normas y obligaciones relativas al intercambio de información (art. 1).

A pesar de lo anterior, y sobre todo tomando en cuenta las importantes diferencias que pueden existir entre los Estados en materia de regulación de las operaciones espaciales, la Comisión tiene como ambición presentar a corto plazo una nueva Ley Espacial de la UE (seguramente durante 2024). La idea con esta propuesta legislativa es «proporcionar el marco para mejorar colectivamente el nivel de resiliencia de los sistemas y servicios espaciales en la UE y garantizar la coordinación entre los Estados miembros, también en ubicaciones de infraestructuras terrestres estratégicas remotas, como las regiones ultraperiféricas de la Unión»[40].

Tal como lo señaló la Comisión en la consulta que ha organizado durante los meses de octubre y noviembre de 2023[41], el objetivo general de la propuesta es garantizar un uso seguro, resistente y sostenible del espacio. Para ello, el ejecutivo de la UE propone un enfoque integrado, combinando medidas de seguridad espacial (limitar el riesgo de colisiones y eliminación de desechos), medidas de resiliencia (normas de gestión de riesgos que abarcan la ciberseguridad y protección física de los bienes espaciales) y medidas de sostenibilidad (reducción del impacto ambiental de las actividades espaciales).

Por lo que a la seguridad se refiere, la Comisión prevé introducir, entre otros, requisitos específicos con el fin de garantizar la toma en consideración de este aspecto tan importante desde el propio diseño de todos los sistemas espaciales que tienen como vocación prestar servicios considerados como esenciales, entendidos como servicios cruciales para el funcionamiento

39 Directiva (UE) 2022/2555 de 14 de diciembre de 2022 relativa a las medidas destinadas a garantizar un elevado nivel común de ciberseguridad en toda la Unión, por la que se modifican el Reglamento (UE) n.° 910/2014 y la Directiva (UE) 2018/1972 y por la que se deroga la Directiva (UE) 2016/1148 (DOUE L 333, de 27 de diciembre de 2022, pp. 80 y ss.).

40 JOIN (2023) 9 final, *op. cit.* p. 4.

41 Véase: https://defence-industry-space.ec.europa.eu/consultations-0/targeted-consultation-eu-space-law_en

de las actividades económicas, la seguridad y la protección en los Estados miembros. Dentro de las medidas propuestas, se propone la enumeración de los principales agentes de la cadena de suministro, la definición y aplicación de un nivel mínimo común de resiliencia para los servicios espaciales críticos, la elaboración de planes nacionales coordinados de preparación y resiliencia y protocolos de emergencia.

La Comisión insiste también sobre la necesidad de involucrar el sector comercial privado, cada vez más interesado por el espacio, en ciertos temas de seguridad que podrían afectarles, sensibilizando dichos actores a la nueva realidad espacial y creando con ellos una cooperación reforzada, en particular gracias al intercambio de mejores prácticas sobre medidas de resiliencia. En este sentido, sin duda alguna la futura Ley de Ciberresiliencia, en curso de discusión[42], constituirá un importante primer paso para los actores privados que ofrecen productos digitales y les incentivarán a adoptar nuevos requisitos de ciberseguridad[43].

Asimismo, la resiliencia y la seguridad del sector espacial pasa necesariamente por el refuerzo de su soberanía tecnología en la materia. En un momento tan crucial del proceso de integración, en el cual la UE quiere recuperar una cierta autonomía frente a terceros[44], constituye todo un reto para la UE lograrlo en materia espacial, debido a la inmensa dependencia que puede existir con Estados terceros (Estados Unidos, sobre todo). El establecimiento de nuevas alianzas con industrias europeas especializadas debe convertirse en prioridad para conseguirlo.

En este sentido, esta dependencia pudo materializarse hace poco con el sorprendente anuncio, entre otros, del Comisario Europeo de Mercado Interior y Servicios, el francés Thierry Breton, según el cual la UE deberá acudir a

42 COM (2022) 454 final, de 15 de septiembre de 2022. Propuesta de Reglamento relativo a los requisitos horizontales de ciberseguridad para los productos con elementos digitales y por el que se modifica el Reglamento (UE) 2019/1020. Véase el estado de las discusiones con el Consejo, al 30 de noviembre de 2023, en el siguiente enlace: https://www.consilium.europa.eu/es/press/press-releases/2023/11/30/cyber-resilience-act-council-and-parliament-strike-a-deal-on-security-requirements-for-digital-products/

43 En esta dirección, cabe señalar que el pasado 2 de octubre de 2023 se lanzó la convocatoria para la creación de un Centro de Intercambio y Análisis de la Información Espacial de la UE (ISAC). El objetivo de este Centro es reforzar la seguridad y la resiliencia del sector espacial mediante el desarrollo de la sensibilización y de las capacidades de sus miembros (PyMes, grandes grupos industriales, entidades públicas, etc.).

44 Véase, en este sentido, Borrell, Por qué es importante la autonomía estratégica europea, 2020. Disponible en el siguiente enlace: https://www.eeas.europa.eu/eeas/por-qu%C3%A9-es-importante-la-autonom%C3%ADa-estrat%C3%A9gica-europea_es. Véanse, asimismo, el Reglamento (UE) 2023/1781 de 13 de septiembre de 2023 por el que se establece un marco de medidas para reforzar el ecosistema europeo de semiconductores (Reglamento de Chips, *DOUE* L 229 de 18 de septiembre de 2023, pp. 1 y ss.), así como la Propuesta de Reglamento por el que se establece un marco para garantizar el suministro seguro y sostenible de materias primas fundamentales.

la empresa Space X de Elon Musk para lanzar durante 2024 cuatro satélites de la constelación europea Galileo.

Precisamente, el debate alrededor del acceso autónomo de Europa al espacio se ha convertido en los últimos meses en un punto muy sensible para todo el ecosistema espacial europeo. Recordamos que «el acceso autónomo de la UE al espacio es fundamental para la resiliencia de la infraestructura espacial de la UE, en particular para la renovación de constelaciones, la sustitución de satélites individuales o el despliegue de futuras constelaciones»[45]. Con el último vuelo de Ariane 5 en 2023, y el retraso de Ariane 6[46], la UE y su socio estratégico, la Agencia Espacial Europea, han perdido temporalmente este acceso directo al espacio para al menos cargas pesadas[47].

Mientras tanto, los Estados van desarrollando nuevas tecnologías, desde lanzadores hasta puertos espaciales, para intentar no quedarse atrás en esta frenética carrera. Alemania, por ejemplo, está desarrollando una innovadora plataforma de lanzamiento flotante en el Mar del Norte (*German-Offshore Spaceport Alliance*, GOSA), situada a unos 350 kilómetros de la costa. A través de esta plataforma, lo que el país pretende es no quedarse atrás en el mercado del nuevo espacio, permitiendo el despegue de micro-lanzadores con destino a órbitas cercanas a la Tierra, con cargas útiles de hasta una tonelada. Debería empezar su funcionamiento a partir de abril de 2024 con el despegue de una nave holandesa[48].

Por su parte, Suecia inauguró en enero de 2023 el Centro Espacial de Esrange *(European Spaceresearch Range)*, situado a unos 200 kilómetros por encima del Círculo Polar Ártico[49]. Tiene como ambición convertirse en la principal plataforma de lanzamiento de satélites de Europa. Los primeros lanzamientos suborbitales están previstos para 2024. En palabras de la presidenta de la Comisión Europea, «este puerto espacial ofrece una puerta de entrada europea independiente al espacio, (...) es exactamente la infraestructura que necesitamos, no solo para seguir innovando, sino también para seguir explorando la frontera final».

45 JOIN (2023) 9 final, *op. cit.* p. 8.

46 El último vuelo del lanzador Ariane 5 tuvo lugar el pasado 5 de julio de 2023 desde el Centro Espacial Europeo de Kourou (Guyana Francesa). Se trata del 117.° lanzamiento desde sus inicios en el año 1996. Por su parte, Ariane 6 tenía que haber realizado un vuelo orbital inaugural en 2020. Sin embargo, factores externos como la Covid-19, la falta de materiales y la invasión de Ucrania, hizo que se retrasó. Su primer vuelo debería tener lugar en junio o julio de 2024.

47 Ariane 5 tenía capacidad para desplazar un satélite de casi 10.000 kg al espacio.

48 Véase: https://www.dw.com/es/por-qu%C3%A9-alemania-construye-su-propio-puerto-espacial/a-67166940

49 Véase: https://www.infoespacial.com/texto-diario/mostrar/4142158/suecia-inaugura-primer-puerto-espacial-lanzar-satelites-ue

España también ha decidido apostar decididamente por el sector espacial. Después de la creación de la Agencia Espacial Española en Sevilla, el año 2023 fue para el país sin duda alguna algo excepcional, al convertirse en el décimo país del mundo con capacidad directa al espacio, tras el lanzamiento del cohete Miura 1 de la empresa PLD Space desde el puerto espacial de Huelva el pasado 7 de octubre de 2023.

Todo lo anterior se inscribe dentro de las líneas fijadas por la Comisión de diversificación, con el fin de garantizar este acceso autónomo de la UE al espacio a largo plazo.

IV. Responder de manera conjunta a las amenazas espaciales

La estrategia europea en materia de seguridad y defensa pasa necesariamente por una respuesta adecuada en caso de amenazas espaciales. Sin embargo, tal como lo veremos, resulta a veces complejo tanto poder detectar a tiempo lo que podemos considerar una amenaza espacial cómo reaccionar de manera idónea frente a ella, debido en gran parte a las inmensas consecuencias geopolíticas que cualquier respuesta podría generar como consecuencia.

Sobre el primer punto, el nuevo Programa Espacial de la UE[50] incluye un componente específico[51] relativo al «Conocimiento del medio espacial» (SDA). Su objetivo: mejorar las capacidades para supervisar, hacer seguimiento e identificar objetos y desechos espaciales con el fin de seguir aumentando el rendimiento y la autonomía de las capacidades de los Estados, prestar servicios de meteorología espacial y cartografiar y conectar en red las capacidades de los Estados (art. 4.2.c. Reglamento 2021/696).

Para ello, el componente SDA se divide en tres subcomponentes (art. 3 Reglamento 2021/696):

- El subcomponente VSE (Vigilancia y Seguimiento Espacial): sistema de vigilancia y seguimiento espacial cuya finalidad es mejorar, hacer funcionar y ofrecer datos, información y servicios relacionados con la vigilancia y el seguimiento de objetos espaciales que orbitan alrededor de la Tierra;
- El subcomponente meteorología espacial (SWT): parámetros basados en la observación de fenómenos meteorológicos espaciales;

50 Reglamento (UE) 2021/696 de 28 de abril de 2021.

51 Recordamos que el Programa Espacial de la UE consta de cinco componentes : Galileo, EGNOS, Copernicus, SDA y Govsatcom.

- El subcomponente NEO, de control del riesgo de los objetos que se aproximen a la Tierra.

Tal como lo resalta la Comisión, «el SDA es clave para atribuir las amenazas espaciales en órbita y activar una posible respuesta de la UE»[52]. En efecto, en la actualidad, el primer subcomponente de vigilancia y seguimiento espacial ofrece, por ejemplo, tres importantes servicios[53] relacionados con los objetos espaciales que orbitan la Tierra: 1/ un primer servicio de prevención de colisiones, proporcionado evaluaciones de riesgos de posibles colisiones entre vehículos espaciales o entre vehículos espaciales y desechos espaciales; 2/ un segundo relativo al análisis de reingreso incontrolado de objetos espaciales y desechos espaciales en la atmósfera de la Tierra, generando incluso información acerca de la ubicación probable de un posible impacto; 3/ finalmente un tercer servicio relativo al análisis de fragmentación, permitiendo detectar y caracterizar fragmentaciones, rupturas o colisiones en órbita.

En complemento de lo anterior, el Consejo adoptó una Decisión más específica relativa a la seguridad del despliegue, funcionamiento y utilización de sistemas y servicios en el marco del Programa Espacial de la UE[54]. Tal como lo señala la Comisión, dicho texto «establece disposiciones operativas que permiten a la UE atribuir las amenazas dirigidas contra los sistemas establecidos y los servicios del Programa Espacial de la UE, o a través de ellos, y responder a tales amenazas, si estas afectan a la seguridad de la UE o de sus Estados miembros»[55]. Entre otros, se prevé la posibilidad, en caso de urgencia, por el Alto Representante de dictar instrucciones provisionales que permita aportar una respuesta inmediata al problema de seguridad detectado[56].

En su configuración actual, el Consejo es el máximo responsable en caso de amenaza, tal como lo establece el art. 3.1 Decisión 2021/698, al prever que «el Consejo, por unanimidad y a propuesta del Alto Representante, decidirá sobre las instrucciones que sea necesario dictar a la Agencia o a cualquier estructura designada para la supervisión, cuando proceda». Sin embargo,

52 JOIN (2023) 9 final, *op. cit.* p. 10.

53 Se prevé, además de los tres servicios señalados, que el subcomponente VSA desarrolle dos servicios adicionales: uno relativo a la reducción de los desechos espaciales: y un segundo relativo a la rehabilitación de los desechos espaciales.

54 Decisión (PESC) 2021/698 del Consejo sobre la seguridad de los sistemas y servicios cuyo despliegue, funcionamiento y utilización en el marco del Programa Espacial de la Unión y del Programa de Conectividad Segura de la Unión pueden afectar a la seguridad de la Unión, y por la que se deroga la Decisión 2014/496 PESC (DOUE L 170, de 12 de mayo de 2021, pp. 178 y ss.).

55 JOIN (2023) 9 final, *op. cit.* p. 10.

56 Art. 4 Decisión 2021/698. El punto 4 del artículo prevé, sin embargo, que «el Alto Representante mantendrá sus instrucciones provisionales en constante revisión, modificándolas en caso adecuado o revocándolas cuando deje de ser necesaria una acción inmediata. En cualquier caso, las instrucciones provisionales expirarán a las cuatro semanas de haber sido formuladas, o por decisión del Consejo (...)».

esta situación podría cambiar en el futuro: en efecto, el Alto Representante propone una modificación sustancial, al querer convertirse en la «piedra angular de la respuesta de la UE en el ámbito espacial»[57]. En este sentido, el Centro de Supervisión de la Seguridad del Programa Espacial, junto con los servicios de SDA y de la Capacidad Única de Análisis de Inteligencia, tendrían un papel esencial a la hora de respaldar la atribución de las amenazas espaciales y responder adecuadamente a ellas.

Sobre este punto, cabe resaltar que el Consejo, en sus Conclusiones de noviembre de 2023[58], no parece ir exactamente en la dirección del Alto Representante. Así, si bien subraya la necesidad de reforzar el intercambio de información y la cooperación entre los Estados miembros y con el Servicio Europeo de Acción Exterior, e incluso reforzar instrumentos europeos en materia de ciber diplomacia y de respuestas a amenazas híbridas, recuerda, sin embargo, que «la decisión de atribuir una amenaza espacial a un agente específico de un tercer país sigue siendo una decisión política soberana de los Estados miembros, basada en una amplia variedad de información e inteligencia, así como en pruebas técnicas, y que tal decisión debe adoptarse caso por caso, de conformidad con el Derecho internacional en materia de responsabilidad del Estado»[59].

Cabe señalar, asimismo, la voluntad por parte de las instituciones de la UE de aumentar la preparación global en caso de ataques, así como la interoperatividad, mediante la celebración de ejercicios periódicos en el ámbito espacial. La idea es triple: por un lado, probar, desarrollar y validar la respuesta de la UE a las amenazas espaciales; por otro lado, probar y explorar mecanismos concretos de solidaridad en caso de ataques desde el espacio o amenazas contra los sistemas espaciales; finalmente, crear sinergias con socios y aliados en el ámbito de la seguridad y la defensa espaciales.

Sin duda alguna, la recién adoptada política espacial de la OTAN constituye un gran apoyo para lograrlo[60]. Así, tras recordar que la organización no aspira a convertirse en un actor espacial autónomo, delimitó sus funciones clave entorno a cuatro aspectos fundamentales: a) integrar el espacio y las consideraciones relacionadas con el espacio en el cumplimiento de las tareas básicas de la OTAN (defensa colectiva, gestión de crisis, seguridad cooperativa); b) servir de foro para las consultas político-militares y el intercambio de información sobre los desarrollos espaciales pertinentes relacionados con la

57 JOIN (2023) 9 final, *op. cit.* p. 10.

58 Conclusiones del Consejo, 13 de noviembre de 2023.

59 Punto 20 de las Conclusiones de 13 de noviembre de 2023. Tal como lo destaca el Consejo, no debemos olvidar que los ataques en el ámbito espacial pueden llegar a equipararse a una agresión armada contra uno o varios Estados miembros en su territorio.

60 La OTAN adoptó su política espacial en 2019. Véase el texto completo en el siguiente enlace: https://www.nato.int/cps/en/natohq/official_texts_190862.htm.

disuasión y la defensa; c) garantizar la prestación eficaz de apoyo espacial y los efectos de las operaciones, misiones y otras actividades de la Alianza; d) facilitar el desarrollo de la compatibilidad e interoperabilidad entre los servicios, productos y capacidades espaciales de los Aliados.

Precisamente, el pasado 10 de enero de 2023, la UE y la OTAN firmaron una nueva Declaración conjunta[61], decidiendo ampliar e intensificar aún más su cooperación en ámbitos estratégicos tales como la resiliencia y la protección de las infraestructuras críticas, las tecnologías emergentes y disruptivas, las repercusiones del cambio climático en el ámbito de la seguridad y, por supuesto, el ámbito espacial. Los ejercicios espaciales conjuntos forman parte de este fortalecimiento en las relaciones entre ambas organizaciones, de cara a estar preparados «para operar cuando el apoyo espacial en las operaciones se degrade, se niegue o se interrumpa»[62]. En este sentido, el próximo ejercicio *Steadfast Defender 2024*, planeado entre enero y mayo de 2024, debería dar una muestra de las posibilidades de reacción en la materia de los países de la OTAN, con un despliegue de más de 90.000 soldados en América del Norte y otras partes de la alianza, simulando un escenario de conflicto con un adversario cercano[63].

V. El desarrollo de capacidades espaciales de doble uso

Con cada vez mayor frecuencia, las potencias espaciales utilizan sus capacidades de dos formas: civil, militar o ambos. Cuando un mismo activo espacial tiene funciones tanto civil como militar, hablamos de capacidades espaciales de doble uso. A veces, esta situación constituye una verdadera dificultad, puesto que, por ejemplo, un satélite que la comunidad internacional pensaba de uso meramente civil puede transformarse, después de varios años, en un arma militar sin que nadie lo hubiese detectado[64].

---

61 Disponible en el siguiente enlace: https://www.consilium.europa.eu/es/press/press-releases/2023/01/10/eu-nato-joint-declaration-10-january-2023/. Según se desprende del punto 12 de la declaración: «Ante la evolución del alcance y la magnitud de las amenazas y desafíos a los que nos enfrentamos, vamos a llevar nuestra asociación a un nivel superior, apoyándonos en nuestra dilatada cooperación. Vamos a reforzar aún más esa cooperación en los ámbitos en los que ya colaboramos, y la ampliaremos y profundizaremos para afrontar, en particular, la intensificación de la competencia geoestratégica, los asuntos relacionados con la resiliencia, la protección de las infraestructuras críticas, las tecnologías emergentes y disruptivas, el ámbito espacial y las repercusiones del cambio climático en la seguridad, así como la manipulación de información y la injerencia por parte de agentes extranjeros».

62 Punto 14 de la Política espacial de la OTAN.

63 Véase: https://es.euronews.com/2024/01/19/la-otan-anuncia-el-mayor-ejercicio-militar-desde-la-guerra-fria-con-90000-tropas

64 Así lo refleja también la Comisión Europea: «Sin embargo, dado que la mayoría de las tecnologías espaciales son de doble uso, las amenazas espaciales no pueden detectarse

La Unión Europea, consciente de este creciente problema, más aún en tiempos de recrudecimiento de los conflictos bélicos en sus fronteras, también apuesta a favor del desarrollo de este tipo de capacidades de doble uso, siempre con el fin al menos declarado de aumentar su propia autonomía estratégica.

En la práctica, hemos podido observar como el Centro de Satélites de la UE (SATCEN)[65], por ejemplo, está plenamente movilizado para ayudar a las fuerzas armadas ucranianas en su lucha contra la invasión rusa. Apoyándose, entre otros, en el programa Copernicus[66], esta agencia analiza imágenes satelitales tomadas del terreno, lo que permite transmitir informaciones esenciales en cuanto a la actividad militar rusa, las fuerzas desplegadas o la evaluación de los daños.

El gran límite radica en el carácter eminentemente civil y no militar del programa Copernicus. En efecto, recordamos que el art. 3.1.c del Reglamento 2021/696 (Programa Espacial de la UE) lo presenta como «un sistema civil de observación de la Tierra bajo control civil, operativo, autónomo y orientado a los usuarios (...) que ofrece datos y servicios de geoinformación (...)». De ninguna manera ha sido diseñado para cumplir fines ajenos a los anteriores señalados.

Esta situación podría cambiar pronto, con la propuesta de hacer evolucionar los servicios de Copernicus, a través del desarrollo de un servicio gubernamental de observación de la Tierra. La idea subyacente es «favorecer la prestación de un servicio de conciencia situacional plenamente fiable, altamente resiliente y permanentemente disponible», complementando las distintas infraestructuras existentes con nuevos sensores, revisiones frecuentes

---

observando los objetos espaciales, tecnologías o capacidades espaciales de forma aislada, sino teniendo en cuenta el comportamiento». JOIN (2023) 9 final, *op. cit.* p. 2. En el mismo sentido va el Consejo, al destacar «el carácter de doble uso de la mayoría de las capacidades espaciales» y al reconocer «la necesidad de utilizar, y de aprovechar la oportunidad de desarrollar en mayor grado, los servicios de uso gubernamental a nivel de la Unión, en particular para la seguridad y la defensa, sin duplicar las capacidades existentes o previstas a nivel nacional y dentro del pleno respeto de las competencias de los Estados miembros en esta materia, preservando al mismo tiempo el control y la naturaleza civiles de los programas espaciales de la UE y, además, priorizando la consecución de todos los objetivos de los programas espaciales de la Unión (...)» (Conclusiones del 13 de noviembre de 2023, punto 26).

65 El SATCEN tiene como misión fundamental apoyar la toma de decisiones y las acciones de la UE en el ámbito de la PESC, mediante el suministro de productos y servicios resultantes de la explotación de los activos espaciales pertinentes y los datos colaterales, incluidas las imágenes satelitales y las imágenes aéreas, y los servicios conexos. Véase: https://www.satcen.europa.eu/who-we-are/our-mission

66 Véase como Copernicus apoya al SATCEN y el Servicio de Acción Exterior de la UE en el siguiente documento: https://www.satcen.europa.eu/keydocuments/Copernicus_Portfolio_Booklet58d2a26ed3ceb00834caf4c9.pdf

y técnicas avanzadas de procesamiento mediante el desarrollo de pequeños satélites altamente reactivos a efectos de inteligencia, vigilancia y reconocimiento espaciales[67].

Por otra parte, encontramos otro ejemplo de desarrollo de capacidades espaciales de doble uso con el recién aprobado Programa de Conectividad Segura de la Unión[68], y su nueva constelación satelital IRIS² (Infraestructura para la Resiliencia, la Interconectividad y la Seguridad por Satélite). En este caso, los objetivos están perfectamente especificados: por un lado, garantizar a los usuarios gubernamentales la puesta a disposición y la disponibilidad a largo plazo de un acceso ininterrumpido a escala mundial y del territorio de la UE a unos servicios gubernamentales de comunicación por satélite seguros, autónomos, de alta calidad, fiables y rentables para los usuarios autorizados de la Administración estableciendo un sistema de conectividad segura multiorbital bajo control civil y apoyando la protección de la infraestructuras críticas, la conciencia situacional, las acciones exteriores, la gestión de crisis y las aplicaciones que son esenciales para la economía, el medio ambiente, la seguridad y la defensa; por otro lado, permitir la prestación por parte del sector privado de servicios comerciales o servicios ofrecidos a usuarios autorizados de la Administración basados en infraestructuras comerciales en condiciones de mercado (art. 3 Reglamento 2023/588).

Existen grandes expectativas en cuanto al desarrollo de esta nueva infraestructura. Complementando el programa Govsatcom[69] (otro componente del Programa Espacial de la UE, *Governmental Satellite Communications*), se espera, entre otros, que la nueva constelación de satélites IRIS² permita la creación de nuevas capacidades en materia de defensa[70].

VI. El fomento de alianzas para garantizar la seguridad del espacio ultraterrestre

Mantener los fines pacíficos del espacio no es tarea sencilla dentro del nuevo panorama mundial. Lo seguro es que la UE, actuando sola, puede

67 JOIN (2023) 9 final, *op. cit.* p. 13.

68 Reglamento (UE) 2023/588 de 15 de marzo de 2023 por el que se establece el Programa de Conectividad Segura de la Unión para el periodo 2023-2027 (*DOUE* L 79 de 17 de marzo de 2023, pp. 1 y ss.).

69 Recordamos que GOVSATCOM tiene tres casos principales de uso: 1/ gestión de crisis, que puede incluir a civiles y militares; 2/ vigilancia (fronteras, tráfico ilícito, etc.); 3/ infraestructuras clave.

70 Véase, sobre el uso del espacio durante una guerra y la importancia de contar con una red segura de comunicación: Franke, U. y Söderström, J., «Star "Tech" Enterprise: Tecnologías emergentes en la guerra rusa contra Ucrania». 2023. https://ecfr.eu/madrid/publication/star-tech-enterprise-tecnologias-emergentes-en-la-guerra-rusa-contra-ucrania/

tomar ciertas medidas mostrando el ejemplo, pero necesita del apoyo y de la colaboración de otros actores involucrados en esta carrera espacial.

En este sentido, la ONU, y en particular la Comisión de las Naciones Unidas sobre la Utilización del Espacio Ultraterrestre con Fines Pacíficos (COPUOS) constituye el foro internacional idóneo para que la UE y sus Estados miembros puedan seguir promoviendo activamente un uso responsable del espacio, conforme a las normas vigentes de derecho internacional, y apoyando la adopción de nuevas reglas más actuales en la materia. Sobre este aspecto en particular, es de lamentar la gran dificultad que existe para adoptar instrumentos jurídicos internacionales de carácter vinculante[71], más aún en un momento tal como el actual de uso cada vez más intenso de los recursos espaciales.

Por supuesto, pensamos que la UE, junto con sus Estados miembros, y en particular las grandes potencias espaciales europeas, deberían desplegar con mayor fuerza una decidida «diplomacia espacial», que sería capaz de obtener el máximo consenso posible en torno a las cuestiones jurídicas esenciales del actual derecho del espacio ultraterrestre. A falta de conseguirlo por el momento, sigue siendo de crucial importancia la adopción de un instrumento jurídico, aunque no vinculante, de transparencia y fomento de la transferencia, así como la adopción de medidas complementarias a los instrumentos de desarme y control de armamentos, con el fin de «abordar comportamientos irresponsables que puedan dar lugar a una escalada, también debido a malentendidos e interpretaciones o cálculos erróneos»[72].

Asimismo, la participación europea al grupo de trabajo de composición abierta sobre la reducción de las amenazas espaciales[73] *(Open-Ended Working Group —OEWG— on reducing space threats)* constituye sin duda alguna

71 Véase Movilla Pateiro, L., «¿Hacia un cambio de paradigma en el derecho del espacio ultraterrestre?: los acuerdos artemisa», *Revista Española de Derecho Internacional*, 2021, vol. 73/2, y en particular las páginas 286-289. Tal como lo señala el autor, «el aumento progresivo del número de Estados que llevan a cabo las actividades espaciales y que son miembros de la COPUOS y la complejidad de los nuevos desafíos del Derecho del espacio, han ocasionado también que la toma de decisiones en esta comisión empezase a ser más complicada. Desde entonces, los instrumentos jurídicos a través de los que se ha desarrollado este sector del ordenamiento jurídico internacional han sido de carácter no vinculante» (*op. cit.* p. 288).

72 JOIN (2023) 9 final, *op. cit.* p. 17.

73 Véase Hernández García, S., «Desmilitarización del espacio ultraterrestre: las Naciones Unidas y la creación del Grupo de Trabajo de composición abierta sobre la reducción de las amenazas espaciales», *Revista Española de Derecho Aeronáutico y Espacial* n. 2, 2022, pp. 385 y ss. Tal como lo resalta el autor, y de acuerdo al punto 5 de la Resolución de la AG 76/231, dicho grupo nace con el objetivo de analizar las normas jurídicas internacionales relativas a las amenazas derivadas de ciertos comportamientos en el espacio ultraterrestre, estudiar las amenazas actuales y futuras, proponer recomendaciones de normas, reglas y principios de comportamientos responsables en el espacio ultraterrestre y presentar un informe.

un paso adicional para desarrollar una nueva «diplomacia espacial»[74]. Entre otras recomendaciones, se invita a los Estados a abstenerse de realizar todo acto delibrado que cause daños físicos a los objetos espaciales de otros Estados, así como de realizar pruebas, experimentos u otras actividades que den lugar a la destrucción de satélites o de naves espaciales. En el mismo orden de ideas, se quiere invitar a los Estados a no desarrollar, producir, ensayar o desplegar armas en el espacio.

En un marco bilateral, la UE quiere fomentar una cooperación más directa con otras potencias interesadas en los asuntos espaciales. Por ejemplo, durante el 12.º Diálogo Espacial UE-Estados Unidos, celebrado en Bruselas los días 26 y 27 de junio de 2023, ambas partes dedicaron parte de los debates al tema de la seguridad espacial, abordando, entre otros, las oportunidades de seguir profundizando la amplia cooperación transatlántica que ya existe en esta materia, ampliándola a temas como la ciberseguridad espacial y los compromisos multilaterales para lograr la adopción de normas, reglas y principios del comportamiento responsable en el espacio.

La cooperación con América Latina en este ámbito es también más que nunca necesaria[75]. La recién creación de la Agencia Latinoamericana y Caribeña del Espacio (ALCE)[76] muestra el fuerte interés de la región para convertirse en un actor espacial relevante. La asociación estratégica entre ambas zonas podría tener importantes beneficios, tanto para los Estados como para los ciudadanos, en aspectos tan dispares como la mejora de las comunicaciones, la lucha contra el cambio climático, o para dar respuestas frente a emergencias. Sin duda alguna, la celebración durante el mes de noviembre de 2023 en Sevilla de un Diálogo Espacial de Alto Nivel UE-CELAC, impulsado por la Presidencia española del Consejo, marca una etapa fundamental de cara al fortalecimiento de los lazos. Una cooperación reforzada en materia de seguridad y defensa debe constituir una de las prioridades entre los bloques.

---

74 Véase las declaraciones de la UE del 28 de agosto de 2023 (https://www.eeas.europa.eu/delegations/un-geneva/eu-statement-open-ended-working-group-reducing-space-threats_en?s=62). Véase, asimismo, el resumen del presidente del grupo de 1 de septiembre de 2023 en el siguiente enlace: https://documents-dds-ny.un.org/doc/UNDOC/GEN/G23/178/26/PDF/G2317826.pdf?OpenElement.

75 Las relaciones con los países de América Latina y el Caribe retomaron fuerzas bajo la presidencia española del Consejo. La celebración de una Cumbre UE-CELAC en julio de 2023, acompañada de una Declaración común sobre la creación de una Alianza Digital UE-CELAC, ha permitido relanzar las relaciones entre ambas zonas. En particular, el texto hace hincapié en la cooperación espacial, señalando como áreas de interés los datos de observación de la Tierra de Copernicus y las aplicaciones y servicios de navegación por satélite Galileo/EGNOS. Asimismo, el mismo texto hace referencia a la necesidad de explorar una cooperación con la Agencia Espacial Latinoamericana y del Caribe.

76 El 24 de julio de 2021, México, junto con Argentina, Bolivia, Costa Rica, Ecuador y Paraguay firmaron el acuerdo para la creación de la ALCE. Véase: Romero Vázquez, F., «ALCE – Agencia Latinoamericana y Caribeña del Espacio, Desafíos y oportunidades», *Revista Española de Derecho Aeronáutico y Espacial* n. 3, 2023, pp. 607 y ss.

VII. Conclusiones

La UE ha decidido apostar a favor del desarrollo de una política espacial ambiciosa, capaz de situar al continente dentro de los principales líderes en la materia. Sin embargo, la nueva realidad planetaria, con el regreso, entre otros, de la guerra a nuestras puertas, ha reforzado la necesidad de pensar acerca de una estrategia que permita proteger nuestros activos espaciales, al mismo tiempo que asegurar nuestra defensa.

En este sentido, la Estrategia propuesta por la Comisión y el Alto Representante constituye sin duda alguna un punto decisivo en el desarrollo del proyecto de integración, situando al espacio ultraterrestre en el centro de su Política Exterior y de Seguridad Común y, por ende, de sus futuras acciones y desarrollo.

Por supuesto, resulta absolutamente necesario que la UE y sus Estados miembros sigan obrando a favor del uso pacífico del espacio ultraterrestre, conforme al derecho internacional, evitando a toda costa una carrera armamentista. Sin embargo, queda por determinar hasta qué punto la UE podrá quedarse atrás en el desarrollo de tecnologías espaciales ofensivas y defensivas, frente a unos competidores cada vez más agresivos.

Bibliografía

Center for Strategic & Internacional Studies. «Space Threat Assessment 2020», 2020. Recuperado de : https://aerospace.csis.org/wp-content/uploads/2020/03/Harrison_SpaceThreatAssessment20_WEB_FINAL-min.pdf

Ciréfice, R., «La Unión Europea dentro de la nueva gobernanza espacial mundial». En: P. C. Molina del Pozo Martín (coord.), *Derecho de la Unión Europea e integración regional. Liber Amicorum al Prof. Dr. Carlos Francisco Molina del Pozo*, Tirant Lo Blanch, 2020, pp. 1387-1415.

Comisión Europea & Alto Representante de la Unión para Asuntos Exteriores y Políticas de Seguridad, «Estrategia Espacial de la Unión Europea para la Seguridad y la Defensa», doc. *JOIN* (2023) 9 final, de 10 de marzo de 2023.

Díaz-Caneja Greciano, J. M., «La cooperación de inteligencia en la Unión Europea», Instituto Español de Estudios Estratégicos, documento Opinión 151/2014, 2014. Recuperado de: https://www.ieee.es/Galerias/fichero/docs_opinion/2014/DIEEEO151-2014_CooperacionInteligencia_UE_JMDiaz_Caneja.pdf

Franke, U. y Söderström, J., «Star "Tech" Enterprise: Tecnologías emergentes en la guerra rusa contra Ucrania». 2023. Recuperado de: https://ecfr.eu/madrid/publication/star-tech-enterprise-tecnologias-emergentes-en-la-guerra-rusa-contra-ucrania/

Fundación Mundo Seguro, «Capacidades Globales de Contraespacio», 2023. Recuperado de: https://swfound.org/media/207559/swf_global_counterspace_capabilities_2023_es_esp.pdf

Hernández García, S., «Desmilitarización del espacio ultraterrestre: las Naciones Unidas y la creación del Grupo de Trabajo de composición abierta sobre la reducción de las amenazas espaciales», *Revista Española de Derecho Aeronáutico y Espacial,* n.º 2, 2022, pp. 385 y ss.

Marín, D., «Rusia destruye el satélite Kosmos 1408 en una prueba ASAT», 2021. Recuperado de: https://danielmarin.naukas.com/2021/11/17/rusia-destruye-el-satelite-kosmos-1408-en-una-prueba-asat/

Movilla Pateiro, L., «¿Hacia un cambio de paradigma en el derecho del espacio ultraterrestre?: los acuerdos artemisa», *Revista Española de Derecho Internacional*, 2021, vol. 73/2, pp. 285-310.

Quiquet, F., «Quelles sont les menaces qui pèsent sur les systèmes spatiaux?», 2020. Recuperado de: https://www.spacesecurity.info/quelles-sont-les-menaces-qui-pesent-sur-les-systemes-spatiaux/

Romero Vazquez, F., «ALCE – Agencia Latinoamericana y Caribeña del Espacio, Desafíos y oportunidades», *Revista Española de Derecho Aeronáutico y Espacial* n. 3, 2023, pp. 607 y ss.

Savin, L., «La estrategia espacial de la OTAN», 2022. Recuperado de: https://noticiaspia.com/la-estrategia-espacial-de-la-otan/

Yagües Palazón, M., «Las implicaciones estratégicas de la disuasión espacial» en el marco de las relaciones sino-americanas, *Revista de Estudios en Seguridad Internacional*, 2018, vol. 4, n.º 1, pp. 177-195.

LA PRESIDENCIA ESPAÑOLA Y LA POLÍTICA DE PROTECCION DE LOS CONSUMIDORES

Bernardo Hernández Bataller[1]

---

1 Consejero del Comité Económico y Social de la Unión Europea.

Resumen: Se evalúa el contenido actual de la política de protección de los consumidores de la Unión Europea y las propuestas más importantes que tiene previsto impulsar la Presidencia española en este semestre, y también las propuestas legislativas que se podrían considerar como déficits por no figurar en el programa de trabajo.

Palabras clave: autonomía estratégica; nueva agenda del consumidor; transición ecológica; transformación digital; empoderamiento de los consumidores, derecho a reparar e influencers.

I. Introducción

El Reino de España, tiene la responsabilidad de ejercer la Presidencia del Consejo de la Unión Europea, en el segundo semestre del año 2023. En esta ocasión será la quinta vez que ejerza la Presidencia del Consejo, si bien, en virtud del programa compartido de la denominada *«troika»* las agendas de la Presidencia se diseñan y ejecutan de manera compartida cada año y medio[2].

El programa de la Presidencia española se basa en que la Unión Europea constituye un proyecto de bienestar para todos los europeos, cercana a sus ciudadanos y comprometida con la búsqueda de soluciones europeas a sus problemas.

El programa se fundamenta en cuatro prioridades:

- Reindustrializar la Unión Monetaria y garantizar una autonomía estratégica abierta[3]. Uno de los objetivos más importantes es reforzar

---

2 Véase, Molina del Pozo. C.F. *Tratado de la Unión Europea*. Lisboa. Editorial Juruá. 2015. En esta obra se tratan, de forma pormenorizada y minuciosa las instituciones de la Unión Europea, en este caso el Consejo de Ministros y su Presidencia. El Consejo de Ministros se regula en los artículos 16 del TUE y en los artículos 237 a 243 del TFUE, y tiene el carácter de *«institución de la Unión»*. El artículo 16,2 del TUE prevé que el Consejo se reúna en diferentes formaciones, atribuyendo competencia para crear formaciones del Consejo. Con las excepciones del Alto Representen de la Unión y de la presidencia del Eurogrupo (Consejo de los Estados que tienen como moneda el euro, la presidencia es rotatoria y se ejerce, de forma sucesiva, por cada Estado miembro, durante un período de seis meses.)

3 Según Luis Norberto Gonzalez Alonso, en «Retos para la Presidencia Española de la Unión Europea en materia de Política Comercial: Más allá de la autonomía estratégica» en *Presidencia española del Consejo de la Unión Europea 2023 (propuestas desde la sociedad civil)* Francisco Aldecoa y Mercedes Guinea Llorente, coordinadores, ed. Movimiento Europeo(Consejo Federal Español, ed. CATARATA, 2023(Madrid) la expresión «autonomía estratégica abierta» es una expresión tomada del documento estratégico de la Comisión en materia de política comercial: «Revisión de la política comercial. Una política comercial abierta, sostenible y firme», Comunicación de 18 de febrero de 2021, COM (2021), 66 final. En ella se define el concepto de autonomía estratégica abierta como «la capacidad de la UE de tomar sus propias decisiones y dar forma al mundo que la rodea a través del liderazgo y la colaboración, reflejando sus valores e intereses estratégicos», se trata de «una elección política, pero también(de) una actitud de los responsables de la toma de

la autonomía estratégica abierta, reduciendo las vulnerabilidades en áreas de suministro esenciales, como los alimentos, la energía o la salud, a la vez que consolidamos las alianzas con otros socios más fiables, a la vez que se intentará fortalecer e impulsar la creación de un mercado único, en el 30 aniversario de su creación, avanzando hacia una digitalización que garantice la igualdad de acceso y la privacidad de los europeos.

- Avanzar en la transición ecológica y la adaptación medioambiental., para culminar la transición ecológica socialmente justa, promoviendo la mitigación de los efectos del cambio climático y teniendo en cuenta la exclusión social y la pobreza energética, completando una reforma del mercado eléctrico que garantice unos precios asequibles para los ciudadanos, fomentando una economía verde que asegure empleo de calidad y la competitividad de las empresas europeas.
- Impulsar una mayor justicia social y económica, fomentando la economía social, fortaleciendo el estado del bienestar europeo. Esto implicará que el Consejo en su formación de Empleo, Política Social, Salud y Consumidores, adoptará medidas relativas al empleo y política social, igualdad, seguridad social e inclusión, salud y protección de los consumidores, sobre las que se expondrá más pormenorizadamente más adelante.
- Reforzar la unidad europea[4], trabajando por impulsar la dimensión democrática de la Unión Europea dando un impulso a las elecciones de 2024 y reforzar el papel de la sociedad civil europea, tanto a escala nacional, como de la Unión, como una contribución a la socialización de los actuales debate europeos Y también contribuir a la puesta en marcha de un proceso de reforma de los Tratados teniendo en cuenta la necesidad de adaptar los fundamentos constitucionales de la Unión a los retos de nuestro tiempo para hacer una UE más democrática.

decisiones» que abarca «resiliencia y competitividad...sostenibilidad y equidad», así como «firmeza y cooperación basada en normas» (págs 4-5).

4 Incluidos los principios generales del Derecho Administrativo de la Unión Europea en tanto que derecho público supranacional. Véase a Virginia SALDAÑA ORTEGA, en *Derecho administrativo europeo* ed. Aranzadi 2023, Cifur. Menor. En esta obra la autora describe el papel del Tribunal de Justicia de la Unión Europea en la elaboración y matización de los principios generales del Derecho administrativo, citando los principios de eficacia; de jerarquía normativa; descentralización; subsidiariedad; de buena administración; confianza legítima; igualdad y no discriminación; de atribución; seguridad jurídica; publicidad y transparencia; contradicción; cooperación; legalidad de la administración y de coherencia.

El programa de la Presidencia española, se hizo público, por razones coyunturales, una vez celebradas las elecciones locales el 28 mayo de 2023.

I.1. Derecho primario de protección de los consumidores

Para ubicar el Derecho Primario de protección de los consumidores hay que hacer referencia al artículo 38 de la Carta Europea de Derechos Fundamentales[5] que establece que en las políticas de la Unión se garantizara un nivel elevado de protección. En el Tratado de Funcionamiento de la Unión Europea, en su artículo 4,f) se establece como una política de competencia compartida entre la Unión y los Estados miembro se protección de los consumidores y, en el artículo 12 se establece el carácter trasversal de esta política al disponer que al definirse otras políticas y acciones de la Unión se tendrán en cuenta la protección de los consumidores. Y el artículo 160 de dicho Tratado contiene la base jurídica específica y concreta de la política de protección de los consumidores. En el primer apartado de este artículo reiterando la necesidad de garantizar un alto nivel de protección —no necesariamente el más alto—, se contribuirá a proteger la salud, la seguridad y los intereses económicos, y a la vez, promover el derecho a la información, a la educación y a organizarse para salvaguardar sus intereses.

Para alcanzar estos objetivos, según este precepto, se adoptarán medidas en el marco de la realización del mercado interior y medidas que apoyen, complementen y supervisen la política llevada a cabo, con arreglo al procedimiento legislativo ordinario. La adopción de estas medidas no obstará para que cada uno los Estados miembros mantengan y adopten medidas de mayor protección y que dichas medidas sean compatibles con los Tratados y notificarse a la Comisión[6].

I.2. Antecedentes de Derecho derivado de la política de protección de los consumidores

Respecto a la política europea de protección de los consumidores, mucho tiempo había transcurrido, sin la existencia de una estrategia de la Unión, ya que el último Programa Plurianual de Consumidores, fue el aprobado el 26 de febrero de 2014, para el período 2014-2020, derogando la Decisión anterior[7].

5 Véase, Koen Lenaerts y Jose A. Gutierrez-Fons en *Los métodos de interpretación del Tribunal de Justicia de la Unión Europea*, ed. Marcial Pons 2023. En esta obra se analiza la jurisprudencia existente sobre la interpretación de la Carta de los Derechos Fundamentales de la Unión Europea.

6 Véase, Carlos F. Molina Del Pozo, *op. cit.* sobre armonización de legislaciones.

7 Reglamento (UE) n.° 254/2014 del Parlamento Europeo y del Consejo de 26 de febrero de 2014, sobre el Programa Plurianual de Consumidores para el periodo 2014-2020 y por el

En el año 2018 se aprobó una Comunicación de la Comisión al Parlamento Europeo al Consejo y al Comité Económico y Social Europeo denominada *«Nuevo Marco para los Consumidores»*[8] que, contenía un paquete de medidas presentado mediante esta Comunicación con la finalidad garantizar un mercado único justo tanto para los consumidores como para las empresas en los años siguientes.

El paquete legislativo, básicamente, constaba de los dos instrumentos, hoy convertidos en Directiva ya aprobadas, que son las siguientes:

- Por una parte, la Directiva por la que se modifica la Directiva 93/13/ CEE del Consejo, la Directiva 98/6/CE, la Directiva 2005/29/CE y la Directiva 2011/83 por lo que respecta a la mejora de la aplicación y la modernización de las normas de protección de los consumidores de la UE[9];

---

que se deroga la Decisión n.° 1926/2006/CE, que a su vez venía a desarrollar a la Comunicación de la Comisión de 3 de marzo de 2010 titulada «Europa 2020: Una estrategia inteligente, sostenible e integrados» (Europa 2020).

Tenía como objetivo general garantizar un alto nivel de protección de los consumidores, capacitándolos y situándolos en el centro del mercado interior, con 4 objetivos: consolidar la seguridad de los productor a través de una vigilancia efectiva del mercado de toda la Unión; la información y educación y apoyo a las organizaciones de consumidores, mejorando la educación, información y sensibilización de sus derechos; reforzar derechos y vías de reclamación y la aplicación, apoyando el ejercicio de los derechos de los consumidores potenciando la cooperación.

8 COM (2018) 183 final. En la práctica, la Comunicación *«Nuevo marco para los consumidores»* pretendía:
- modernizar las normas actuales y colmar las lagunas en el acervo existente en materia de consumo;
- ofrecer mejores oportunidades de recurso para los consumidores, apoyar la aplicación eficaz y una mayor cooperación de las autoridades públicas en un mercado único justo y seguro;
reforzar la cooperación con los países socios que no pertenecen a la UE;
- asegurar la igualdad de trato para los consumidores en el mercado único y garantizar que las autoridades nacionales competentes estén facultadas para abordar cualquier problema de «calidad dual» de los productos de consumo;
- mejorar la comunicación y el desarrollo de capacidades para que los consumidores conozcan mejor sus derechos y ayudar a los comerciantes, especialmente a las pequeñas y medianas empresas, a cumplir más fácilmente sus obligaciones;
- analizar los retos futuros de la política de consumo en un entorno económico y tecnológico en rápida evolución.
Para alcanzar los objetivos anteriores, el «Nuevo marco para los consumidores» proponía cambios en el marco legislativo que afectaban a 2 propuestas de Directivas, complementadas por un conjunto de acciones no legislativas, tal y como se expone en la Comunicación

9 La Directiva (UE) 2019/2161 del Parlamento Europeo y del Consejo de 27 de noviembre de 2019 por la que se modifica la Directiva 93/13/CEE del Consejo y las Directivas 98/6/CE, 2005/29/CE y 2011/83/UE del Parlamento Europeo y del Consejo, en lo que atañe a la mejora de la aplicación y la modernización de las normas de protección de los consumidores de la Unión, publicada en el Diario Oficial de la Unión Europea de 18.12.2019, serie L 328, p.7.

- La Directiva relativa a las acciones de representación para la protección de los intereses colectivos de los consumidores y por la que se deroga la Directiva 2009/22/CE. Esta Directiva pretende facilitar la obtención de resarcimiento por parte de los consumidores cuando muchos de ellos son víctimas de la misma infracción, en una situación denominada de perjuicio masivo[10]. Esta Directiva de acciones de representación, con una tramitación larga y compleja ha resultado, finalmente aprobada, quedándole el difícil marco de la incorporación a los ordenamientos jurídicos nacionales, es decir, la correspondiente adaptación o transposición al derecho interno en una materia que afecta al derecho procesal civil de los Estados miembros. El plazo de transposición ya ha vencido, estando, lamentablemente el Reino de España, entre los Estados miembros que no han procedido a su incorporación al derecho interno.

Por otra parte y, dentro del ámbito del reforzamiento del mercado único, se han aprobado otros instrumentos con indudable repercusión en la protección de los consumidores, como es la Directiva relativas a contratos digitales, un elemento central de la estrategia del mercado único digital con el objetivo de modernizar las normas de los contratos de consumo para el suministro de contenidos digitales[11] y la modificación de la Directiva sobre la venta de productos para garantizar que tanto los consumidores como las empresas puedan confiar en normas uniformes y eficaces en el conjunto de Europa[12].

---

10 Véase, cit. infra nota 7. No obstante, dada la fecha de su aprobación habrá que esperar a las normas nacionales de transposición, —que ya ha vencido— de la Directiva (UE) 2020/1828 del Parlamento Europeo y del Consejo de 25 de noviembre de 2020 relativa a las acciones de representación para la protección de los intereses colectivos de los consumidores, y por la que se deroga la Directiva 2009/22 / CE. DOUE, serie L n.° 409, p.1 de fecha 04.12.2020, para poder evaluar las repercusiones derivadas de este importante texto que puede transformar las reclamaciones colectivas en todos los Estados miembros y cuyo estudio pormenorizado ya se hizo en *Derecho de la Unión Europea e Integración regional (Liber amicorum al Prof. Dr. Carlos Francisco Molina del Pozo)*, «Las acciones colectivas de los consumidores en el Derecho derivado de la Unión». Págs 1161-1186, Bernardo Hernández Bataller.
Un ejemplo de ello, son las prácticas abusivas a gran escala que han afectado a los consumidores del conjunto de la UE socavando la confianza de los consumidores en el mercado único. Estos hechos a gran escala incluyen el «Dieselgate» (cuando algunos fabricantes de automóviles instalaron en los vehículos tecnología para falsear las pruebas de emisiones) y un uso generalizado por parte de entidades bancarias de cláusulas contractuales abusivas en contratos hipotecarios.

11 Directiva (UE) 2019/770 del Parlamento Europeo y del Consejo de 20 de mayo de 2019 relativa a determinados aspectos de los contratos de suministro de contenidos y servicios digitales, publicada en el Diario Oficial de la Unión Europea de 22.5.2019, serie L 136, p.1.

12 Directiva (UE) 2019/771 del Parlamento Europeo y del Consejo de 20 de mayo de 2019 relativa a determinados aspectos de los contratos de compraventa de bienes, por la que se modifican el Reglamento (CE) n.° 2017/2394 y la Directiva 2009/22/CE y se deroga la Directiva 1999/44/CE. Publicado en el Diario Oficial de la Unión Europea de 22.5.2019, L 136, p.28.

II. La nueva Agenda del Consumidor

El 13 de noviembre de 2020, la Comisión Europea adoptó la Nueva Agenda del Consumidor[13] marco estratégico general actualizado de la política de protección de los consumidores de la UE. Su objetivo es preparar mejor a la UE para:

- hacer frente a los nuevos retos en materia de derechos y oportunidades de capacitación de los consumidores, planteados por las transiciones ecológica y digital, la pandemia de COVID-19 y los planes para la recuperación posterior a la COVID-19.
- proteger más eficazmente a los consumidores vulnerables en las nuevas realidades económicas impuestas por la crisis de la COVID-19 y sus probables consecuencias.
- abordar la importancia creciente de la cooperación internacional y su aplicación efectiva para garantizar los derechos de los consumidores en la era de la mundialización.

Esta Comunicación de la Comisión consta de veintidós acciones propuestas en ella y es difícil ser más exhaustivo y detallado, pero se trata de una serie de medidas propuestas de carácter aislado que, no responden a una lógica y a la existencia de una coherencia de la política de protección de los consumidores.

Por ello, se considera que la «*Nueva Agenda*» debería ser un corolario o consecuencia de una estrategia en materia de política de los consumidores, con el fin de poder constituirse como un conjunto coherente de medidas y no una acumulación de iniciativas dispares y puntuales, de difícil aplicación en la práctica, en unos casos y, de solapamiento con otras acciones previstas[14].

A todo lo anterior, la Comisión insiste en la necesidad de realización del mercado interior, bien sea físico o digital[15], para conseguir un alto nivel de protección de los consumidores.

---

13 Comunicación de la Comisión al Parlamento Europeo y al Consejo, «Reforzar la resiliencia del consumidor para una recuperación sostenible» (Nueva Agenda del Consumidor (COM(2020)696 final de 13.11.2020

14 Por ejemplo, resulta muy difícil discernir entre la acción 12 de la Nueva Agenda del Consumidor que consiste en presentar prioridades de aplicación comunes de la red de cooperación, y la acción n.° 14 que es la evaluación de la aplicación del Reglamento de cooperación en materia de protección de los consumidores, cuando ambas se refieren al mismo Reglamento de (UE) n.° 2017/2394 del Parlamento Europeo y del Consejo, de 12 de diciembre de 2017, sobre la cooperación entre las autoridades nacionales responsables de la aplicación de la legislación en materia de protección de los consumidores y por el que se deroga el Reglamento(CE) n.° 2006/2004(DO L 345 de 27.12.2017, p.1).

15 Deben destacarse, el Reglamento(UE) 2022/2065 del Parlamento Europeo y del Consejo de 19 de octubre de 2022, relativo a un mercado único de servicios digitales y por el que se modifica la Directiva 2000/31/CE(Reglamento de Servicios Digitales), *DOUE*, L 277 de

La realidad tiende a una situación en la que se observa una brecha cada vez mayor entre las estrategias de la Comisión (por ejemplo, el Pacto Verde Europeo[16], en general, y la iniciativa «De la Granja a la Mesa»[17] o la Nueva Agenda del Consumidor, en particular) y las iniciativas normativas (o no normativas) más detalladas mediante las que se aspira a poner en práctica dichas estrategias.

II.1. Los ámbitos prioritarios de la nueva Agenda europea del Consumidor

En la nueva Agenda del Consumidor se exponen los desafíos que la Comisión considera que deben abordarse y que pretende desarrollar la política europea de consumo de 2020 a 2025. Dichas prioridades han sido confirmadas por el Consejo mediante resolución de fecha 15.03.2021.

La Nueva Agenda del Consumidor cuenta con cinco ejes o ámbitos de acción prioritarios:

- En primer lugar, la transición ecológica, garantizando que las personas consumidoras adopten un papel más activo en la misma;
- En segundo lugar, la transformación digital, reforzando la protección de las personas consumidoras tanto en el mercado físico como en el online;
- En tercer lugar, el fortalecimiento de la tutela de los derechos de las personas consumidoras, de forma que estas puedan hacerlos valer de forma eficaz ante las empresas en el interior del mercado único europeo[18];

27.10.2022, p,1; y, el Reglamento(UE) 2022/1925 del Parlamento Europeo y del Consejo de 14 de septiembre de 2022 sobre mercados disputables y equitativos en el sector digital y por el que se modifican las Directivas(UE) 2019/1937 y (UE) 2020/1828(Reglamento de Mercados Digitales). DOUE L 265, p. 1 de 12.10.2022.

16 Comunicación de la Comisión al Consejo, al Parlamento Europeo, al Comité Económico y Social y al Comité de las Regiones. COM (2019) 640 final) de 1.12-2019.

17 Comunicación de la Comisión, «Estrategia de la granja a la mesa» para un sistema alimentario justo, saludable y respetuoso con el medio ambiente de 20.05.2020(COM(2020) 381 final)

18 Reglamento (UE) 2023/988 del Parlamento Europeo y del Consejo de 10 de mayo de 2023 relativo a la seguridad general de los productos, por el que se modifican el Reglamento (UE) n.° 1025/2012 del Parlamento Europeo y del Consejo y la Directiva (UE) 2020/1828 del Parlamento Europeo y del Consejo, y se derogan la Directiva 2001/95/CE del Parlamento Europeo y del Consejo y la Directiva 87/357/CEE del Consejo. DOUE, serie L n.° 135, de 23.5.2023, p.1.
Este Reglamento actualiza las normas actuales para garantizar que los productos en venta, tanto en línea como fuera de línea son seguros y cumplen las normas europeas, servirá

- En cuarto lugar, la protección específica a las personas consumidoras que se encuentren en situación de vulnerabilidad, bien por circunstancias sociales bien por características personales tales como edad, género, estado de salud, alfabetización digital, capacidad de cálculo o situación económica;
- En quinto lugar, la cooperación internacional, requerida para garantizar las importaciones y proteger a las personas consumidoras de la Unión Europea frente a prácticas comerciales desleales utilizadas por los operadores no establecidos en la Unión.
- Y, por último, la mejora de la gobernanza, en materia de protección de los consumidores, en cuanto al cuadro de indicadores del mercado único y el funcionamiento del Consejo de Consumidores, como órgano consultivo de la Comisión.

Para alcanzar dichos ámbitos prioritarios está previsto el desarrollo de 22 ámbitos o acciones, algunas de ellas, específicamente detalladas, como es la revisión de determinadas Directivas en materia de consumo (por ejemplo, la de Seguridad de los Productos, o la propuesta sobre alegaciones ecológicas), mientras que otras constituyen meros recordatorios o, incluso, acciones deseables, pero muy genéricas.

---

para reducir la calidad de productos peligrosos en venta tanto en línea como fuera de línea en el mercado de la UE, en particular en mercados en línea. Los consumidores contarán con una mejor protección y además tendrán derecho a devolución o sustitución si han adquirido un producto inseguro. Por ello, el actual Reglamento transforma la anterior Directiva, modernizando la normativa para todos los operadores económicos (fabricantes, importadores y distribuidores y actualiza para las empresas en línea y los mercados en línea. Transformar la Directiva en Reglamento asegura el establecimiento de un marco jurídico sólido que garantice que todos los productos sean seguros y cumplan las normas europeas. El Reglamento relativo a la seguridad general de los productos vincula los retos de seguridad con las nuevas tecnologías y los mercados en línea. Los mercados en línea tendrán que cooperar con las autoridades de vigilancia del mercado en caso de que detecten un producto peligroso en su plataforma. Para ello, se exige a los comerciantes establecer un «punto de contacto» único al que se encargue de la seguridad de los productos. Los mercados en línea tendrán que garantizar que conocen a los comerciantes que operan en sus plataformas y los productos que ofrecen. Las autoridades de vigilancia del mercado podrán emitir órdenes en las que se exijan a los mercados en líneas retirar productos peligrosos de sus plataformas o inhabilitar el acceso a dichas ofertas. El Reglamento relativo a la seguridad de los productos crea un régimen de vigilancia que se aplica a todos los productos. Si se ha demostrado que un producto es inseguro los operadores económicos están obligados a aplicar medidas correctivas de inmediato e informar a las autoridades de vigilancia de mercado y a los consumidores según corresponda. Si se tiene que recuperar un producto, los consumidores tendrá un derecho de a una reparación, sustitución o reembolso. Cuando resulte posible, los operadores económicos tendrán que asegurarse que los consumidores puedan elegir entre al menos dos de estas opciones. El Reglamento entrará en vigor a partir de los 18 meses contados desde su publicación en el Diario Oficial.

III. El Programa de la Presidencia Española en política de protección al consumidor

En el Programa de la Presidencia española, figura que, en materia de protección al consumidor se profundizará en unos ámbitos concretos y en línea con la Nueva Agenda del Consumidor 2020-2025 aprobada por la Comisión Europea, concretamente se pretende desarrollar:

a) Promoción del fortalecimiento de derechos de los consumidores vulnerables:

Se da por supuesto que, en general, los consumidores son la parte más débil en una transacción y que, por consiguiente, sus intereses requieren protección. Sin embargo, algunos grupos de consumidores pueden ser particularmente vulnerables y necesitar salvaguardias específicas. Esto va en línea con lo establecido en el ordenamiento jurídico interno que ha incorporado especificamente la figura del «*consumidor vulnerable*» en el artículo 3-2 del Texto refundido de la Ley General para la Defensa de los Consumidores y Usuarios[19].

No obstante, desde la Presidencia española se insiste en su profundización de este concepto al considerar que esta vulnerabilidad puede deberse a circunstancias sociales o a características particulares tales como su edad, género, estado de salud, grado de alfabetización digital, capacidad de cálculo o situación económica entre otras.

Por otra parte, una adecuada transformación «digital» debe comportar que no produzca exclusión social y evite un sistema de dos velocidades para los consumidores vulnerables y situaciones discriminatorias que restrinjan la elección y el acceso a bienes y servicios, por ejemplo, la denegación del acceso a los servicios de crédito a las mujeres embarazadas, basándose en una posible pérdida de ingresos, y la exclusión de las madres solteras de determinados servicios financieros[20].

19 Este precepto establece «*que tienen la consideración de personas consumidoras vulnerables respecto de relaciones concretas de consumo, aquellas personas físicas que, de forma individual o colectiva, por sus características, necesidades o circunstancias personales, económicas, educativas o sociales, se encuentran sea territorial, sectorial o temporalmente en una situación de subordinación, indefensión o desprotección que les impide el ejercicio de sus derechos como personas consumidoras en condiciones de igualdad*». La introducción de la figura de «consumidor vulnerable» se ha considerado innecesaria, por una parte, de la doctrina, al considerar que no aportaba ninguna protección adicional.

20 El aumento de la vulnerabilidad financiera de muchos hogares de la UE resulta especialmente preocupante en la actualidad. El asesoramiento en materia de endeudamiento y la versión actualizada del código de conducta para la provisión de microcréditos en la UE no han demostrado ser suficientemente eficaces.

Las personas mayores y con discapacidad tienen necesidades específicas relacionadas con el consumo y es importante garantizar que se disponga de información clara, accesible y fácil de usar tanto en línea como fuera de línea, de conformidad con los requisitos de accesibilidad de los productos y servicios.

Un enfoque justo y no discriminatorio de la transformación digital debe tomar en consideración las necesidades de los consumidores de edad avanzada, los consumidores con discapacidad y, de manera más general, las personas «desconectadas» que pueden sentirse menos familiarizadas con las herramientas digitales.

Por otra parte, el riesgo de discriminación en ocasiones se ve exacerbado por los algoritmos utilizados por algunos proveedores de bienes y servicios, que pueden estar formulados con determinados sesgos que a menudo se derivan de expectativas culturales o sociales preexistentes.

b) Los derechos y el papel de los consumidores en la transición ecológica y la economía circular:

Se buscará reforzar los derechos y el papel activo de los consumidores en la transición ecológica, en el marco del Pacto Verde y del enfoque *One Health*. La promoción del enfoque de economía circular, la separabilidad de los productos y la lucha contra la obsolescencia programada serán ejes de trabajo en este ámbito.

Se insiste en el derecho a la reparación de los bienes por parte de los consumidores, como un nuevo «derecho básico de los consumidores», produciéndose una aproximación del derecho de protección del consumidor y la protección del medio ambiente, debido al fomento de la economía circular.

Existe, en coincidencia con el Parlamento Europeo[21] que existe un cambio radical hacia la economía del uso. Se trata de prolongar la duración de la vida de los productos que depende de una constelación de agentes independientes: fabricantes, proveedores, distribuidores, consumidores e incluso, los Estados.

c) La adaptación del consumo a la transformación digital:

Se trabajará por la Presidencia española para adaptar la normativa de consumo a la transformación digital, para garantizar una adecuada protección de los consumidores en línea y fuera de línea[22].

---

21 Resolución del Parlamento Europeo obre «una vida útil más larga para los productos: ventajas para los consumidores y las empresas» (2016/2272(INI)

22 En este sentido será importante el trabajo relacionado con el Reglamento de Identidad Digital(e-IDAS) que creará carteras de datos personales en la administración pública para que los datos personales en la administración pública para que los individuaos puedan gestionar sus datos personales a nivel europeo, así como la interconexión entre los sistemas de identidad digital en toda la UE.

La Presidencia promoverá que la legislación europea en el ámbito del consumo se adapte a los retos que plantea tanto el mundo digital como lo que llega a denominar—en el programa— como «*la cuarta revolución industrial*», con la finalidad de crear un espacio digital más seguro para los consumidores en el que sus derechos estén protegidos.

Otros elementos de especial relevancia serán la educación de los consumidores, la responsabilidad empresarial, la transparencia y calidad de la información ofrecida a los consumidores, así como la accesibilidad.

Para alcanzar estos objetivos, se impulsarán las propuestas normativas siguientes:

III.1. La revisión de la Directiva de los juguetes: la nueva propuesta de Reglamento sobre Reglamento

La evaluación de la Directiva 2009/48/CE sobre seguridad de los juguetes[23] identificó una serie de deficiencias que han surgido durante la aplicación práctica de la Directiva desde su adopción, especialmente las relativas a garantizar un alto nivel de protección de los niños contra posibles riesgos en los juguetes, en particular contra los riesgos planteados por productos químicos[24] nocivos y concluyó que, la aplicación de la Directiva carecía de eficacia, en particular, en el contexto de las ventas en línea.

Esta propuesta de Reglamento[25] aborda los dos problemas siguientes que plantea la actual Directiva:

El primer problema es que la Directiva no protege suficientemente a los niños de los riesgos que plantean los productos químicos peligrosos en los juguetes. El poder otorgado a la Comisión para modificar el instrumento

---

23 Directiva 2009/48/CE del Parlamento Europeo y del Consejo, de 18 de junio de 2009, sobre seguridad de juguetes. Diario Oficial de la Unión Europea, L 170 de 30.6.2009

24 La estrategia química para la sostenibilidad (CSS)pidió ampliar el llamado enfoque genérico de las sustancias químicas nocivas (basado en prohibiciones preventivas genéricas) para garantizar que los consumidores, los grupos vulnerables y el medio ambiente natural estén protegidos de manera más consistente. En particular, la CSS pidió reforzar la Directiva en lo que respecta a la protección contra los riesgos que plantean las sustancias químicas más nocivas y con respecto a los posibles efectos combinados de productos químicos. La Directiva vigente ya contiene una prohibición general de sustancias en los juguetes que sean cancerígenos, mutagénicos o tóxicos para la reproducción (CMR). Sin embargo, no se refiere a otras sustancias que suscitan especial preocupación, como alteradores endocrinos o sustancias que afectan al sistema inmunológico, nervioso o respiratorio.

25 Propuesta de Reglamento de seguridad de los juguetes y que deroga la Directiva 2009/48/CE del Parlamento Europeo y del Consejo de 28.8.2023 COM(2023) 462, final

jurídico y adaptarlo al conocimiento científico es demasiado limitado. En particular, no es posible adaptar instrumento legislativo en relación con los valores límite aplicables a los juguetes destinados a niños mayores de 36 meses.

Además, hay muchos juguetes en el mercado de la UE que no cumplían con sus requisitos. Los juguetes inseguros ponen en riesgo a los niños y pueden provocar accidentes que pueden incluso ser mortales. No todos los juguetes en el mercado pueden estar sujetos a controles. Esto significa que la proporción exacta de juguetes no conformes en el mercado de la Unión no puede cuantificarse con precisión. Sin embargo, existen suficientes indicadores separados que confirman que el número de juguetes no conformes en el mercado de la Unión es muy alto. Siempre que se realicen acciones de vigilancia o inspecciones del mercado, el porcentaje del número de juguetes no conformes e inseguros que se encuentran es consistentemente alto.

Esta propuesta que debe sustituir a la actual Directiva 2009/48/CE, se basa en el artículo 114 del Tratado de Funcionamiento de la Unión Europea y, su objetivo es armonizar los requisitos de salud y seguridad de los juguetes en todos los países Estados miembros, para garantizar que no existan obstáculos a la libre circulación de juguetes entre los Estados miembros. La propuesta adopta la forma de un reglamento. la necesidad de garantizar una aplicación uniforme en toda la UE de la legislación propuesta.

Se pretende garantizar, con la propuesta el más alto nivel de seguridad para los niños, y permitir la libre circulación de juguetes en la UE. Un argumento clave para una acción a nivel de la UE es que la legislación sobre seguridad de los juguetes debe proporcionar armonización entre los Estados miembros. Es una medida de armonización total de los aspectos de seguridad de los juguetes, por lo que los Estados miembros no pueden introducir medidas de seguridad adicionales o diferentes requisitos para juguetes.

También proporciona seguridad jurídica y un nivelado campo de juego para la industria. Además, la introducción de un pasaporte de producto y los correspondientes controles en las fronteras exteriores de la Unión exigen que el instrumento jurídico subyacente sea un Reglamento.

Este reglamento reforzará la protección de los niños contra los productos químicos más nocivos al jugar con juguetes mediante la introducción de prohibiciones genéricas sobre las más sustancias nocivas. También permitirá derogaciones a aquellas prohibiciones genéricas bajo condiciones limitadas a circunstancias en las que el uso de estas sustancias en juguetes no supone un riesgo para los niños y donde no hay alternativas.

La introducción de un pasaporte de producto que contenga información de cumplimiento será efectiva para reducir el número de juguetes no conformes en el mercado de la Unión, incluso a través de ventas por Internet. El reglamento garantizará que cualquier juguete que se presente en la aduana sea liberado gratuitamente para su circulación y su comercialización en el mercado de la Unión sólo si dispone del correspondiente pasaporte de producto.

Además, la Directiva sobre seguridad de los juguetes es una directiva de armonización total. En este sentido, un Reglamento, por su naturaleza jurídica, garantiza mejor que los Estados miembros no impongan requisitos técnicos que van más allá de los requisitos de seguridad establecidos en la actual Directiva y/o contradigan dichos requisitos de seguridad.

El cambio se mantendrá plenamente, en particular la flexibilidad otorgada a los fabricantes: en la elección de los medios empleados para cumplir los requisitos esenciales (armonizados, normas u otras especificaciones técnicas); y en la elección del procedimiento utilizado para demostrar el cumplimiento entre los procedimientos de evaluación de la conformidad disponibles.

III.2. La propuesta de Directiva sobre el derecho a reparar

Se trata de una propuesta de Directiva para promover la reparación de los bienes adquiridos por los consumidores y se modifican determinadas Directivas[26] y un Reglamento, lo que acredita que no existe una jerarquía entre ambos instrumentos legislativos de la Unión.

Cuando los productos de consumo se vuelven defectuosos, a menudo los consumidores no intentan repararlos, sino que los desechan prematuramente, aunque puedan repararse y utilizarse durante más tiempo. Esto ocurre en el marco de la garantía legal de la garantía sobre compraventa de bienes[27] en la que los consumidores eligen la sustitución en lugar de la reparación, y al margen de la garantía legal, en los casos en los que los consumidores no se ven disuadidos de reparar debido a opciones y condiciones de reparación que no son óptimas. En este contexto, el uso de bienes reacondicionados también es limitado, lo que deja sin explotar el potencial de reutilización de los bienes por parte de diferentes usuarios.

La eliminación prematura de los bienes reparables adquiridos por los consumidores da lugar a un aumento de los residuos y genera emisiones de gases de efecto invernadero y una mayor demanda de recursos valiosos para la producción de nuevos bienes. El problema de la eliminación prematura de los bienes reparables adquiridos por los consumidores existe en toda la UE en relación con una amplia gama de estos bienes[28].

---

26 Propuesta de Directiva del Parlamento Europeo y del Consejo por la que se establecen normas comunes para promover la reparación de bienes y se modifican el Reglamento(UE) 2017/2394 y las Directivas(UE) 2019/771 y (UE) 2020/1828). COM(2023)155 final)

27 DO L 136 de22.5.2019, p. 28.

28 En las solicitudes de la Conferencia de Europa (Conferencia sobre el futuro de Europa;

Para promover el consumo sostenible la propuesta de Directiva tiene por objeto aumentar la reparación y reutilización de los bienes defectuosos viables adquiridos por los consumidores dentro y fuera de la garantía legal.

En virtud de la propuesta de Reglamento sobre normas armonizadas para un acceso a los datos y su utilización (Ley de Datos), los usuarios de productos conectados tendrán acceso a los datos que generen durante su uso y tendrán derecho a ceder dichos datos a un tercero de su elección. El acceso a los datos será pertinente para los reparadores independientes. Si un producto resulta defectuoso en la fase posterior a la venta, la Directiva sobre la compraventa de bienes ofrece a los consumidores medidas correctoras contra los vendedores por los vicios que existían en el momento de la entrega de los bienes y que se manifestasen dentro del período de responsabilidad de un mínimo de 2 años. En el marco de la Directiva sobre compraventa de bienes, los consumidores eligen entre la reparación y la sustitución de forma gratuita. No pueden solicitar la medida correctora elegida si resulta imposible o desproporcionadamente costosa en comparación con la otra.

La propuesta de Directiva modifica de manera específica la elección entre las medidas correctoras de reparación y sustitución con el fin de promover la reparación y de este modo un consumo más sostenible.

Por otra parte, las divergencias entre las normas nacionales obligatorias que promueven el consumo sostenible en el ámbito contractual crean obstáculos reales o potenciales para el buen funcionamiento del mercado interior, lo que afecta negativamente a las transacciones transfronterizas.

La propuesta armoniza determinados aspectos de la reparación que no son actualmente responsabilidad del vendedor, a fin de garantizar el funcionamiento del mercado único en lo que respecta a la relación entre el consumidor y el reparador, aumentándola seguridad jurídica y reduciendo los costes de transacción. Al margen de la garantía legal, la armonización a nivel de la UE se limita únicamente a esas opciones, a saber, el formulario europeo normalizado de información sobre la reparación y la obligación de reparación, que tienen una dimensión a escala del mercado interior. Cuando una solución a nivel nacional es igualmente eficaz, en particular la plataforma de reparación, esta es la opción preferida. El diseño de la norma europea para los servicios de reparación se configura como un compromiso voluntario para evitar injerencias de gran calado en las normativas nacionales en materia de prestación de servicios.

incluye un llamamiento a favor del derecho a la reparación, en particular en la propuesta 5, sobre consumo, envasado y producción sostenibles, y la propuesta 11, sobre crecimiento sostenible e innovación.

III.3. La propuesta de Directiva sobre el empoderamiento de los consumidores

La propuesta de Directiva sobre el empoderamiento de los consumidores para la transición ecológica[29] establece una mejor información sobre la durabilidad y reparabilidad de los bienes en el punto de venta. Esto permite a los consumidores tomar decisiones de compra sostenibles.

La propuesta pretende hacer posible que los consumidores tomen decisiones de compra con conocimiento de causa y contribuyan así a un consumo más sostenible. Aborda también las prácticas comerciales desleales que inducen a error a los consumidores y los alejan de las opciones de consumo sostenible. Además, garantiza una aplicación mejor y más coherente de las normas de la UE en materia de protección de los consumidores.

Empoderar a los consumidores y brindarles oportunidades de ahorro es una de las piezas clave del marco para una política de productos sostenibles. La propuesta lo pretende conseguir mediante una mayor participación de los consumidores en la economía circular, facilitando una mejor información sobre la durabilidad y la reparabilidad de determinados productos antes de celebrar el contrato y reforzando la protección de los consumidores frente a las prácticas comerciales desleales que impiden las compras sostenibles, tales como:

- Las prácticas de blanqueo ecológico (es decir, las alegaciones medioambientales engañosas)[30].
- Las prácticas de obsolescencia temprana (es decir, los fallos prematuros de los bienes) y,
- El uso de etiquetas de sostenibilidad y herramientas de información poco fiables y poco transparentes.

---

29 COM(2022) 143 final, de 30.3.2022. Propuesta de Directiva del Parlamento Europeo y del Consejo que modifica las Directivas 2009/29/CE y 2011/83UE en lo que respecta al empoderamiento de los consumidores para la transición ecológica mediante una mejor protección contra las prácticas comerciales desleales.

30 Esta propuesta se complementa con la «Propuesta de Directiva del Parlamento Europeo y del Consejo, relativa a la justificación y comunicación de alegaciones medioambientales explícitas (Directiva sobre alegaciones ecológicas)».COM 2023)126 final, de 23.3.2023. Esta propuesta establece normas más específicas *(lex specialis)* y completa los cambios propuestos por l Directiva sobre practicas comerciales desleales. Amas propuestas tienen por objeto abordar un conjunto común de problemas mediante la aplicación de diferentes elementos del mismo paquete de medidas preferido que se indica en la evaluación de impacto publicada unto con la iniciativa sobre el empoderamiento de los consumidores para la transición ecológica.

La propuesta detalla, toda una serie de supuestos, relativos a:

- **Facilitar** información sobre: la existencia y la duración de la garantía comercial de durabilidad del productor para todos los tipos de bienes o sobre la ausencia de tal garantía en el caso de que los bienes que consumen energía; sobre la disponibilidad de actualizaciones gratuitas de los programas informáticos para todos los bienes con elementos digitales, contenidos digitales y servicios digitales; la reparabilidad de los productos, mediante una puntuación de reparabilidad u otra información pertinente sobre la reparación, cuando esté disponible, para todos los tipos de bienes.

- **Garantizar** que los comerciantes no induzcan a error a los consumidores sobre las repercusiones medioambientales y sociales, la durabilidad y la reparabilidad de los productos; que un comerciante solo pueda hacer una alegación medioambiental relacionada con el rendimiento medioambiental futuro cuando ello implique compromisos claros; que un comerciante no pueda anunciar beneficios para los consumidores que se considere práctica habitual en el mercado pertinente; que un comerciante solo pueda comparar productos, incluso a través de una herramienta de información sobre la sostenibilidad, si facilita información sobre el método de comparación, los productos y proveedores cubiertos y las medidas para mantener la información actualizada.

Unas **prohibiciones expresas y determinantes**, relativas a exhibir una etiqueta de sostenibilidad que no se base en un sistema de certificación o no esté establecida por las autoridades públicas; alegaciones medioambientales genéricas utilizadas en mercadotecnia dirigida a los consumidores, cuando el comportamiento medioambiental excelente del producto o del comerciante no pueda demostrarse de conformidad con la etiqueta ecológica; los sistemas de etiquetado ecológico reconocidos oficialmente por la legislación aplicable; hacer una alegación medioambiental sobre todo el producto, cuando en realidad solo se refiera a un determinado aspecto de él; presentar requisitos impuestos por la legislación a todos los productos de la categoría de productos pertinente en el mercado de la Unión como una característica distintiva de la oferta del comerciante; determinadas prácticas relacionadas con la obsolescencia temprana de los bienes.

En la propuesta garantiza que se facilite a los consumidores información sobre la existencia de una garantía comercial de durabilidad por un período superior a dos años, que cubra la totalidad del bien, siempre que el producto proporcione tal información.

Por otra parte, exige sobre los servicios «postventa» que contribuirá a promover la reparación de los bienes.

III.4. La Iniciativa sobre Productos Sostenibles

la propuesta de Reglamento sobre el sobre diseño ecológico aplicable a los productos sostenibles[31], establece el marco para la reparabilidad de los productos en la fase de producción, en particular en lo que respecta a los requisitos de diseño de los productos y la disponibilidad de piezas de recambio y las propuestas legislativas que la acompañan deben hacer que los productos sostenibles y duraderos sean la norma estableciendo requisitos más estrictos en la fase de diseño de los productos.

III.5. El «paquete de aplicación de la ley al consumidor»

que será presentado por la Comisión Europea en julio de 2023, y consiste en revisiones del Reglamento CPC (Cooperación para la Protección del Consumidor) y de la Directiva ADR (Resolución Alternativa de Litigios).

a) la revisión del Reglamento sobre cooperación en materia de protección de los consumidores (CPC),

La **cooperación administrativa**, constituye un eje de esperanza de funcionamiento del nuevo sistema institucional que ha comportado la aprobación de este Reglamento. Que refuerza la capacidad en línea de las autoridades competentes, los mecanismos de cooperación y el sistema de recogida de datos con el objetivo de abordar las infracciones a gran escala del Derecho de la UE en materia de protección de los consumidores, garantizar un nivel constante de protección y ofrecer una «ventanilla única» para las empresas.

El Reglamento (UE) 2017/2394[32] sobre la cooperación entre las autoridades nacionales responsables de la aplicación de la legislación en materia de protección de los consumidores («el Reglamento CPC») establece un marco de cooperación que permite a las autoridades nacionales de todos los países del Espacio Económico Europeo abordar conjuntamente las infracciones de las normas de consumo cuando el comerciante y el consumidor están radicados en países diferentes.

Colectivamente, las autoridades nacionales forman una red europea de aplicación de la ley, «la red CPC».

---

31 COM(2022) 142 final. Propuesta de Reglamento del Parlamento y del Consejo de 30.3.2022 que establece un marco para fijar los requisitos de diseño ecológico para productos sostenibles.

32 Reglamento UE 2017/2394, de 12 de diciembre de 2017 sobre cooperación entre las autoridades nacionales responsables de la aplicación en materia de protección de los consumidores y se deroga el Reglamento 2006/2004. Diario Oficial de la Unión Europea, serie L 345 de 17.12.2017

Se va a elaborar un informe sobre el Reglamento sobre la cooperación en materia de protección de los consumidores para evaluar la eficacia de su contribución a la aplicación de la legislación de la UE en materia de protección de los consumidores, e informar sobre reflexiones futuras sobre la manera de reforzar la red de aplicación de cooperación en materia de protección de los consumidores.

Está previsto que, en el año 2023, la Comisión, junto con las autoridades nacionales, presentará las prioridades de aplicación comunes de la red de cooperación en materia de protección de los consumidores para abordar las cuestiones de cumplimiento detectadas en varios sectores y crear un conjunto de herramientas electrónicas innovadoras que refuercen la capacidad de las autoridades nacionales para luchar contra las prácticas comerciales ilícitas en línea e identificar los productos inseguros.

Constituye la Acción 14 de la Nueva a Agenda de los Consumidores, en base a la cuál, a más tardar en 2023, la Comisión evaluará la aplicación del Reglamento sobre cooperación en materia de protección de los consumidores, en particular para evaluar la eficacia de la ejecución para abordar las prácticas de la UE que contravengan el Derecho en materia de protección de los consumidores.

b) Resolución alternativa de litigios de consumo

Ya desde el Libro Verde del acceso de los consumidores a la justicia en el mercado interior de 1993[33] se pretendía diseñar un marco normativo en el que se asegurasen la eficacia de la protección de los consumidores, hasta los actuales Directiva 2013/11/UE del Parlamento Europeo y del Consejo de 21 de mayo de 2013, relativa la resolución alternativa de litigios en materia de consumo (DADR) y la «*on line dispute Resolution*» (RODR) que se generalizan tras la aprobación del Reglamento 524/2013, de 21 de mayo, sobre resolución de litigios en línea en materia de consumo.

Se está procediendo a evaluar la aplicación del Reglamento (UE) 2017/2394 sobre la cooperación en materia de protección de los consumidores, así como de la Directiva 2013/11/UE (Directiva RAL)[34] y del Reglamento (UE) n.° 524/2013 (Reglamento RLL)[35].

---

33 Libro Verde de la Comisión de 16 de noviembre de sobre el acceso de los consumidores a la justicia y la solución de litigios relacionados con el consumo en el mercado interior (COM(93) 576 final. Posteriormente se aprobó una Comunicación de la Comisión de 14 de febrero de 1996 que diseña un plan de acción para el acceso de los consumidores a la justicia (COM (96) 13 final. 3

34 Directiva 2013/11/UE del Parlamento Europeo y del Consejo, de 21 de mayo de 2013 relativa a la resolución alternativa de litigios en materia de consumo. DOUE, de 18.6.2013, serie L n.° 165, p. 63.

35 Reglamento (UE) n.° 524/2013 del Parlamento Europeo y del Consejo de 21 de mayo de 2013 sobre resolución de litigios en línea en materia de consumo. DOUE de 18.6.2013, serie L, n.° 165 p. 1.

Se trata de resolver una reclamación sin acudir a los tribunales, existiendo una plataforma de resolución de litigios en línea, muy útil para las reclamaciones sobre compras «on line» de cualquier país de la UE, en cualquier idioma. Durante la Presidencia España está previsto impulsar los trabajos sobre el informe y en su caso propuestas de modificación normativa.

Está previsto que la Comisión publique dos informes relacionados con el cumplimiento de la legislación y la resolución extrajudicial de litigios en el ámbito de la protección de los consumidores. Está previsto que, en esos informes se evalúen los avances alcanzados en la aplicación del Reglamento (UE) 2017/2394 sobre la cooperación en materia de protección de los consumidores (CPC), así como la Directiva 2013/11/UE sobre resolución alternativa de litigios (RAL) y del Reglamento (UE) n.° 524/2013 sobre resolución de litigios en línea (RLL) que sirvan de base para posibles reflexiones futuras sobre cómo garantizar una mejor utilización de estas herramientas para la resolución extrajudicial de litigios de escasa cuantía en matera de consumo.

III.6. La reforma de las directivas de crédito

Aun cuando se trata de propuestas que se están tramitando con anterioridad a la Presidencia española, lo cierto es que se trata de propuestas de Directivas de protección a los consumidores y el tema del crédito que han dado lugar a una copiosa jurisprudencia del Tribunal de Justicia, de la Unión Europea[36].

Las propuestas más importantes son:

a) La Directiva de crédito al consumo:

El Consejo y el Parlamento Europeo alcanzaron un acuerdo provisional en fecha 2/12/2022 sobre esta Directiva cuyo procedimiento no está totalmente finalizado.

La legislación derogada deroga y sustituye a la actual Directiva de 2008, sobre los contratos de crédito al consumo. La revisión de la Directiva moderniza y refuerza a escala europea de protección del consumidor que pide crédito. Promueve prácticas responsables y transparentes de todos los ope-

36 Como describe pormenorizadamente Maria Jose GARCIA-VALDECASAS DORREGO en «La protección de los consumidores en el Derecho de la UE», en la obra colectiva *La contribución de la jurisprudencia de la Gran Sala del Tribunal de Justicia de la Unión Europea a la integración europea*, de Carlos Javier MOREIRO GONZALEZ y Rosario SILVA LAPUERTA, monografías Tirant Lo Blanch, Valencia 2023. En esta obra se analiza la jurisprudencia sobre la cláusula suelo y los efectos retroactivos de la abusividad; la cláusula de vencimiento anticipado y la subsistencia del contrato y la cláusula IRPH y el control de transparencia de las cláusulas esenciales (Ver páginas. 215 a 236 en los que expone la denominada «armonización procesal negativa», al establecer límites a la autonomía procesal de los Estados miembros.

radores que intervienen en el sector del crédito al consumo garantizando, por ejemplo, que la información sobre los créditos se presente de forma clara y comprensible y se adapte a los contratos digitales.

La Directiva sobre crédito al consumo garantizará que los consumidores puedan elegir con conocimiento de causa al solicitar un crédito. Antes de formar un contrato de crédito, el prestamista debe asegurarse de que los consumidores tengan fácil acceso a toda la información necesaria y que estén informados del «coste total del crédito». En primer lugar, los prestamistas, deben evaluar la solvencia del consumidor y deben evaluar si alguien es capaz de reembolsar su crédito[37].

Estas normas de crédito al consumo garantizarán la protección de los consumidores frente a prácticas de préstamo irresponsables que podrían dar lugar a un endeudamiento excesivo.

La propuesta amplia el ámbito de aplicación de la Directiva, y debido a un mayor número de consumidores que solicita crédito en línea. Para seguir la tendencia de la digitalización, las nuevas normas en materia de crédito se aplicarán ahora también a determinados préstamos de riesgo que están excluidos del ámbito de aplicación de la Directiva en vigor, tal planteamiento incluye dentro de la misma:

- los préstamos inferiores a 200 euros.
- los préstamos ofrecidos a través de plataformas de préstamos participativos.
- los denominados productos de «comprar ahora y pagar después».

Las nuevas normas mejoran las normas de evaluación de la solvencia, mediante las cuáles el prestamista evalúa si un consumidor puede reembolsar su préstamo. Cuando la evaluación de la solvencia es negativa, el prestamista no podrá poner el crédito a disposición del prestatario. Esto protegerá a los consumidores de recibir un préstamo que no puedan reembolsar[38].

37 Se prevé que la norma, que sigue el trámite de procedimiento legislativo ordinario, sea llevada al Parlamento Europeo en septiembre de este año. De alcanzarse un acuerdo en primera lectura, si el Consejo decide aceptar la posición del Parlamento Europeo, la norma se aprobaría.

38 El problema de los créditos rápidos:
En realidad, lo que hay que evitar es la existencia de «créditos rápidos y deudas infinitas», de cantidades pequeñas de dinero que inicialmente se conceden de forma inmediata a través de internet o por llamada sin apenas requisitos a los que recurren cada vez más los consumidores, especialmente en el contexto de la crisis económica provocada por la COVID-19. El modelo de negocio de estas entidades se basa en mantener la deuda vida mediante intereses desproporcionados.
De este modo los clientes entran en un bucle el que les es difícil salir. Las condiciones de este tipo de préstamos suelen ser mucho más onerosas que las que ofrece el circuito bancario.

b) La propuesta de Directiva de comercialización a distancia de los servicios financieros:

Por su parte, la Directiva 2002/65/CE sobre la comercialización a distancia de servicios financieros regula los créditos al consumo que se venden a distancia, por ejemplo, en línea, y que actualmente están excluidos del ámbito de la Directiva de crédito al consumo.

Los servicios financieros, por su carácter incorporal, son particularmente aptos para su contratación a distancia y el establecimiento de un marco jurídico aplicable a la comercialización a distancia de servicios financieros de aumentar la confianza del consumidor en las nuevas técnicas de comercialización a distancia de servicios financieros, como el comercio electrónico.

En todo caso, deberá incorporar prácticas no contempladas en la Directiva actual, tales como la personalización no transparente de las ofertas; la presentación de las ofertas de forma que se explote el comportamiento de los consumidores (por ejemplo, casillas marcadas previamente) y el énfasis en los beneficios sobre los costes.

Ante las diferentes opciones se ha optado por derogar la Directiva 2002/65/CE, modernizar la Directiva 2011/83/UE e introducir en ella los artículos relativos a:

- derecho a la información precontractual y derecho de desistimiento,

- ampliar la aplicación de determinadas normas de la Directiva 2011/83/UE a los servicios financieros destinados a los consumidores contratados a distancia (por ejemplo, normas sobre pagos adicionales y normas sobre ejecución y sanciones) e,

- introducir nuevas disposiciones específicas para garantizar la equidad en línea cuando los consumidores contraten servicios financieros.

La intervención jurídica propuesta se logra a través de cinco acciones distintas:

i) garantizar la plena armonización de las normas relativas a los servicios financieros destinados a los consumidores contratados a distancia;

ii) establecer normas sobre la naturaleza de la información precontractual, la forma y el momento en que debe facilitarse, adaptándolas así a la era digital;

A eso se une el hecho de que no existe una legislación armonizada de los créditos rápidos, sino que se aplican distintas normativas en función de la cantidad, por lo que las entidades que conceden este tipo de préstamos en muchos Estados miembros no están sometidas al control de supervisión de las autoridades bancarias nacionales.

iii) facilitar, cuando los contratos de servicios financieros se celebren por vía electrónica, el ejercicio del derecho de desistimiento con un botón de desistimiento y garantizar que a los consumidores que hayan tenido menos de un día para asimilar la información precontractual se les recuerde el derecho de desistimiento tras la celebración del contrato;

iv) introducir dos artículos para garantizar la equidad en línea;

v) reforzar las normas sobre la aplicación de las disposiciones relativas a los servicios financieros destinados a los consumidores contratados a distancia.

La propuesta de Directiva ha prestado especial atención, por una parte, a garantizar la necesaria especificidad de los servicios financieros y, por otra, a garantizar que la Directiva 2011/83/UE no se convierta en demasiado compleja.

La mejor manera de proceder es aplicar, en la medida de lo posible, las normas ya establecidas en la Directiva 2011/83/UE a los servicios financieros (por ejemplo, las normas sobre ejecución y sanciones) o basarse en dichas normas, creando así normas más específicas, e incluirlas en el capítulo específico relativo a contratos de servicios financieros destinados a los consumidores celebrados a distancia (por ejemplo, botón de desistimiento relativo al ejercicio del derecho de desistimiento). Este capítulo añadido contiene algunas normas nuevas (por ejemplo, disposiciones sobre equidad en línea), pero también se basa en las normas existentes que figuran en la Directiva 2002/65/CE o en la Directiva 2011/83/UE. Este capítulo añadido se referirá únicamente a los servicios financieros destinados a los consumidores contratados a distancia y no se aplicará a otros contratos regulados por la Directiva sobre los derechos de los consumidores[39].

Junto con las diversas acciones políticas y legislativas de la Comisión, en los últimos veinte años, la comercialización a distancia de los servicios financieros destinados a los consumidores ha cambiado rápidamente. Los proveedores de servicios financieros y los consumidores han abandonado el fax, mencionado en la Directiva, y han surgido **nuevos agentes** (como las empresas de tecnología financiera) con nuevos modelos de negocio y nuevos canales de distribución (por ejemplo, servicios financieros vendidos en línea).

39 La mejor manera de proceder es aplicar, en la medida de lo posible, las normas ya establecidas en la Directiva 2011/83/UE a los servicios financieros (por ejemplo, las normas sobre ejecución y sanciones) o basarse en dichas normas, creando así normas más específicas, e incluirlas en el capítulo específico relativo a contratos de servicios financieros destinados a los consumidores celebrados a distancia (por ejemplo, botón de desistimiento relativo al ejercicio del derecho de desistimiento). Este capítulo añadido contiene algunas normas nuevas (por ejemplo, disposiciones sobre equidad en línea), pero también se basa

IV. La figura de los *influencers*

En el programa de la Presidencia española (véase, la página 39) figuraba escuetamente, entre las prioridades en el ámbito audiovisual, la regulación de derechos de «bloggers e influencers», sin ninguna otra referencia.

Uno de los fenómenos más característicos de la transformación digital experimentada en el ámbito audiovisual y de comunicaciones electrónicas en la última década es la proliferación de determinados generadores de contenidos que, aparentemente a título particular, difunden sus mensajes de modo sistemático y mediante diferentes formatos (vídeos, comentarios, fotografías) a través de plataformas de internet, redes sociales y mensajería electrónica. Cuando estos generadores de contenidos cuentan con elevados volúmenes de seguidores fieles, dan lugar a la figura del *influencer*, que en el ámbito publicitario puede definirse como «un creador de contenido con intención comercial, que construye una relación basada en la confianza y la autenticidad con su audiencia (principalmente en plataformas de redes sociales) y se relaciona en línea con actores comerciales a través de diferentes modelos de negocio para su monetización».

---

en las normas existentes que figuran en la Directiva 2002/65/CE o en la Directiva 2011/83/UE. Este capítulo añadido se referirá únicamente a los servicios financieros destinados a los consumidores contratados a distancia y no se aplicará a otros contratos regulados por la Directiva sobre los derechos de los consumidores.

Las conclusiones que se pueden extraer de esta forma de actuar son las siguientes:

La primera es que tras la entrada en vigor de la Directiva, se han adoptado una serie de actos legislativos de la Unión Europea relativos a productos específicos (como, por ejemplo, la Directiva sobre crédito al consumo o la Directiva sobre créditos hipotecarios) y legislación horizontal de la UE (como, por ejemplo, el Reglamento general de protección de datos), que abarcan aspectos de los derechos de los consumidores con respecto a los servicios financieros que también están cubiertos por la Directiva. La incidencia de esta legislación adoptada recientemente ha sido que la pertinencia y el valor añadido de la Directiva han disminuido posteriormente.

La segunda conclusión es que, no obstante, la evaluación ha puesto de relieve que la Directiva sigue siendo pertinente en una serie de ámbitos (por ejemplo, en el caso de determinadas inversiones onerosas, tales como las inversiones en diamantes, siguen aplicándose las disposiciones sobre el derecho a información precontractual).

La evaluación ha subrayado que el dispositivo de **«la red de seguridad»** garantizaba a los consumidores un cierto nivel de protección para los contratos celebrados a distancia, incluso en el caso de los productos financieros que aún no estaban sujetos a ninguna legislación de la UE (por ejemplo, en ausencia de hormas de la UE sobre criptoactivos, se aplica la Directiva 2002/65/CE.

La evaluación también ha señalado que una serie de avances, como la creciente digitalización de los servicios, han afectado a la eficacia de la Directiva a la hora de alcanzar sus objetivos principales de garantizar un elevado nivel de protección de los consumidores y fomentar la contratación transfronteriza de servicios financieros vendidos a distancia.

La relación entre *influencers* y seguidores —caracterizada por la percepción de cercanía, autenticidad y confianza— tiene un impacto directo e indirecto en su actitud hacia las marcas y en la toma de decisiones de compra de consumo de los seguidores. En particular, esto sucede con los niños, jóvenes y consumidores con baja educación y/o bajos ingresos y poca alfabetización mediática e informacional.

A nivel de la Unión, no se ha abordado este tema, salvo el CESE que en su dictamen, «la publicidad a través de influencers», considera necesario intervenir para garantizar un tratamiento armonizado para las actividades ilegales «específicas» de los creadores de contenido/*influencers* en la UE con obligaciones igualmente específicas para los administradores de las plataformas y redes sociales en las que operan, y para los creadores de contenido/*influencers* (residentes en la UE y no residentes en la UE).

Considera que existen las condiciones para asegurar tanto la mejora como la implementación de la legislación europea para aquellas actividades ilegales específicas que involucran a *influencers* y su armonización a nivel europeo, con obligaciones específicas para los administradores de las plataformas en las que operan, y para creadores de contenidos y/o *influencers* (residentes y no residentes en la UE).

Por eso plantea el CESE, en este sentido, una armonización a nivel europeo que contemple, de forma expresa, la regulación de la figura de los creadores de contenido/*influencers* y su responsabilidad cuando generan y/o difunden comunicaciones comerciales que garantice una mayor transparencia y responsabilidad en el desarrollo de su actividad.

La armonización regulatoria propuesta por el CESE puede complementarse con marcos de corregulación, en los cuales participen los *influencers*, sus agentes y asociaciones representativas; la industria y los anunciantes, las asociaciones de autorregulación publicitaria, las asociaciones de consumidores y usuarios, interlocutores sociales y otras entidades de la sociedad civil, así como las autoridades reguladoras.

V. Propuestas relevantes en tramitación

V.1. Directiva sobre responsabilidad general de productos

La Directiva sobre responsabilidad por productos defectuosos: se necesita urgentemente una modernización de esta Directiva para adaptarla mejor a la era digital. Esta propuesta debe garantizar que la protección de los consumidores que sufren daños causados por un producto defectuoso se refuerce y sea fácilmente accesible.

El objetivo es proporcionar un sistema a escala de la UE para compensar a las personas que sufran lesiones físicas o daños materiales debido a productos defectuosos. La Directiva data del año 1985[40], produciéndose cambios significativos en la manera en que se fabrican, distribuyen y funcionan los productos y vigilancia del mercado. Las transiciones ecológica y digital están en marcha y traen consigo enormes beneficios para la sociedad y la economía europeas, ya sea por la prolongación de la vida útil de los materiales y productos, por ejemplo, por la comodidad gracias a los productos inteligentes.

Los aspectos más importantes a modificar son:

- Aplicar las definiciones de la Directiva a los productos de la economía digital moderna y la economía circular.
- La carga de la prueba era difícil para las personas perjudicadas en casos complejos.
- Las normas limitaban excesivamente la posibilidad de presentar reclamaciones de indemnización.

La propuesta garantiza que siempre exista una empresa con sede en la UE que pueda sea considerada responsable de los productos defectuosos comprados directamente a fabricantes fuera de la UE, a la luz de la creciente tendencia de los consumidores a comprar productos directamente en terceros países sin que exista un fabricante o importados establecido en la UE.

Se trata de una Directiva muy importante y durante en la Presidencia española, se deberá avanzar, ante una compleja tramitación.

V.2. Inteligencia artificial

La inteligencia artificial (IA) ofrece grandes oportunidades para la sociedad, el medio ambiente y la economía. Al mismo tiempo, dependiendo de las circunstancias relativas a su aplicación y uso específicos, algunas formas de IA pueden causar daños materiales o inmateriales y generar riesgos para los intereses públicos y para los derechos y libertades fundamentales de las personas. Por lo tanto, para hacer frente a estos retos y aprovechar el potencial de la IA, es crucial disponer de un marco jurídico coherente aplicable a la IA que proteja dichos intereses públicos y derechos fundamentales, al tiempo que fomenta la innovación, siendo éste un hito muy importante de la Presidencia española tener que impulsar estos trabajos.

40 Directiva 85/374/CEE del Consejo de 25 de julio de 1985, relativa a la aproximación de las disposiciones legales, reglamentarias y administrativas de los Estados miembros en materia de responsabilidad por los daños causados por productos defectuosos (DO, L 210, de 7 de agosto de 1985.

a) La propuesta de Reglamento sobre inteligencia artificial

El 21 de abril de 2021, la Comisión Europea propuso un Reglamento global en materia de «inteligencia artificial» (en lo sucesivo IA) A que armonizaría, la introducción en el mercado, la puesta en servicio y la utilización de sistemas de IA en la Unión las normas aplicables a los sistemas de IA en los veintisiete Estados miembros de la Unión Europea[41].

La propuesta tiene un doble objetivo de crear un mercado único para promover el desarrollo y la implantación de la IA, abordando al mismo tiempo los riesgos para la seguridad, la salud y los derechos fundamentales. Tiene un carácter horizontal y resulta aplicable a los proveedores y usuarios de sistemas de IA, con independencia de que se trate de entidades públicas o privadas. Quedan excluidos del ámbito de aplicación los sistemas de IA desarrollados o utilizados exclusivamente con fines militares.

Establece requisitos y obligaciones proporcionados limitados al mínimo necesario para hacer frente a los riesgos para la salud, la seguridad y los derechos fundamentales, sin obstaculizar el desarrollo tecnológico de la IA ni aumentar desproporcionadamente las cargas financieras y administrativas para los operadores. A tal efecto, sigue un enfoque basado en los riesgos que clasifica los sistemas de IA en diferentes categorías de riesgo: «inaceptable», «alto»; «relacionado con la transparencia» y «bajo» o «mínimo».

Se propone prohibir los sistemas de IA que se considere que son incompatibles con los valores de la UE y representan una clara amenaza para la seguridad, los medios de subsistencia o los derechos de las personas, suponiendo un «riesgo inaceptable» (por ejemplo, la puntuación social por parte de las autoridades públicas, las prácticas de manipulación mediante IA dañinas o la identificación biométrica remota en tiempo real con fines policiales en espacios públicos, con algunas excepciones limitadas).

Los sistemas de IA de «alto riesgo» que planteen riesgos significativos para la salud, seguridad o los derechos fundamentales deben someterse a comprobaciones de conformidad y de cumplir determinados requisitos obligatorios (por ejemplo, en relación con la gestión de riesgos, la calidad de los datos, la documentación, la transparencia, la vigilancia humana, la precisión o la ciberseguridad) antes de poder comercializarse o utilizarse en la Unión. También se imponen a los proveedores y usuarios obligaciones de seguimiento y vigilancia proporcionadas y eficaces, definiendo claramente sus funciones y responsabilidades a lo largo de toda la cadena de valor sin afectar a otras obligaciones en virtud de la legislación sectorial.

41 Propuesta de Reglamento del Parlamento Europeo y del Consejo por el que se establecen normas armonizadas en materia de inteligencia artificial y se modifican determinados artos legislativos de la Unión (COM(2021) 206 final)

En el caso de los sistemas de IA que plantean un «riesgo relacionado con la transparencia», se debe informar a las personas cuando interactúan con dichos sistemas o se ven expuestas a ellos (por ejemplo, robots conversacionales —*chatbots*—, sistemas de reconocimiento de emociones y de categorización biométrica, ultrafasificaciones).

Todos los demás sistemas que plantean un riesgo «mínimo» o «bajo» para la salud, la seguridad y los derechos fundamentales están permitidos sin restricciones, pero los proveedores pueden optar por cumplir códigos de conducta voluntarios.

La propuesta está siendo debatida por el Consejo y el Parlamento con arreglo al procedimiento legislativo ordinario.

b) La suscripción de un Convenio en el marco del Consejo de Europa

- La Comisión ha incoado un procedimiento para la apertura de negociaciones en nombre de la Unión Europea con vistas a un Convenio del Consejo de Europea sobre la inteligencia artificial (IA), derechos humanos, democracia y Estado de Derecho[42].

El Consejo de Europa va a elaborar el primer instrumento internacional jurídicamente vinculante sobre inteligencia artificial, basado en las normas del Consejo de Europa en materia de derechos humanos, democracia y Estado de Derecho y centrarse en principios comunes generales, propiciando la innovación y estando abierto a la participación de terceros Estados, teniendo en cuenta otros marcos jurídicos internacionales pertinentes, vigentes o en fase de desarrollo.

El Convenio representa una importante oportunidad para complementar la regulación de la Inteligencia Artificial propuesta a nivel de la Unión Europea, reforzando la protección de los derechos fundamentales de todas las personas afectadas por los sistemas de IA y, por tanto, aboga por que el Convenio establezca garantías claras y sólidas para estar personas[43].

---

42 Aprobado por Decisión del Consejo de la Unión Europea de 21 de noviembre de 2022, publicado en el *DOUE*, serie L 311, páginas 138 a 140, de 2.12.2022. Se seguirá el procedimiento previsto en el artículo 218 del Tratado de Funcionamiento de la Unión Europea, para la conclusión del acuerdo, ya que conforme el artículo 3, apartado 2 del TFUE la Unión tiene competencias exclusivas, para la celebración de un acuerdo internacional en la medida en que pueda afectar a normas comunes o alterar el alcance de las mismas.

43 El Derecho de la Unión establece el conjunto completo de normas comunes del mercado único aplicables a los productos y servicios para los que puedan utilizarse sistema de IA. Además, el desarrollo y uso de determinados sistemas de IA puede afectar al ejercicio de Derechos Fundamentales consagrados en la Carta de los Derechos Fundamentales de la Unión Europea y el Derecho derivado de la UE, entre los que cabe citar, por ejemplo, el derecho a la integridad física, psíquica, la protección de los datos personales, la privacidad, la no discriminación, la libertad de expresión e información, la presunción de inocencia y el derecho a un juicio justo y a la tutela judicial efectiva.

Es un instrumento jurídico que plasma los principios fundamentales de protección de la dignidad humana y el respeto de los derechos humanos, la democracia y el Estado de Derecho. El instrumento debe prever el establecimiento de una metodología para la clasificación del riesgo de los sistemas de IA que incluya las categorías de «riesgo bajo», «riesgo elevado» y «riesgo inaceptable». Deben prohibirse las aplicaciones de la IA que presenten «riesgos inaceptables». A fin de evitar sesgos inaceptables, debe incluirse una disposición que asegure la igualdad de trato y la no discriminación[44].

Debe incluir la posibilidad de que la Unión se adhiera al Convenio. Las garantías jurídicas deben asegurar al menos el derecho a la tutela judicial efectiva ante una autoridad nacional, el derecho a ser informado sobre la aplicación de un sistema de IA en un proceso de toma de decisiones, el derecho a elegir la interacción con un ser humano y el derecho a saber que se está interactuando con un sistema de IA. Sin embargo, algunas cuestiones específicas como la manipulación de contenidos(ultrafalsificaciones) deben abordarse en otros instrumentos sectoriales.

Deberá mencionarse explícitamente, en una directriz específica, que el Convenio es conforme con el marco vigente de la UE en materia de protección de datos.

---

44 Se propone por parte de la Unión incluir las siguientes disposiciones:
-objeto y ámbito de aplicación del Convenio marco.
-Definiciones de sistema de IA, ciclo de vida, proveedor, usuario y sujeto de la IA.
-Determinados principios fundamentales, incluidas las garantías procedimentales y los derechos de los sujetos de la IA que se aplicarán a todos los sistemas de IA, independientemente de su nivel de riesgo.
Medidas adicionales para el sector público, así como los sistemas de IA que planteen niveles de riesgo «inaceptable» o «significativos», determinados sobre la base de una metodología de evaluación de riesgo de impacto (que se establecerá más adelante en un anexo del Convenio).
-Un mecanismo de seguimiento y cooperación entre las partes.
-Disposiciones finales que incluyan la posibilidad de que los Estados de la UE apliquen el Derecho de la UE en sus relaciones mutuas en las materias cubiertas por el Convenio y la posibilidad de que la Unión se adhiera al Convenio.
-Un mecanismo de seguimiento y cooperación entre las partes.
-Disposiciones finales que incluyan la posibilidad de que los Estados de la UE apliquen el Derecho de la UE en sus relaciones mutuas en las materias cubiertas por el Convenio y la posibilidad de que la Unión se adhiera al Convenio. Las garantías jurídicas deben asegurar al menos el derecho a la tutela judicial efectiva ante una autoridad nacional, el derecho a ser informado sobre la aplicación de un sistema de IA en un proceso de toma de decisiones, el derecho a elegir la interacción con un ser humano y el derecho a saber que se está interactuando con un sistema de IA. Sin embargo, algunas cuestiones específicas como la manipulación de contenidos(ultrafalsificaciones) deben abordarse en otros instrumentos sectoriales.

Las negociaciones del futuro Convenio del Consejo de Europa sobre la IA, derechos humanos, democracia y Estado de Derecho deben garantizar que las disposiciones que se acuerden sean compatibles con el Derecho de la UE y con las obligaciones de los Estados miembros en virtud del mismo, teniendo en cuenta su desarrollo futuro y la propuesta de Reglamento sobre IA. También será necesario garantizar que el Convenio del Consejo de Europa incluya una cláusula de desconexión que permita a los Estados miembros de la UE que se conviertan en Partes en el Convenio regular las relaciones entre ellos con arreglo al Derecho de la UE. Entre los Estados miembros de la UE debe prevalecer el Reglamento futuro tal y como evoluciones en el procedimiento legislativo y en las negociaciones de los colegisladores y, en última instancia, en su forma definitiva, tras su adopción del Convenio al que podrá adherirse al Convenio como parte.

VI. Cuestiones de protección de los consumidores omitidas por la Presidencia Española

Sin perjuicio de las vicisitudes políticas por la que ha atravesado el país durante el período que ha ostentado la Presidencia del Consejo —que son muchas— existen dos temas que, a nivel teórico han sido excluidos del Programa de la Presidencia y que son los relativos a los videojuegos y la protección de los consumidores ante su insolvencia.

VI.1. Videojuegos

Después de un largo e intenso debate, se aprobó una Resolución del Parlamento Europeo sobre los videojuegos, en el que señala la necesidad de adoptar un enfoque único y coordinado entre los Estados miembros con el fin de evitar la fragmentación del mercado único y proteger a los consumidores europeos.

La resolución alerta de la necesaria protección de los jóvenes y la infancia ante los videojuegos alentando el desarrollo e implantación de herramientas de control parental que ayuden a filtrar el contenido y los videojuegos por edades, a monitorear el tiempo dedicado a los juegos, a deshabilitar o limitar el gasto en línea y a restringir las comunicaciones con otros o a la visualización de contenido credo por otros jugadores; señala, no obstante, que los padres pueden tener dificultades para utilizar tales herramientas, lo que reduce su eficacia; pide que se establezcan mecanismos para ejercer un control parental más estricto sobre el gasto de dinero y el tiempo de los niños dedican a jugar, entre otras cosas.

Advierte del peligro real de utilización de dinero destacando que algunos videojuegos ofrecen a sus usuarios la posibilidad de pagar, incluso a veces con dinero real, con el fin de obtener recompensas mediante **cajas de botín**[45].

Remarca que ciertos diseños de juego utilizados para sistemas de compras dentro del juego pueden ser particularmente dañinos cuando se dirigen a menores; pide que este tipo de **publicidad** se prohíba cuando se dirija a menores., especialmente, teniendo en cuenta que en los juegos sen línea es más probable que accedan los niños por lo que deben tenerse en cuenta sus derechos y vulnerabilidades; por lo que deben cumplir con los más altos estándares disponibles de seguridad y privacidad por diseño y por defecto.

El consumidor debe disponer de toda la información necesaria sobre el videojuego en línea antes de empezar el juego, así como durante el desarrollo del mismo, en cuanto a las múltiples opciones de posibles compras durante su desarrollo y demás información que pueda considerarse de interés.

Resalta que el **abuso del uso de videojuegos en línea** puede suponer un impacto negativo en las relaciones sociales, como el abandono escolar, problemas de salud física y mental, bajo rendimiento académico, entre otros, puede que se refuercen los mecanismos de control de los niños y adolescentes.

Subraya que la adicción a los videojuegos, también conocida como «**trastorno del juego**» es un problema para algunos jugadores; señala que la Organización Mundial de la Salud ha clasificado el «trastorno del juego», como un compartimiento adictivo.

Observa que los videojuegos pueden ser una herramienta útil durante los procesos de aprendizaje y que determinados juegos están diseñados específicamente para fines educativos; señala que los videojuegos también se utilizan para desarrollar el pensamiento crítico y estimular la creatividad, dando la bienvenida a iniciativas lideradas por la industria como la «Pan European. Game Information» (PEGI).

Pide a la Comisión que desarrolle un sistema de verificación de identidad único que permita comprobar la edad del jugador y presente una propuesta legislativa sobre el videojuego en línea para establecer un marco normativo europeo con el objetivo de armonizar las normas entre Estados miembros y proteger mejor a los jugadores, en particular a los menores.

---

45 Reconoce el Parlamento Europeo que todavía no se ha establecido claramente si las cajas de botín pueden considerarse juegos de azar en Europa; señalando, no obstante, que varios Estados miembros han considerado que las cajas de botín son juegos de azar y han adoptado medidas reglamentarias para prohibirlas. Solicita a la Comisión que analice y determine si las cajas de botín pueden considerarse una actividad de juego o no y, si es así, que realice las acciones necesarias para lograr un enfoque europeo

VI.2. La insolvencia de los consumidores

La cuestión no resuelta del sobreendeudamiento de las familias:

Sin embargo, no se ha abordado el sobreendeudamiento de las familias, a pesar de tratarse de una cuestión tratada y debatida, a nivel de la Unión desde hace mucho tiempo. El sobreendeudamiento se ha agravado por la crisis económica derivada del COVID-19, el incremento del coste de la vida y la evolución del mundo del crédito, especialmente a causa de los denominados créditos rápidos.

Aunque no existe ninguna definición armonizada del concepto de sobreendeudamiento, el CESE, reiteradamente ha abogado por la fijación a nivel europeo de una definición operativa común de «*sobreendeudamiento*» basada en la incapacidad de los consumidores para hacer frente al conjunto de sus deudas, independientemente de la naturaleza de las mismas o de los compromisos del consumidor.

Para hacer frente estos desafíos, la Nueva Agenda del Consumidor, tan sólo tiene previsto en sus acciones 15,16 y 18 abordar de forma insuficiente esta problemática.

Una forma excesivamente parca de tratar el problema que, ni siquiera se aborda, teniendo en cuenta que en estos momentos a nivel de la Unión Europea existe un replanteamiento y debate respecto de la regulación del derecho de la insolvencia en que España podría aportar una visión más social, más humana y más protectora de los derechos de los consumidores, respecto a este problema[46].

La legislación actual estatal, la denominada Ley de la Segunda Oportunidad[47], no resultan suficientes para afrontar los nuevos desafíos transfronterizos para los ciudadanos de la Unión sean no residentes, como los denominados «*knowmads*», que responden al perfil del adquirente de vivienda por parte de un no residente que teletrabajan y son «nómadas digitales»[48]. Esperemos que se pueda abordar pronto este problema desde un punto de vista del Derecho de la Unión, en ese futuro marco europeo de Derecho de la insolvencia.

---

46 Especialmente, tras la aprobación de la propuesta de Directiva del Parlamento Europeo y del Consejo, relativa a la armonización de determinados aspectos de la legislación en materia de insolvencia (COM(2022)702 final de 7.12.2022 y su correspondiente debate y tramitación que ha generado un intenso debate sobre la armonización en materia de insolvencia.

47 Ley 25/2015 de 28 de julio de mecanismos de segunda oportunidad, reducción de carga financiera y otras medidas de orden social (*BOE* 180, de 29 de julio.

48 Pueden constatarse los datos del Colegio de Registradores de España, cifran en 88.000 las transacciones de compraventa de viviendas por extranjeros en 2022 y 23.380 durante el primer trimestre de 2023

VII. Conclusiones

1.° La Presidencia española tiene previsto avanzar en el programa de la Presidencia del Consejo, especialmente, en la profundización del mercado interior.

2.° Tiene previsto avanzar en el tratamiento de la figura de los «influencers», a fin de que el Derecho de la Unión aborde su tratamiento.

3.° Curiosamente, ni siquiera menciona dos temas importantes:

- la protección de los jugadores de videojuegos, en especial adolescentes y menores necesitados de protección a pesar del pronunciamiento favorable del Parlamento Europeo.
- la insolvencia de loa consumidores, mediante un procedimiento europeo que aborde los problemas transfronterizos que se incrementarán, con colectivos digitales como los «knowmads».

Bibliografía

GARCIA-VALDECASAS DORREGO, Maria Jose en «La protección de los consumidores en el Derecho de la UE», en la obra colectiva *La contribución de la jurisprudencia de la Gran Sala del Tribunal de Justicia de la Unión Europea a la integración europea*, de Carlos Javier MOREIRO GONZALEZ y Rosario SILVA LAPUERTA, monografías Tirant Lo Blanch, Valencia 2023.

GONZALEZ ALONSO, Luis Norberto en «Retos para la Presidencia Española de la Unión Europea en materia de Política Comercial: Más allá de la autonomía estratégica», en *Presidencia española del Consejo de la Unión Europea 2023 (propuestas desde la sociedad civil)* Francisco ALDECOA y Mercedes GUINEA LLORENTE, coordinadores, ed. Movimiento Europeo (Consejo Federal Español, ed. CATARATA, 2023 (Madrid).

LENAERTS, Koen Y GUTIERREZ-FONS, Jose A. en *Los métodos de interpretación del Tribunal de Justicia de la Unión Europea*, ed. Marcial Pons 2023.

MOLINA DEL POZO. Carlos F., *Tratado de la Unión Europea*. Lisboa. Editorial Juruá. 2015.

SALDAÑA ORTEGA, Virginia en *Derecho administrativo europeo,* ed. Aranzadi 2023, Cifur. Menor.

EL SISTEMA DE VOTACIÓN DEL CONSEJO Y SU REPERCUSIÓN EN EL FUTURO DE LA UNIÓN EUROPEA: ANÁLISIS DE LA PERTINENCIA DEL VOTO POR UNANIMIDAD

Virginia Saldaña Ortega[1]

Sumario

Resumen: La Unión Europea se encuentra en un punto de absoluta inflexión por el que debe, de forma casi inexcusable, procurar un futuro próspero, basado en la construcción de unos nuevos cimientos, que le permitan adaptarse a las circunstancias que acontecen en el panorama internacional.

1 Directora del Grado en Derecho de la Universidad Isabel I; profesora de Derecho de la Unión Europea; vicesecretaria general del Instituto Eurolatinoamericano de Estudios para la Integración. ORCID: 0000-0002-6561-2214

Para ofrecer una visión amplia y profunda de lo que acaece en la materia es que venimos a examinar desde una perspectiva objetiva y clarificadora, el desarrollo y la evolución que ha venido sucediendo en el seno de su naturaleza y actividad. Ofreceremos un estudio exhaustivo del proceso de evolución que ha pasado en el ámbito relativo a la naturaleza de dicha organización. Posteriormente, nos adentraremos en la necesaria eliminación del proceso de votación por unanimidad.

Palabras Clave: armonización, derecho comunitario, integración, unanimidad, votación.

Introducción | La naturaleza de la Unión Europea: ¿un debate sin resolver?

A ninguno de los lectores de estas líneas resultará ajena esta afirmación: la Unión Europea es una organización en constante cambio, cuyo comportamiento y modo de actuación ha ido mutando desde lo que inicialmente fue considerada una organización de marcado tinte intergubernamental, hacia la consolidación de una organización supranacional. Lo cierto es que incluso estas afirmaciones quedarían desprovistas de una justificación y sometimiento a una verdad absoluta, pues catalogar a la citada organización dentro de los cánones de un tipo de ordenación u otro, desmerecería absolutamente su carácter e iría en contra de la genuinidad que ostenta su naturaleza y que la hace, por tanto, incomparable con ninguna otra realidad.

Dicho de otro modo, hoy en día resulta de gran dificultad la determinación o categorización de la realidad que envuelve el desarrollo de la Unión Europea, siendo más plausible para nosotros, determinar —esto sí, de forma categórica—, lo que no debe entenderse como Unión Europea. Y en este sentido, desde el inicio de estas prematuras conclusiones, podemos ya determinar que la Unión Europea no es una organización de intereses intergubernamentales y que tampoco es una organización internacional de corte clásico, tal y como la entenderíamos y estudiaríamos desde la rama de la ciencia jurídica destinada al estudio del Derecho internacional público. Ello, precisamente porque lo que encontramos aquí es una organización con una atribución mucho mayor de responsabilidades a un ente de carácter superior o *suprapoder*, que ostenta el cargo de adecuar y gestionar determinadas materias o factores de forma coordinada, como una suerte de comunión entre Estados, para el logro de objetivos comunes, convenientemente marcados en su ideario[2].

2 MOLINA DEL POZO, C.F., *Treinta años de integración europea*, Edit. Juruá, 2010.

Quizás debamos profundizar a continuación sobre este aspecto pues la Unión Europea de nuestros días debe su existencia a un paulatino desarrollo de los conceptos que durante siglos fueron impulso de intensos y acalorados debates de la academia con motivo de la necesaria búsqueda de un marco conceptual para dicha comunidad de Estados. Inevitablemente, la naturaleza e idiosincrasia propias del ser humano de occidente han planteado como esencial la catalogación de las distintas realidades políticas u organizativas en un determinado marco conceptual, sin importar que, en ocasiones, este ejercicio proporcionara inadecuadas determinaciones e injustas valoraciones hacia unas realidades, a veces, difícilmente etiquetables. A mayores, si analizamos el histórico concerniente en torno a la creación de la unión de Estados-nación que fundamentó el inicio de esta realidad, son numerosos los idearios de pensamiento ofrecidos por los grandes ilustres de la época, que afirmaban ya la presencia de una realidad en absoluto igualable a alguna otra y de entre los que podríamos destacar a los ilustres pensadores PIERRE DU BOIS o ERASMO DE ROTERDAM como primigenios precursores de esta corriente de pensamiento europeísta[3].

Los grandes predecesores de esta doctrina perseguían desde entonces un proyecto ambicioso capaz de dar respuesta a la verdadera necesidad de avance en el escenario comunitario, cansados ya de la procrastinación en que se había convertido durante siglos la idea de una Europa unida, e intentando así, poner fin a los desastres y calamidades ocasionados históricamente con motivo de la eterna y casi mística rivalidad entre las dos grandes potencias de la época: Alemania y Francia. Efectivamente, y de acuerdo con las previsiones de autores como VICTOR HUGO, las pretensiones y anhelos de una sociedad devastada y desgastada por la realidad bélica que azotaba su día a día, se hicieron realidad.

> Llegará el día en que vosotros [...], todas vosotras, naciones del continente, sin perder vuestras cualidades distintas y vuestra gloriosa individualidad, os fundiréis estrechamente en una unidad superior y construiréis la fraternidad europea absolutamente [...]. Llegará el día en que no habrá más campos de batalla que los mercados abriéndose a las ideas[4].

Pues bien, es precisamente en este halo de profundas reflexiones y afanes de progreso y vanguardia en que venimos a exponer, la situación en la que se encuentra uno de los principales hitos del proyecto comunitario, y que sin duda alguna favorecerá enormemente el desarrollo de este: nos estamos

3 SALDAÑA ORTEGA, V., «Origen y evolución de la Unión Europea. Hacia la construcción de un modelo federal», en *Derecho de la Unión Europea e integración regional: Liber amicorum al profesor Dr. Carlos Francisco Molina del Pozo*, Edit. Tirant lo Blanch, 2020, pp. 115-129.

4 Literalidad recogida de su participación en el Congreso Internacional de la Paz que tuvo lugar en París en el año 1849.

refiriendo, efectivamente, a los procesos de votación que se desarrollan en el seno de la actividad comunitaria. Los procedimientos de votación en la Unión Europea han generado amplísimos y acalorados debates entre los distintos sectores de la realidad social: políticos, académicos y sociedad civil han puesto de manifiesto diferentes y variadas percepciones de lo que para ellos supone o supondría la eliminación del ejercicio de la unanimidad en los procedimientos de votación europeos, por ejemplo.

I. Un vistazo a los procedimientos de revisión en los tratados originarios de la Unión Europea

Es precisamente en pro de la previsible necesidad de reformas que de forma posterior a la creación de las Comunidades europeas se concibió conveniente por parte del legislador comunitario, la instauración de una serie de instrumentaciones capaces de regular los procesos de modificación de los Tratados instaurados tras el nacimiento de esta nueva realidad común europea. Una vez más, y comprendiendo la evidente diferencia existente entre este proceso de integración y la consumación de realidades organizativas internacionales, los Estados miembros entendieron lo conveniente de proceder a la implementación de procedimentalismos propios, independientes y ajenos al modo usual en que se viene a proceder de forma general para la modificación de los Tratados internacionales.

En este orden de ideas, convenimos en destacar la literalidad del artículo 236 TCEE por entender que su contenido expresa de manera concreta los procedimientos inicialmente propuestos para tal finalidad. A este respecto, dice el tenor exacto del artículo citado que:

> El gobierno de cualquier Estado miembro, o la Comisión, podrá presentar al Consejo proyectos dirigidos a la revisión del presente Tratado. Si el Consejo, prevista consulta al Parlamento Europeo y, en su caso, a la Comisión, emite un dictamen favorable a la reunión de una conferencia de los representantes de los Gobiernos de los Estados miembros, ésta será convocada por el presidente del Consejo, con el fin de que se aprueben de común acuerdo las modificaciones que deban introducirse en el presente Tratado. Las enmiendas entrarán en vigor después haber sido ratificadas por todos los Estados miembros, de conformidad, con sus respectivas normas constitucionales.

En este mismo sentido se articula el artículo 96 TCECA que vino a establecer lo siguiente:

> Transcurrido el periodo transitorio, el Gobierno de cada Estado miembro y la Alta Autoridad podrán proponer enmiendas al presente Tratado. Esta propuesta será sometida al consejo. Si éste emitiere, por mayoría de dos tercios, n dictamen favorable a la reunión de una conferencia de representantes de los Gobiernos de los Estados miembros, ésta será inmediatamente convocada por el presidente del

> Consejo, a fin de adoptar de común acuerdo las enmiendas que deban introducirse a las disposiciones del Tratado. Las enmiendas entrarán en vigor tras haber sido ratificadas por todos los Estados miembros, de conformidad con sus respectivas normas constitucionales.

De lo expresando en la normativa inicial de aquel primigenio Derecho originario de las entonces Comunidades se desprende la implementación de un sistema de reforma de carácter eminentemente intergubernamental y muy ligado a las formas de procedimiento propias del Derecho internacional público para la modificación de los Tratados internacionales. Ello lo podemos evidenciar en la clarísima intención del texto de expresar la necesidad de un acuerdo deliberado por parte de todos los Estados adheridos a esta organización y a la posterior necesidad de ratificación nacional. La reflexión que se antoja indiscutible llegados este punto del análisis es que la idea originaria de los Tratados no tenía en absoluto que ver con las pretensiones que *a posteriori* fueron manifestadas por el interés del conjunto y que preveían la forma de actuación encaminada a la reforma sustancial de dichos aspectos, como veremos posteriormente.

Parecería incluso impropio el desarrollo normativo establecido en los Tratados iniciales, máxime si tenemos en consideración aquellas reflexivas e inspiradoras palabras aportadas en la escuela de los ilustres europeístas, politólogos y académicos a los que nos hemos referido anteriormente y que tienen su máximo exponente en el ideario de pensamiento recogido en la vida profesional de JEAN MONNET o ROBERT SCHUMAN. De hecho, y teniendo en consideración una de las célebres frases del ministro francés: «Europa no se hará de una vez, ni en una obra de conjunto [...]» y es precisamente esa la justificación que entendemos solivianta la incongruencia manifiesta que supone que los pensamientos previos a la conjuración de la realidad comunitaria, finalmente fuese encaminada a la construcción de un proyecto de marcado corte intergubernamental.

Evidentemente, el inicio de la construcción comunitaria no podía generarse por medio de un proceso de integración y armonización absoluto. De un modo inteligente o quizás incluso racional, el inicio del camino europeo estuvo protagonizado por los adelantos en materia económica de manera casi exclusiva, siendo las etapas posteriores las encargadas de procurar avances en el resto de las materias y muy especialmente en el ámbito social y de la ciudadanía. Y es que haciendo un ejercicio de sinceridad por parte de quien escribe, asimilar una realidad distinta a la acontecida hubiera resultado difícilmente plausible e incluso una temeridad por parte de los impulsores del proyecto ya que los Estados miembros, recelosos de su soberanía y con todavía recientes e históricas rencillas, hubieran dificultado de manera significativa el proceso de construcción europea[5].

---

5 SALDAÑA ORTEGA, V., «Análisis de los retos y desafíos futuros de la Unión Europea: El impulso Federal como instrumento ejecutor del cambio», *Revista de Filosofía Jurídica y Social*, n.° 38.

II. Las dificultades históricas de la reforma de los tratados y de los procesos de votación

Como sabemos, el proceso de desarrollo y remodelación de los Tratados posteriores ha sido un hito destacable para cuanto nos es de interés en estos momentos, precisamente por desprenderse de su síntesis evolutiva la necesaria instauración de un cambio sustancial en los procedimientos de modificación del Derecho originario. Mención especial merece el Tratado de Maastricht[6] precisamente por ser el primero en que se procede a establecer un único modo para llevar a cabo la modificación formal de los Tratados sobre los que se funda la Unión Europea. A este respecto, la literalidad del apartado primero del artículo N del citado texto vino a establecer lo siguiente:

> El Gobierno de cualquier Estado miembro o la Comisión, podrá presentar al Consejo proyectos de revisión de los Tratados sobre los que se funda la Unión Europea. Si el Consejo, previa consulta al Parlamento Europeo y, en su caso, a la Comisión, emite un dictamen favorable a la reunión de una conferencia de los representantes de los Gobiernos de los Estados miembros, ésta será convocada por el presidente del Consejo, con el fin de que se aprueben de común acuerdo las modificaciones que deban introducirse en dichos Tratados. En el caso de modificaciones institucionales en el ámbito monetario, se consultará también al Consejo del Banco Central Europeo. Las enmiendas entrarán en vigor después de haber sido ratificadas por todos los Estados miembros, de conformidad, con sus respectivas normas constitucionales.

Lo interesante de esta literalidad, lo encontramos en el cambio que se realiza con respecto a la entrada en vigor del Tratado de Ámsterdam[7] y su eliminación de las previsiones que hacían referencia a la convocatoria de una conferencia de corte intergubernamental. A parte de lo comentado, podríamos destacar de forma casi exclusiva la alineación del procedimiento previsto para la revisión en el TCECA y la consulta al Banco Central Europeo para aquellos aspectos relativos a cambios institucionales en materia monetaria[8].

Sea como fuere, lo cierto es que encontramos nuevamente una clara distinción en el procedimiento de reformulación y revisión de los Tratados co-

---

6 Tratado de la Unión Europea o Tratado de Maastricht [DOUE C 191/1, del 29 de julio de 1992].

7 Tratado de Ámsterdam por el que se modifican el Tratado de la Unión Europea, los Tratados constitutivos de las Comunidades Europeas y determinados actos conexos [DOUE C 340/1, del 10 de noviembre de 1997].

8 García Gestoso, N., «Una prueba del carácter confederal de la Unión Europea. El mantenimiento de la unanimidad estatal en el proceso de revisión del tratado por el que se establece una Constitución para Europa», *UNED, Teoría y Realidad Constitucional*, 2015, n.º 15, pp. 315-344.

munitarios, que incluso se encontraría alejado de aquellos principios generales que regulan la materia en el ámbito internacional y de entre los que podríamos destacar el principio de «libertad de forma» o todo lo relativo a las «cláusulas de retirada»[9]. Ambos, elementos muy presentes en el modo de proceder del Derecho internacional público, ello junto a la evidente ausencia de una alusión específica a la temporalidad de los Tratados que, indiscutiblemente son considerados de duración indeterminada.

Bien podríamos afirmar la existencia de tres grandes bloques o tramos en el proceso de reformulación de los Tratados europeos a partir de Maastricht que indudablemente comienzan con una primera fase de carácter meramente comunitario; una fase posterior de naturaleza diplomática en que se formaliza y pone en marcha la conferencia que dará pie a las negociaciones y reuniones necesarias para la elaboración de un proyecto de texto; dando paso finalmente a la etapa de carácter puramente nacional en la que los Estados miembros analizan la viabilidad de su contenido y su compatibilidad con el Derecho interno y constitucional de sus Estados. De esta manera, el procedimiento finaliza con la ratificación de todos y cada uno de los Estados miembros de la Unión Europea.

De las modificaciones realizadas hasta dicho momento, se evidencia ya la capacidad de los Estados miembros de paralizar, cancelar o limitar las posibles modificaciones sustanciales de los Tratados que rigen en el seno de la Unión Europea siendo este poder el que sustenta la gran separación existente entre las dos grandes corrientes de pensamiento en términos europeos: por un lado aquellos que abogan por la eliminación de estas barreras intergubernamentales que poco favor hacen al proyecto de integración que trae causa de esta realidad europea; y, por otro lado, aquellos que entienden esta la limitación apropiada para el correcto funcionamiento de la organización, entendiendo que en caso contrario lo que se produciría es un asalto a las competencias y a la soberanía de cada Estado miembro.

Esta forma de participación en el proceso de construcción del Derecho originario ha generado grandes problemáticas para el proyecto de integración, máxime si tenemos en consideración que este último escalón en el proceso de votación y reforma de los Tratados, lejos de ser un nivel de igual importancia y presencia en el procedimiento ampliamente descrito en párrafos anteriores, supone el elemento esencial y determinante por el que se establece o no, una nueva normativización europea.

La situación narrada a lo largo de estas páginas no supone una novedad ni una problemática de reciente nacimiento. La necesidad constante de la propia organización y de aquellos pensadores del Derecho comunitario para

9 Marín Aís, J.R., «El Derecho de la Unión Europea ante las cláusulas derogatorias previstas en los tratados internacionales de Derechos Humanos», *Revista de Derecho Comunitario Europeo*, n.º 66, 2020, pp. 519-557.

dar solución al sistema de reforma de los Tratados, tal y como vemos, ha sido una constante en los más de setenta años desde su creación, precisamente por entenderse la necesidad de procurar una instrumentalización más idónea, más simple y de mejor armonización para el conjunto. En este sentido, bien podríamos recordar los intentos de modificación realizados por el Proyecto de Constitución Europea de 1994 en el que se establece que las leyes constitucionales, es decir, aquellas cuyo objetivo es la modificación de la Constitución, deben ser aprobadas por mayoría de dos tercios de los miembros que integran el Parlamento Europeo y por mayoría *supercualificada* del Consejo.

III. La problemática de la votación unánime en otras materias de vital importancia para el proceso de integración europeo

Procurar el acuerdo de veintisiete países sobre cualquier elemento resulta una tarea complicada, sobre todo si tenemos en cuenta que cada uno de los Estados miembros, para determinadas materias, poseen una serie de competencias e intereses estratégicos que los hacen claramente diferenciables de los demás, ello pese a la idea de comunidad existente en este proceso de integración.

Son numerosas los supuestos en que el proceso de armonización e integración que se articula en el seno de la Unión Europea se ha visto paralizado o limitado precisamente por la ausencia de acuerdos y de la unanimidad de todos en los procesos de votación. Ello evidencia que la Unión Europea no es capaz aún, transcurridos ya más de setenta años desde su creación, de hablar en una sola voz y caminar hacia un único sentido en aspectos de vital importancia como la política exterior, por ejemplo. Por tanto, ¿cuán difícil puede resultar entonces procurar una reformulación de los Tratados que permita a su vez, el cambio de un elemento tan arraigado en la cultura intergubernamental como el procedimiento de votos por unanimidad? Ciertamente parece muy complejo.

Pese a poder considerarse el campo relativo a la modificación de los Tratados de la Unión Europea el más elemental de todos en cuantos podemos detenernos, lo cierto es que son multitud las materias en las que el procedimiento de votación ha generado grandes limitaciones en su camino hacia la evolución y la armonización y en los que vale la pena detenernos en este punto de la redacción. Podríamos destacar que los ámbitos políticos en los que el Consejo deberá actuar por unanimidad se encuentran determinados a partir de una lista *númerus clausus* en el contenido de los propios Tratados.

Cabría recordar como el Acta Única Europea encaminó la modificación del Tratado de Roma[10], ello con el fin de procurar una nueva promoción a la integración europea e impulsar de forma definitiva el Mercado Común. Con tal motivo, se produce una reducción del número de ámbitos políticos en los que actuaría la unanimidad para la adopción de las distintas legislaciones. Sin embargo, no es hasta la última modificación de los Tratados, con la publicación del Tratado de Lisboa en que se produce, de manera definitiva, el impulso de esta nueva forma de hacer ley, ampliando sustancialmente el número de políticas y materias en que se abandonaba la votación unánime, dando paso a la mayoría cualificada de la ya citada institución.

Nos estamos refiriendo a materias que, por su especial sensibilidad, han sido clausuradas bajo un «muro de contención» en la que el proceso de integración europea no tiene posibilidad de actuación. Ello pese a lo desnaturalizado que supone para quienes defendemos esta armonización, la limitación de elementos tan importantes.

No podemos ser absolutos ni rotunditas en este punto, bien es cierto que las circunstancias actuales no son las más ideales para quienes abogamos por una realidad abierta e integral de la Unión Europea. Y quizás aquí se encuentre el núcleo esencial de disonancia entre los europeístas y aquellos escépticos a un proceso de integración como el que sin cortapisas venimos defendiendo desde hace años, y cuyo aval más absoluto lo encontramos en el catálogo de pensamientos de ilustres pensadores, de los que no de forma casual hemos asumido como premisas sustanciales ideas y reflexiones al inicio de este texto.

IV. El papel de la Conferencia sobre el futuro de Europa en el cambio de paradigma del Derecho originario de la Unión Europea

Indiscutiblemente, las circunstancias que hemos venido detallando en el presente análisis, se han visto inteligentemente recogidas y estudiadas a lo largo de la Conferencia Sobre el Futuro de Europa[11]. Y no es que haya resultado el inicio de la conferencia precisamente un camino hacia la absoluta reforma y modificación de la organización supranacional en sí misma, sino todo lo contrario. Los comienzos de esta nueva andadura más bien parecían ir encaminados a resultados poco definitorios y escasamente impulsores ha-

10 Tratado constitutivo de la Comunidad Económica Europea, firmado en Roma el 25 de marzo de 1957 y cuya entrada en vigor tuvo lugar el 1 de enero de 1958.

11 Aldecoa Luzárraga, F., *La Conferencia sobre el Futuro de Europa en Marcha. Una visión desde el Consejo Federal Español del Movimiento Europeo*, Los libros de la Catarata, Madrid, 2021.

cia una realidad de mayor impacto en el ámbito internacional de lo que cabría esperar de una actividad de tal naturaleza.

Afortunadamente, el devenir de las circunstancias y de las propias reuniones, celebradas en el marco temporal que duró dicha conferencia, cambió radicalmente la visión que se desprendía de la misma. Baste recordar que los acontecimientos desarrollados a lo largo de estos últimos meses han sido elemento más que suficiente para comprender la necesidad de un cambio de rumbo en el seno de la Unión Europea. A nadie resulta ajeno como el inicio de la guerra entre Rusia y Ucrania, propiciada por la invasión del primero al segundo, ha afectado a prácticamente todos y cada uno de los escenarios y sectores que se desarrollan en la realidad de la sociedad global[12]; y, por tanto, el del futuro de la Unión Europea, no iba a ser menos.

Esta situación ha evidenciado una vez más la problemática que generan los procesos de unanimidad en estos temas, precisamente cuando la falta de competencias europeas en la materia de política exterior en este caso procura que las actuaciones llevadas a cabo por la organización sean únicamente de orden reactivo y no preventivo. A mayores, este ha sido considerado el principal problema en el desarrollo de una política coherente y ordenada para con las numerosas amenazas que de forma sistemática han venido siendo el día a día en una Europa beligerante y en absoluto acostumbrada a lidiar con este tipo de conflictos desde de forma tan directa[13].

Atendiendo al progreso de los acontecimientos de la propia Conferencia, lo que inicialmente pareció comprenderse como una actividad encaminada al desarrollo de propuestas de bajo impacto o calado, pronto se entendió que debía ser el instrumento clave para la proposición de modificación de aspectos sustanciales que permitieran asegurar el futuro de la organización y su adaptación a las características propias del mundo en ese momento. Digamos que, de alguna manera, se han venido a confirmar los cambios profundos en el devenir de la actividad europea y que encuentran su máxima expresión en los producidos en el ámbito de la integración política: el insistente «caballo de batalla» contra el que ha venido lidiando la Unión Europea prácticamente desde sus inicios.

Lo cierto es que, a mayor abundamiento, estos cambios comenzaron a emerger en la Europa del 2019 y el nacimiento de su nuevo ciclo político. A modo de ejemplo, cabría citar la elección de la presidencia de la Comisión con cerca del 70 % de la cámara, hecho absolutamente insólito en la historia

12 SALDAÑA ORTEGA, V., «El proteccionismo comunitario: a propósito de la sentencia del Tribunal de Justicia de 16 de febrero de 2022 (Asunto C-156/21)», *Revista Unión Europea Aranzadi*, n.º 1, 2022.

13 SALDAÑA ORTEGA, V. «El nuevo impulso de la política común de seguridad y defensa: hacia una realidad coordinada en defensa armada en un nuevo espacio federal», en *Hacia la construcción de un verdadero proyecto federal para la Unión Europea*, Editorial Colex, Galicia, 2022, pp. 487-498.

de la Institución; en el impulso de la legitimación ostentada por esta en la toma de medidas para hacer frente a la crisis sanitaria del Coronavirus —todas ellas de marcado carácter federal— y los indiscutibles pasos agigantados hacia un reparto de los fondos de nueva generación, basados en un reparto bajo criterios de PIB.

Las mejoras que se previeron afrontar desde la Conferencia fueron muchas y de muy variado carácter. Con tal motivo es que se procedió a la reunión de representantes tanto de la sociedad civil y de los ciudadanos como de las propias instituciones. Un hito casi sin precedentes en que confluyeran las dos grandes legitimidades representadas por la democracia representativa y la participativa con el fin de procurar una serie de propuestas de utilidad que marcaran el camino hacia un futuro próspero, abierto y eficaz.

Hagamos por tanto un ejercicio de positivismo y abandonemos la incitación natural que nos llevaría a abordar aquellos aspectos mejorables o de dudosa utilidad que sin duda existen en el seno del desarrollo de la propia conferencia pero que no nos resulta de provecho en esta ocasión. Abordemos ahora aquellos aspectos que, indudablemente, han supuesto un impulso sin precedentes en la búsqueda de una nueva realidad comunitaria, basada en la reformulación de los Tratados fundacionales, por entender este el eje central en torno al cual gira todo nuestro pensamiento. En este orden de ideas, cabría pues afirmar como la celebración de esta ha ofrecido un nuevo paradigma, una visión abierta y eficaz de lo que debe comprender la Unión Europea, y que ello pasa incuestionablemente por la sustancial reforma de los Tratados fundacionales.

Empero, y siendo esta la manera más plausible de procurar un cambio de rumbo en el proceso de integración, lo cierto es que esta actuación no resulta fácil ni de ligereza. Máxime si pensamos en que para eliminar las unanimidades recogidas en los Tratados y la modificación de un proceso de toma de decisiones en favor de algún tipo de mayoría cualificada pues para ello ha de aprobarse, paradójicamente o no —según el prisma desde el que se realice la lectura— es necesario que la misma decisión sea aprobada de forma unánime.

V. El inicio de una nueva realidad: ¿hacia la reforma de los tratados fundacionales?

Sea como fuere, lo cierto es que el final de la Conferencia sobre el Futuro de Europa ha dejado en los europeístas de entre los que nos revelamos como parte integrante, un dulce regusto a la victoria de nuestras pretensiones integracionistas, precisamente por haberse asentado en el pensamiento de todos los sujetos intervinientes en dicha actividad, la necesidad de proceder a una reforma de los Tratados. Como decíamos, con motivo de las crisis actuales y más recientes que azotan la realidad planetaria, el Parlamento Europeo aprobó una resolución por la que se solicitaba al Consejo Europeo el inicio de un proceso para la revisión de los textos fundacionales de la Unión Europea.

La citada institución entiende conveniente la reforma de aquellos procedimientos de votación articulados en el Consejo con el fin de fortalecer la capacidad de actuación de la Unión Europea a partir, evidentemente, de la supresión de los procesos de votación por unanimidad y el paso hacia una votación por mayoría cualificada. Si bien entendemos que esta no debería ser considerada la única alternativa plausible para la articulación de esta nueva realidad, dejando paso a la posibilidad de analizar algunas otras alternativas tales como la mayoría de dos tercios. En definitiva, se trata de ganar en competencias legislativas y obtener una mayor operatividad, por medio de la modificación de su sistema de votación.

Lamentablemente no todo es «miel sobre hojuelas» en esta cuestión, pues como era de esperar, una serie de Estados miembros, que sistemáticamente han manifestado su negativa hacia la posibilidad de procurar mayores pasos en el proceso de integración de la Unión Europea, han venido a revelar nuevamente su desacuerdo con respecto a la posibilidad de una reformulación de los Tratados. Polonia, Rumanía o Finlandia son solo algunos de los países que han manifestado su desacuerdo con los «intentos irreflexivos y prematuros de poner en marcha» dicho procedimiento[14]. La unanimidad no nos permite eliminar la unanimidad, paradójico ¿verdad?

Pese a todo, algo ha cambiado en Europa, y las represiones constantes de los países menos comprometidos con el proyecto, cada vez se encuentran menos reforzadas y empoderadas en la visión del futuro de la Unión Europea. Precisamente porque el resurgimiento del sentimiento europeo y la visión de los ciudadanos en los últimos meses y años se ha visto claramente fortalecida. Ello supone un mayor impulso y un atisbo de esperanza mucho más grande de la que podríamos llegar a defender en tiempos pasados y previsiblemente estas ideas que afloran hoy en nuestro Parlamento Europeo, son motivadas por un cambio sustancial en la manera de pensar de los propios europeos. La pertenencia a grupo es hoy una necesidad imperante en sus pensamientos, precisamente con motivo de las últimas e importantísimas inestabilidades geopolíticas, económicas e incluso bélicas que acontecen en el mundo.

VI. Reflexiones finales

Mientras estos pensamientos arraigan e impulsan la nueva realidad sin precedentes en Europa, nosotros seguimos defendiendo la necesidad de continuar caminando hacia adelante en las velocidades que se precisen. El futuro de la Unión Europea es aún una incógnita, algunos defienden una

14 SALDAÑA ORTEGA, V., *El Derecho administrativo europeo*, Edit. Aranzadi, Madrid, 2022.

realidad confederada, otros la «teoría de los círculos concéntricos» pero lo cierto es que Europa es federal, y lo es ya en muchos sentidos y aspectos de su realidad. Por ello debemos abogar por que aquellos países con voluntad política procedan en su avance hacia una nueva realidad europea; una realidad que no podemos categorizar como confederal, federal o cualquier otro tipo de organización política de las existentes, precisamente porque la Unión Europea es genuina y también lo es su naturaleza.

Es momento de hacer más y mejor Europa, de procurar un futuro más unido, más abierto y por supuesto, más federal. Y ello pasa, definitivamente, por la búsqueda de soluciones y alternativas que nos permitan finalizar con éxito este proceso de integración sin precedentes que de alguna manera ha dejado de mitificarse y convertirse en una realidad ejemplarizante para el resto de los procesos acontecidos en otros espacios del planeta. La Unión Europea es fuerte, es robusta y precisa de cambios sustanciales que le permitan continuar el camino y le aseguren su preeminencia y subsistencia en una realidad cada vez más compleja, de mayor dificultad y repleta de hitos inquietantes que ponen en jaque las construcciones políticas, económicas y sociales.

Bibliografía

Aldecoa Luzárraga, F., *La Conferencia sobre el Futuro de Europa en Marcha. Una visión desde el Consejo Federal Español del Movimiento Europeo*, Edit. Los libros de la Catarata, Madrid, 2021.

García Gestoso, N., «Una prueba del carácter confederal de la Unión Europea. El mantenimiento de la unanimidad estatal en el proceso de revisión del Tratado por el que se establece una Constitución para Europa», *UNED Teoría y Realidad Constitucional*, n.º 15, pp. 315-344.

Marín Aís, J. R., «El Derecho de la Unión Europea ante las cláusulas derogatorias previstas en los tratados internacionales de Derechos Humanos», *Revista de Derecho Comunitario Europeo*, n.º 66, 2020, pp. 519-557.

Molina del Pozo, C. F., *Derecho de la Unión Europea* (6.ª edición), Edit. Reus, Galicia, 2022.

Molina del Pozo, C. F., *Treinta años de integración europea*, Edit. Juría, Lisboa, 2010.

Monnet, J., *Les Etats–Unis d'Europa ont commencée: Discours et allocutions.* Laffont, 1955.

Saldaña Ortega, V., «El proteccionismo comunitario: a propósito de la sentencia del Tribunal de Justicia de 16 de febrero de 2022 (Asunto C-156/21)», *Revista Unión Europea Aranzadi, n.º 1, 2022.*

Saldaña Ortega, V., «Análisis de los retos y desafíos futuros de la Unión Europea: El impulso federal como instrumento ejecutor del cambio», *Revista de Filosofía Jurídica y Social 38, 2021.*

Saldaña Ortega, V., «El nuevo impulso de la política común de seguridad y defensa: hacia una realidad coordinada en defensa armada en un nuevo espacio federal», en *Hacia la construcción de un verdadero proyecto federal para la Unión Europea, Edit. Colex, Galicia, 2022.*

EL FUTURO DE LA ARMONIZACIÓN FISCAL EN LA UNIÓN EUROPEA

Domingo Carbajo Vasco[1]

Sumario:

Resumen: Partiendo del carácter auxiliar y ancilar que la armonización fiscal siempre ha tenido en el proyecto de integración europea, así como de las dificultades que, para avanzar en la citada armonización, supone la regla de unanimidad en la materia, el autor expone las líneas más recientes

---

1 Economista. Licenciado en Derecho. Licenciado en Ciencias Políticas. Inspector de Hacienda del Estado

de actuación de la Unión Europea en materia tributaria, centradas, por un lado, en incorporar medidas de lucha contra el fraude fiscal planteadas por la OCDE a nivel internacional, así como el nuevo paradigma de la fiscalidad internacional (Pilares 1 y 2), junto con el reforzamiento del intercambio de información tributaria de carácter automático y, por otra parte, en desarrollar tanto un nuevo modelo de imposición sobre las empresas (proyecto BEFIT), la adecuación del IVA, impuesto europeo por excelencia, al mundo digital y la introducción de gravámenes que favorezcan el proceso de descarbonización económica que la UE aspira a concluir en 2025.

Palabras Clave: Armonización fiscal; Directivas; Fiscalidad empresarial; Impuesto sobre el Valor Añadido, IVA; IVA digital; Imposición ecológica; Impuesto sobre Sociedades.

Abreviaturas

AATT	Administraciones Tributarias
BEFIT	*Business in Europe: Framework for Income Taxation*; Negocios en Europa: El marco para la imposición sobre la renta.
BEPS	*Base Erosion and Profit Shifting*, Erosión de las bases imponibles y traslado de beneficios.
BICI	Base Imponible Común Consolidada
CECA	Comunidad Europea del Carbón y del Acero
CRS	*Common Reporting Standard*, Estándar de Información Común
DEBRA	*Debt Equity Bias Reduction Act*; Norma para la Reducción de las Desviaciones entre Capital y Financiación Ajena
DOUE	Diario Oficial de la Unión Europea
EMN	Empresas Multinacionales
EURATOM	Comunidad Europea de la Energía Atómica
IS	Impuesto sobre Sociedades
IVA	Impuesto sobre el Valor Añadido
OCDE	Organización para la Cooperación y el Desarrollo Económico
TIC	Tecnologías de la Información y las Comunicaciones
UE	Unión Europea

I. Introducción

Cumplidos ya más de 65 años desde los inicios de la configuración de este proceso, aún en plena fase de construcción y desarrollo de una nueva identidad europea, cuyo tenor hoy constituye la Unión Europea (en adelante, UE)[2], la armonización fiscal europea sigue apareciendo como una herramienta auxiliar, ancilar y secundaria de las diferentes fases del camino de integración europea.

Ya en sus orígenes, artículos (en adelante, arts.) 95 al 99, ambos inclusive, del Tratado de Roma, que establecía la Comunidad Económica Europea, éste regulaba unas disposiciones fiscales, al servicio de otras Políticas Europeas de mayor alcance y calado, buscando siempre no impedir o dificultar tales Políticas, pero careciendo la vertiente fiscal de cualquier protagonismo en la vida europea o no habiendo sido nunca considerada como una finalidad fundamental de la configuración europea; así, jamás en los últimos tiempos se ha hablado de una Política Fiscal Europea única o, desde el punto de vista de su aplicación[3], se ha pretendido crear una Administración Tributaria Europea de nuevo cuño.

Incluso, la terminología (tan relevante, por otro lado, en una Comunidad de Derecho como es la UE) refleja el carácter secundario de la armonización tributaria en Europa; anótese, en ese sentido, que se habla de «armonizar», pero ni siquiera se utilizan voces cuya articulación implicase un grado de acuerdo superior entre las partes (ahora, los 27 Estados miembros de la UE), como puedan ser las de «coordinación» o «cooperación», comunes en otras muchas Políticas de la UE y, mucho menos, se aplica el término «unión»[4].

Se ha querido, de esta forma, a través del revelador uso del lenguaje, exponer cómo y por qué la armonización fiscal ha sido y sigue siendo el «patito feo» en el proyecto de construcción europea.

A este hecho ha coadyuvado, fuertemente, otro aspecto jurídico como es la regla de la unanimidad, necesaria a la hora de aprobar cualquier propuesta

2 No está de más recordar (y de celebrar) que el Tratado de Roma se firma en 1957, en idéntica fecha que el Tratado de la Comunidad Europea de la Energía Atómica, EURATOM, pero que su antecedente inmediato fue la firma del Tratado constitutivo de la Comunidad Europea del Carbón y del Acero, CECA, Tratado de París, firmado el 18 de abril de 1951 y con entrada en vigor el 23 de julio de 1952, sin perjuicio de tomar en consideración otros intentos más antiguos de crear una Europa unida.

3 Y es importante no minusvalorar los aspectos administrativos o las materias relacionadas con la aplicación de los tributos ya que «un sistema tributario vale, lo que la Administración tributaria encargada de aplicarlo», frase atribuida al hacendista Richard Musgrave, 1991.

4 *Passim.* López Espadafor, Carlos María; Muñoz Pérez, Julio César, García Guerrero, David; *Bases de la armonización fiscal de la Unión Europea,* Editorial Dykinson, Madrid, 2020.

armonizadora en el terreno tributario; derivada, lógicamente, de la importancia de la materia impositiva para las cuestiones políticas, económicas y sociales de cada Estado miembro, junto con la multiplicidad de puntos de vista que, sobre esta asunto, existen en el seno de las sociedades europeas y, por último, la variedad de intereses confrontados en el asunto impositivo; tales circunstancias hacen fácilmente comprensible las dificultades de poner de acuerdo 27 jurisdicciones[5].

Además de los intereses diferenciados de cada país, ha reforzado estas dificultades para avanzar en la armonización fiscal europea la vinculación del fenómeno tributario con el concepto de soberanía nacional, tal y como se encuentra configurado en la normativa reguladora de los tributos y su aplicación en todos los Estados miembros, empezando por el español, artículo 133.1 de la Constitución Española[6].

Ahora bien, la propia historia de la creación de la zona euro (ahora, tras la entrada de Croacia el 1 de enero de 2023, formada por 20 jurisdicciones de la UE) refleja que el concepto de «soberanía nacional», básico en la formación del Estado moderno, puede, perfectamente, entrar en crisis, cediéndose a la UE una competencia tan ínsita al Estado como es el derecho de señoriaje, la posibilidad de emitir moneda y obligar a cancelar cualquier deuda mediante su pago, en favor de otra institución transnacional, en nuestro supuesto, la UE.

Así ha sucedido con la historia del euro, donde una manifestación tan clara de la «soberanía nacional» como es la creación de moneda propia, conforme a la clásica visión de Bodino en su texto fundamental «Los seis libros de la República»[7], ha dado paso en un éxito sin precedentes a la formación de una nueva divisa nacional europea: el euro.

Desgraciadamente, no ha sido así en lo relativo a los tributos y hoy, en pleno proceso de reformas de las reglas fiscales de la UE[8], tras la crisis económica producida por la pandemia de la COVID-19 y la incertidumbre acerca del resultado y duración de la guerra de agresión rusa contra Ucrania, sigue

5 Y también explican cómo, en varias ocasiones, se haya querido circunvenir esta necesaria unanimidad, mediante la inclusión de asuntos fiscales en otras políticas, por ejemplo, la de la cooperación reforzada, necesitadas solamente del voto de la mayoría cualificada de los 27 Estados miembros. El fracaso de estas propuestas ha sido, hasta la fecha, contundente.

6 «La potestad originaria para establecer los tributos corresponde exclusivamente al Estado, mediante ley».

7 *Vid.* Bodin, Jean. *Los seis libros de la República*. Selección, traducción y estudio preliminar de Pedro Bravo Gala, Ed. Tecnos, 3.º edición, 1997, Madrid.

8 Las nuevas reglas fiscales han sido aprobadas en diciembre de 2023, pero recordamos que nuestro texto se refiere a la situación legislativa a junio de 2023.

siendo ardua la construcción de una Política Fiscal europea[9], aunque también cabe señalar que ésta, identificada con los problemas presupuestarios, se aleja mucho de una visión compleja e integrada de sus tres variantes: ingreso, gasto público y beneficios o gastos fiscales.

Ahora bien, frente a esta visión descriptiva que podíamos calificar como pesimista, cabe señalar otra posición, más realista y constructiva, porque con sus dificultades y limitaciones, también la historia de la imposición en el seno de la UE recoge avances, lentos pero inexorables, hacia la construcción de un sistema fiscal europeo.

II. La configuración de un nuevo paradigma de la fiscalidad internacional y la UE

Es más, si se compara el desarrollo de la fiscalidad en Europa al lado de la situación del mundo tributario en el Derecho Internacional, no podemos señalar, sino que, por un lado, la creación de una conciencia civil universal que vea el pago de los tributos, de una manera justa y eficiente, como una necesidad mundial y un beneficio que genera economías externas positivas es todavía algo muy incipiente y, en segundo término que, en un universo donde la globalización y la digitalización económicas, potenciadas por el omnipresente desarrollo de las Tecnologías de la Información y las Comunicaciones, las TIC, se expanden sin cesar, resulta que, por el contrario, está muy retrasada la creación de reglas fiscales de carácter universal frente a otros elementos del Derecho Internacional Público, cuyo ejemplo paradigmático es el desarrollo de un Red universal de tratados y de un movimiento popular favorable a considerar un problema de la humanidad la lucha contra el cambio climático producido por la creciente intervención humana en la atmósfera y el conocido como «green house effect».

Pero, al igual que en los últimos ejercicios, hemos asistido a la aceleración en el proceso de formación de un nuevo paradigma de la fiscalidad internacional, diseñado desde la Organización para la Cooperación y Desarrollo Económico, la OCDE y sus instituciones hermanas, en especial, el Foro de Administraciones Tributarias y el Foro Global de Transparencia e Intercambio de Información, cuyos hitos han sido, hasta la fecha, en primer lugar, la publicación del programa BEPS, acrónimo de «Best erosion and profit Shifting» o «erosión de las bases imponibles y traslado de beneficios» (síntesis de los efectos de la economía digital sobre bases imponibles crecientemente móviles y globalizadas) y sus 15 acciones, 2013-2015, después, el desarrollo del

9 Acerca del contenido general de las reformas propuestas, nos remitimos a: Consejo Europeo. Consejo de la UE. «Fomento de las reformas y las inversiones estructurales: flexibilidad de las normas del Pacto de Estabilidad y Crecimiento»; https://www.consilium.europa.eu/es/policies/stability-growth-pact-flexibility (recuperado el 12 de junio de 2023).

llamado «marco inclusivo BEPS»[10] y, ahora, la conclusión técnica y próxima aprobación de las dos columnas fundamentales del nuevo Orden Tributario Internacional, los conocidos como Pilares 1 y 2[11]; no hacemos sino indicar que, en esta labor ingente de construcción del nuevo modelo internacional tributario, las instituciones de la UE han jugado un papel fundamental, por lo que, ahora, podemos afirmar que la próxima armonización fiscal mundial englobará también, como producto derivado de la misma, un nuevo impulso a la armonización fiscal europea, con algunos matices, tanto jurídicos (por ejemplo, el uso de la fuente jurídica Directiva como acto jurídico estándar para la aprobación de normas tributarias) como económicos (verbigracia, el énfasis en la conservación del mercado único y el desarrollo de las libertades básicas).

Además, con sus dificultades, aciertos y errores, la armonización fiscal europea ha ido logrando, lentamente, sus objetivos, abandonándose hace ya muchos años la vana pretensión de limitarla al impuesto europeo por excelencia: el Impuesto sobre el Valor Añadido (en adelante IVA) y a sus gravámenes auxiliares, los Impuestos Especiales, pues en los momentos actuales el proceso de armonización fiscal europea abarca todas las modalidades de ingresos públicos y ha entrado, incluso, en las materias relacionadas con la aplicación de los tributos, en este sentido, en un ritmo paralelo, con idénticas finalidades y reforzando su logro, especialmente, en el desarrollo de la única herramienta pragmática para, conservando la estructura de Administraciones Tributarias (en adelante AATT) nacionales en un sistema tributario internacional no homogéneo, se pueda luchar contra la elusión fiscal internacional.

Nos referimos al intercambio automático de información tributaria a través de Tratados internacionales y mecanismos informáticos, plataformas, de comunicación «on line», homogéneas, desarrollados por la propia OCDE a través del «Common Reporting Standard» o CRS[12] y trasladados en el ámbito de la UE mediante las diferentes versiones de intercambio de información, conocidas como DAC que, hoy por hoy, alcanzan la número 7 y se aproximan a la 8, mediante el intercambio de información de criptoactivos.

10 Para una visión actualizada, y periódicamente puesta al día, de la problemática de BEPS, enviamos al lector al Portal siguiente: https://www.oecd.org/tax/beps/beps-actions/ (recuperado el 12 de junio de 2023).

11 Una descripción del estado de la cuestión en: Carbajo Vasco, Domingo «Los trabajos para configurar el nuevo paradigma de la fiscalidad internacional. Estado de la cuestión», *Foro Fiscal Iberoamericano*, 35.ª edición, segundo semestre de 2022, páginas 32 a 49.

12 OECD. *Automatic Exchange Portal,* https://www.oecd.org/tax/automatic-exchange/common-reporting-standard/#:~:text=What%20is%20the%20CRS%3F,jurisdictions%20on%20an%20annual%20basis(recuperado el 12 de junio de 2023).

III. Las líneas de actuación más significativas de la UE en materia de armonización fiscal durante los próximos ejercicios

III.1. Consideraciones previas

En estas condiciones, nos encontramos, por un lado, con que el ritmo de avance de la armonización fiscal europea se ha acelerado y depende, en gran parte, de la evolución del nuevo paradigma de la fiscalidad internacional, Pilares 1 y 2[13].

Al lado este impulso externo, debemos destacar, desde el punto de vista interior, cuatro grandes áreas de interés, propias de la UE:

- El logro de un marco fiscal unificado para la empresa europea, englobado bajo el acrónimo BEFIT *(Business in Europe: Framework for Income Taxation)*.
- El proceso de adaptación del IVA a la economía digital.
- La continuación y refuerzo de las disposiciones para combatir el fraude y la elusión fiscal.
- La contribución de los impuestos a la descarbonización de la economía y su aportación al paquete legislativo que pretende tal objetivo, *Fit for 55*.

Sin embargo, sorprende que, tras la suspensión de las reglas fiscales que rigieron la vida presupuestaria de la Unión Económica y Monetaria en los últimos años, debido a la pandemia, enmarcadas en el Pacto de Estabilidad y Crecimiento Económico, el nuevo Programa Fiscal europeo, alejado de convergencias nominalistas y de la obsesión por restringir los déficits y la Deuda Pública, pero todavía sin consensuar y cerrar definitivamente, ver *infra,* no incida en la necesidad de algún tipo de modelo fiscal armonizado en el seno de la UE[14]; manifestándose, de esta manera, nuevamente, que los asuntos impositivos siguen ocupando un lugar secundario en la esfera europea, cuasi administrativo[15].

---

13 Para seguir el curso de la evolución de todos los debates y documentos relacionados con estos Pilares 1 y 2, no queda sino acceder al Portal de la OCDE, https://www.oecd.org./tax/beps (recuperado el 12 de junio de 2023).

14 European Commission «COMMUNICATION FROM THE COMMISSION TO THE COUNCIL Fiscal policy guidance for 2024» Brussels, 8.3.2023 COM(2023) 141 final https://economy-finance.ec.europa.eu/system/files/2023-03/COM_2023_141_1_EN_ACT_part1_v4.pdf (recuperado el 10 de junio de 2023).

15 Un resumen de las Políticas Fiscales en los diferentes Estados miembros de la UE y la labor de las instituciones europeas para seguir sus actividades y armonizarlas, puede en-

Partiendo del bloque de cuatro áreas esenciales que hemos expuesto anteriormente como líneas eje de actuación de la UE en materia fiscal, tenemos las siguientes propuestas y desarrollos recientes de la armonización fiscal europea:

III.2. Fiscalidad europea y marco normativo internacional

1.º) En el primer grupo de disposiciones, destacamos la implementación del Pilar 2 del marco inclusivo BEPS de la OCDE[16], cuyo eje central es introducir una imposición mínima efectiva del 15 % sobre los rendimientos netos de las grandes empresas multinacionales digitales (unos 120 sujetos pasivos).

Esta propuesta aparece recogida en la Propuesta de DIRECTIVA DEL CONSEJO sobre el establecimiento de un nivel mínimo global de imposición para los grupos multinacionales en la Unión {SWD(2021) 580 final}, Bruselas, 22.12.2021 COM(2021) 823 final 2021/0433 (CNS)[17].

Los debates relativos a la aprobación de la Directiva han sido un buen recordatorio tanto de que, en el plano internacional, el nuevo paradigma de la fiscal internacional diseñado por la OCDE y aprobado por 139 jurisdicciones fiscales, cuenta que menos apoyos de los esperados o, mejor dicho, que muchos Estados con significativas políticas de atracción de inversiones y empresas multinacionales; en adelante, EMN, propias de la economía digital, algunos de ellos, miembros de la UE, por ejemplo, Irlanda o Luxemburgo, so capa de apoyar el proceso de implementar el Pilar 2, lo boicotean en cuanto pueden y también se sitúan en esta postura, naciones que, en la UE, se han caracterizado por competir por una fiscalidad baja o lineal tendente a atraer empresas, situación en la cual se ubican antiguos países del Este europeo, verbigracia, Polonia y Hungría.

A pesar de estas resistencias, el 15 de diciembre de 2020, se logró el acuerdo sobre la Directiva de la UE para implementar un impuesto mínimo

contrarse en*:* «European Commission Annual Report on Taxation 2022. Tax policies in the European Union» file:///C:/Users/Usuario/Downloads/annual%20report%20on%20taxation%202022-KPAF22101ENN.pdf *(*recuperado el día 10 de junio de 2023).

16 OECD «Tax Challenges Arising from the Digitalisation of the Economy – Global Anti-Base Erosion Model Rules (Pillar Two)», December 20 2021, https://www.oecd.org/tax/beps/tax-challenges-arising-from-the-digitalisation-of-the-economy-global-anti-base-erosion-model-rules-pillar-two.htm (recuperado por última vez el día 10 de junio de 2023).

17 https://eur-lex.europa.eu/resource.html?uri=cellar:fa5dbfaf-633f-11ec-9136-01aa75ed71a1.0012.02/DOC_1&format=PDF (recuperado por última vez el día 10 de junio de 2023).

del 15 % sobre los beneficios netos de las EMN digitales[18] y, tras complejos debates entre los Estados miembros, ya tenemos aprobada la Directiva (UE) 2022/2523 del Consejo de 15 de diciembre de 2022 relativa a la garantía de un nivel mínimo global de imposición para los grupos de empresas multinacionales y los grupos nacionales de gran magnitud en la Unión, publicada en el «Diario Oficial de la Unión Europea» (en adelante DOUE), serie L, núm. 328, de 22 de diciembre de 2022, páginas 1 a 58[19].

Esta Directiva tiene, por un lado, la finalidad fundamental de incorporar en el territorio de la UE la propuesta de Pilar 2 de la OCDE, tal y como citan expresamente los Considerandos 2 y 3:

> «...
> (2) En un esfuerzo continuado por poner fin a las prácticas fiscales de las empresas multinacionales que les permiten trasladar beneficios a jurisdicciones en las que no están sujetas a imposición o están sujetas a una imposición muy baja, la OCDE ha seguido desarrollando un conjunto de normas fiscales internacionales para garantizar que las empresas multinacionales paguen una parte equitativa de los impuestos dondequiera que operen. Esta importante reforma tiene por objeto poner un límite a la competencia con respecto a los tipos del impuesto de sociedades mediante el establecimiento de un nivel mínimo global de imposición. Al eliminar una parte sustancial de las ventajas de trasladar beneficios a jurisdicciones con una imposición nula o muy baja, la reforma del nivel mínimo global de imposición igualará las condiciones de competencia para las empresas en todo el mundo y permitirá a las jurisdicciones proteger mejor sus bases imponibles.
> (3) Dicho objetivo político se ha traducido en los Desafíos fiscales derivados de la digitalización de la economía — Normas modelo contra la erosión de la base imponible (Pilar Dos) (en lo sucesivo, «Normas modelo de la OCDE») aprobadas el 14 de diciembre de 2021 por el Marco Inclusivo de la OCDE/G20 sobre la erosión de la base imponible y el traslado de beneficios (BEPS, por sus siglas en inglés) al que se han adherido los Estados miembros. En su informe al Consejo Europeo sobre cuestiones fiscales, aprobado por el Consejo el 7 de diciembre de 2021, el Consejo reiteró su firme apoyo a la reforma del nivel mínimo global de imposición y se comprometió a aplicarla rápidamente por medio del Derecho de la Unión. En este contexto, es esencial que los Estados miembros cumplan efectivamente su compromiso de alcanzar un nivel mínimo global de imposición...

De esta manera, se refuerza también el compromiso de las instituciones europeas para luchar contra la elusión fiscal internacional, favoreciendo, a la

18 https://www.consilium.europa.eu/es/press/press-releases/2022/12/12/international-taxation-council-reaches-agreement-on-a-minimum-level-of-taxation-for-largest-corporations/

19 https://www.boe.es/buscar/doc.php?id=DOUE-L-2022-81923 (recuperado por última vez el día 10 de junio de 2023).

vez, el consenso internacional en la configuración de unas reglas comunes para la fiscalidad internacional; pero también, se trata de evitar cualquier unilateralismo de los Estados miembros que, interpretando de manera autónoma las llamadas «Normas modelo» de la OCDE, donde se regula básicamente el Pilar 2[20], se generen adaptaciones nacionales europeas diferenciadas entre los 27 Estados miembros de la UE, lo cual, además, de aumentar la complejidad de una normativa tributaria, cuyos costes de cumplimentación van a ser, sin duda, enormes (siendo este aspecto uno de sus elementos más negativos), dañaría al mercado único europeo y, paradójicamente, generaría una nueva posible competencia interna.

En este sentido, el considerando 4 de la Directiva afirma:

> ...(4) En una Unión de economías estrechamente integradas, es fundamental que la aplicación de la reforma del nivel mínimo global de imposición sea suficientemente coherente y coordinada. Teniendo en cuenta la escala, el detalle y los aspectos técnicos de estas nuevas normas fiscales internacionales, solo un marco común de la Unión evitaría la fragmentación del mercado interior en su aplicación. Además, un marco común de la Unión, diseñado para ser compatible con las libertades fundamentales garantizadas por el Tratado de Funcionamiento de la Unión Europea, proporcionaría a los contribuyentes seguridad jurídica en la aplicación de dichas normas...

La Directiva pretende su aplicación rápida, con ritmos similares a los planteados por la OCDE para sus pilares, concretamente, a partir del 31 de diciembre de 2023, conforme a su artículo 56[21].

Esta rapidez explica también que los Estados miembros dispongan de poco tiempo para su transposición a los Ordenamientos nacionales y, de hecho, España ya ha publicado en trámite de consulta pública un borrador

---

20 OECD «Tax Challenges Arising from the Digitalisation of the Economy – Global Anti-Base Erosion Model Rules (Pillar Two), December 20, 2021»; https://www.oecd.org/tax/beps/tax-challenges-arising-from-the-digitalisation-of-the-economy-global-anti-base-erosion-model-rules-pillar-two.htm (recuperado el 12 de junio de 2023).

21 ***Transposición***
Los Estados miembros pondrán en vigor a más tardar el 31 de diciembre de 2023 las disposiciones legales, reglamentarias y administrativas necesarias para dar cumplimiento a lo establecido en la presente Directiva. Comunicarán inmediatamente a la Comisión el texto de dichas disposiciones.
Aplicarán dichas disposiciones con respecto a los ejercicios fiscales a partir del 31 de diciembre de 2023.
No obstante, con la excepción del acuerdo contemplado en el artículo 50, apartado 2, aplicarán las medidas necesarias para dar cumplimiento a lo dispuesto en los artículos 12, 13 y 14 con respecto a los ejercicios fiscales a partir del 31 de diciembre de 2024.
Cuando los Estados miembros adopten dichas disposiciones, estas incluirán una referencia a la presente Directiva o irán acompañadas de dicha referencia en su publicación oficial. Los Estados miembros establecerán las modalidades de la mencionada referencia.

de Ley de trasposición[22], donde también la fecha de 31 de diciembre de 2023 parece clave para la efectiva entrada en vigor de esta norma.

Ahora bien, tal y como también sucede con el llamado Pilar 2 en la OCDE, diversas circunstancias: la complejidad técnica del texto, la necesidad de crear un sistema institucional y administrativo preparado para la gestión, razones políticas, etc., avalan ser escéptico respecto de la fecha anterior y augurar un cierto retraso en la implementación de las precitadas reglas.

Esta Directiva responde, pues, a un doble elenco de las líneas de armonización fiscal de la UE más recientes: la nueva fiscalidad empresarial y la lucha contra el fraude fiscal internacional.

III.3. Fiscalidad europea y lucha contra la elusión fiscal

2.ª) Una segunda norma que enlaza con los trabajos de lucha contra la elusión fiscal internacional es la relativa a las empresas fantasmas o «shell companies».

Se trata de la Propuesta de DIRECTIVA DEL CONSEJO por la que se establecen normas para evitar el uso indebido de sociedades fantasma a efectos fiscales y se modifica la Directiva 2011/16/UE {SEC(2021) 565 final} - {SWD(2021) 577 final} - {SWD(2021) 578 final} - {SWD(2021) 579 final}, Bruselas, 22.12.2021 COM(2021) 565 final 2021/0434 (CNS)[23].

La propuesta presentada debe garantizar que las entidades de la UE sin actividad económica o con una actividad económica mínima no puedan beneficiarse de ventaja fiscal alguna y no supongan ninguna carga financiera para los contribuyentes.

Esto también protegería la igualdad de condiciones para la mayoría de las empresas europeas y garantizaría que los contribuyentes ordinarios no sufrieran una carga financiera adicional, debida a quienes intentan no pagar su parte equitativa[24].

---

22 Documento sometido a consulta pública previa sobre la transposición al derecho español de la directiva (ue) 2022/2523 del Consejo de 15 de diciembre de 2022 relativa a la garantía de un nivel mínimo global de imposición para los grupos de empresas multinacionales y los grupos nacionales de gran magnitud en la unión. (6/3/2023), https://www.hacienda.gob.es/Documentacion/Publico/NormativaDoctrina/Proyectos/transposicion-directiva-2022-2523-pilar-2.pdf (recuperado el día 8 de junio de 2023).

23 https://eur-lex.europa.eu/legal-content/ES/TXT/PDF/?uri=CELEX:52021PC0565 (recuperado el 8 de junio de 2023).

24 Nos remitimos, en este sentido, al considerando (1) de la mencionada propuesta de Directiva, cuyo tenor dice:
Garantizar una imposición equitativa y efectiva en el mercado interior y luchar contra la elusión y la evasión fiscales siguen siendo prioridades políticas importantes en la Unión. Si bien

El verdadero problema es diferenciar estas «entidades fantasmas»[25] de las empresas con sustancia económica o comercial, incluso, se plantea que algunas de las entidades englobadas por el adjetivo de «fantasmas» puedan desempeñar funciones comerciales y empresariales útiles, pero determinados contribuyentes se aprovechan de las mismas para eludir el cumplimiento de sus objetivos fiscales[26].

---

en los últimos años se han producido importantes avances en este ámbito, especialmente con la adopción de la Directiva (UE) 2016/1164 del Consejo3 relativa a la lucha contra la elusión fiscal y la ampliación del ámbito de aplicación de la Directiva 2011/16/UE del Consejo en materia de cooperación administrativa, son necesarias medidas adicionales para hacer frente a prácticas específicamente identificadas de elusión y evasión fiscales que no están plenamente recogidas en el marco jurídico de la Unión en vigor.
Concretamente, los grupos multinacionales crean a menudo empresas sin una sustancia mínima con el fin de reducir sus obligaciones tributarias globales, en particular trasladando los beneficios de determinados Estados miembros con un alto nivel de imposición en los que desarrollan su actividad económica y crean valor para su actividad empresarial. La presente propuesta viene a complementar los avances logrados en materia de transparencia empresarial a través de los requisitos de información sobre la titularidad real introducidos por el marco de lucha contra el blanqueo de capitales, que aborda situaciones en las que las empresas se crean para ocultar la propiedad real, ya sea de las propias empresas o de los activos que gestionan y poseen, como bienes inmuebles o propiedades de gran valor...

25 Las cuales serían definidas como aquellas entidades carentes de una «sustancia económica mínima», es decir, conforme al Considerando (3) de la propuesta de Directiva:
Es necesario establecer un marco común con el fin de reforzar la resiliencia de los Estados miembros frente a las prácticas de elusión y evasión fiscales vinculadas al uso de empresas que no realizan una actividad económica, incluso aunque presumiblemente ejerzan una actividad económica, y, por lo tanto, no tienen ninguna sustancia o solo tienen una sustancia mínima a efectos fiscales. La finalidad es garantizar que las empresas que carecen de una sustancia mínima no se utilicen como instrumentos de evasión o elusión fiscales. Dado que estas empresas pueden estar establecidas en un Estado miembro, pero pueden utilizarse con vistas a erosionar la base imponible de otro Estado miembro, es fundamental acordar un conjunto común de normas para determinar lo que debe considerarse una sustancia insuficiente a efectos fiscales en el mercado interior, así como para delimitar las consecuencias fiscales específicas asociadas a dicha sustancia insuficiente. Cuando se constate que una empresa tiene una sustancia suficiente con arreglo a la presente Directiva, ello no debe ser óbice para que los Estados miembros sigan aplicando normas contra la elusión y la evasión fiscales, siempre que sean compatibles con el Derecho de la Unión.

26 Ver, nuevamente, al respecto de este asunto, lo señalado en el Considerando (6) de la precitada propuesta:
Sería justo excluir de las normas previstas a las empresas cuyas actividades estén sujetas a un nivel adecuado de transparencia y, por tanto, no presenten riesgo de falta de sustancia a efectos fiscales. Igualmente, deben quedar excluidas del ámbito de aplicación de la presente Directiva las empresas que tengan un valor negociable admitido a negociación o que coticen en un mercado regulado o en un sistema multilateral de negociación, así como determinadas sociedades financieras que estén firmemente reguladas, directa o indirectamente, en la Unión y que estén sujetas a mayores requisitos de transparencia y supervisión. Tampoco es probable que las empresas netamente de cartera situadas en la misma jurisdicción que la filial operativa y su titular o titulares reales estén al servicio del objetivo de obtener una ventaja fiscal. Lo mismo ocurre con las empresas subsidiarias que están situadas en la misma jurisdicción que su accionista o entidad matriz última. Por todo ello, también deben quedar

No pensamos que el desarrollo de esta propuesta sea fácil y nada asegura su aprobación definitiva pues delimitar el elenco de indicadores de sustancia económica mínima, a efectos de calificar una entidad como «fantasma» o no, conlleva relevante incertidumbre jurídica o económica, inseguridad jurídica propia de cualquier concepto jurídico indeterminado; por otra parte, es de suponer la resistencia a la aprobación de esta Directiva tanto de los Estados miembros donde las EMN colocan o constituyen sus sedes, como de aquellos caracterizados por su competencia a la baja en materia de fiscalidad.

La propuesta de Directiva anterior reúne los dos requisitos de ser una herramienta para combatir el fraude y la erosión fiscal internacionales, de manera principal, pero también dispone de una vertiente empresarial, tendente a que la constitución de explotaciones económicas responda siempre a un motivo económico válido, para intervenir en el mercado en la producción de bienes y servicios y no con un motivo fiscal principal.

Seguidamente, mencionaremos otra propuesta de Directiva, cuyo tenor trata de relacionar las dos finalidades mencionadas.

Nos referimos a la norma conocida bajo el acrónimo DEBRA («Debt Equity Bias Reduction Act»), es decir, la Propuesta de DIRECTIVA DEL CONSEJO por la que se establecen normas sobre una bonificación para la reducción del sesgo en favor del endeudamiento y sobre la limitación de la deducibilidad de los intereses a efectos del impuesto sobre la renta de las sociedades {SEC(2022) 204 final} - {SWD(2022) 144 final} - {SWD(2022) 145 final} - {SWD(2022) 146 final, Bruselas, 11.5.2022 COM(2022) 216 final 2022/0154 (CNS)[27].

Nuevamente, la citada propuesta de la Comisión Europea se adentra en tratar de resolver uno de los problemas fundamentales de la fiscalidad de las empresas: el excesivo endeudamiento; fenómeno derivado de que, básicamente hablando, los pagos por intereses de deudas son deducibles, contable y fiscalmente hablando, mientras que la financiación propia carece de tal ventaja fiscal[28].

---

excluidas. Tampoco debe considerarse que carecen de sustancia mínima las empresas que contraten a un número adecuado de personas, a tiempo completo y de manera exclusiva, para llevar a cabo sus actividades. Aunque no cabe esperar razonablemente que superen el criterio de cribado, deben excluirse explícitamente en aras de la seguridad jurídica.

27 https://eur-lex.europa.eu/legal-content/ES/TXT/PDF/?uri=CELEX:52022PC0216 (recuperado el 8 de junio de 2023).

28 Los Considerandos (2) y (3) resultan contundentes a la hora de explicitar la finalidad de la propuesta de Directiva:
Los sistemas tributarios de los Estados miembros permiten a los contribuyentes deducir los pagos de los intereses ocasionados por la financiación mediante deuda, y reducir así la cuantía del impuesto sobre la renta de las sociedades, mientras que los costes relacionados con la financiación mediante fondos propios no son deducibles fiscalmente en la mayoría de los Estados miembros. El tratamiento fiscal asimétrico de la financiación mediante deuda y

Sin embargo, tampoco puede olvidarse el componente de lucha contra la elusión fiscal de la propuesta, que enlaza directamente con lo manifestado en la Acción 4 de BEPS, denominada *Limiting Base Erosion Involving Interest Deductions and other Financial Payments-Action 4*[29], ya que una táctica fiscal muy utilizada por los grupos de EMN es ubicar su deuda, incluso, la aplicada para adquirir nuevas entidades que integrar en su grupo, en países de baja fiscalidad.

A nuestro juicio, la posibilidad de aprobar, siquiera en un corto plazo, esta Directiva, resulta limitada, por varios factores; en primer lugar, la propia experiencia de la amplia serie de herramientas técnicas utilizadas por la doctrina y la práctica tributarias para hacer frente a este problema, caso de la subcapitalización o, como se suele traducir en Iberoamérica, la «capitalización delgada»[30], ha revelado las dificultades para su aplicación y su escaso éxito.

Asimismo, la propia determinación de lo que supone un «exceso de endeudamiento» por motivos puramente fiscales no es nada fácil y conlleva, por razones coyunturales, significativas excepciones, verbigracia, en favor de las empresas concesionarias de obras públicas.

La propia evolución de la Acción 4 de BEPS, sujeta a revisiones, matices y especificación por sectores económicos y grupos de sociedades, manifiesta ampliamente que resolver el excesivo endeudamiento de las empresas por causas principalmente fiscales resulta, conceptualmente, una magnífica idea tanto para la política de competencia inter empresas como para la lucha contra la elusión fiscal internacionales pero, en la práctica, no existe un consenso respecto de la herramienta más apropiada ni tampoco sobre la regla a utilizar para controlar tal endeudamiento excesivo[31].

---

mediante fondos propios en toda la Unión induce un sesgo en favor del endeudamiento en las decisiones de inversión. Además, cuando los Estados miembros prevén en su legislación nacional una bonificación fiscal para la financiación mediante fondos propios, la concepción de las correspondientes políticas nacionales difiere significativamente.

Con el fin de eliminar posibles distorsiones relacionadas con la fiscalidad entre los Estados miembros, es necesario establecer un marco común de normas para corregir en toda la Unión, de manera coordinada, al sesgo en favor del endeudamiento relacionado con la fiscalidad. Estas normas deben garantizar que la financiación mediante fondos propios y la financiación mediante deuda reciban un trato similar a efectos tributarios en todo el mercado único. Al mismo tiempo, un marco legislativo común de la Unión debe ser sostenible también a corto plazo para los presupuestos de los Estados miembros. Por consiguiente, dicho marco debe incluir normas, por una parte, que regulen la deducibilidad fiscal de los costes de financiación mediante fondos propios y, por otra, que limiten la deducibilidad fiscal de los costes de financiación mediante deuda.

29 https://www.oecd.org/tax/beps/beps-actions/action4/ (recuperado el 12 de junio de 2023).

30 Traslación literal de las palabras anglosajonas: *thin capitalization.*

31 Para el reciente estado de la cuestión en BEPS, nos remitimos a: *Limiting Base Erosion Involving Interest Deductions and Other Financial Payments, Action 4 - 2016 Update Inclusive Framework on BEPS, December 22, 2016*, https://www.oecd.org/tax/beps/limiting-ba-

También podemos señalar en esta mezcla de preocupación genuinamente empresarial por reforzar el mercado único europeo y, a la vez, potenciar la competencia sana entre las empresas, el intento por implementar un Código de Conducta empresarial.

Este Código de Conducta pretende establecer claramente qué tipo de «medidas fiscales» pueden calificarse como «perniciosas», a efectos de atraer actividades empresariales a una determinada jurisdicción tributaria, exclusiva o principalmente por motivos e incentivos fiscales[32].

---

se-erosion-involving-interest-deductions-and-other-financial-payments-action-4-2016-update-9789264268333-en.htm (recuperado el 10 de junio de 2023).

32 Básicamente, la finalidad es la siguiente:
...determinar si una medida fiscal entra en el ámbito de aplicación del código, debe cumplir el denominado criterio «de entrada»: únicamente las medidas fiscales preferentes que influyan o puedan influir en la localización de la actividad empresarial entran en el ámbito de aplicación del Código de Conducta.
Medidas fiscales preferentes
En el caso de las medidas preferentes, se aplica adicionalmente un criterio de entrada específico. Para que se le pueda aplicar el código a una medida, esta tiene que establecer un nivel de imposición efectivo considerablemente inferior al nivel de imposición general.
Para determinar si las medidas examinadas son, en efecto, perniciosas, se evalúan con arreglo a cuatro criterios:
1. ¿Las ventajas están aisladas de la economía nacional? Por ejemplo, ¿se otorgan solo a no residentes, o solo con respecto a las operaciones realizadas con no residentes, o carecen de efecto en la base tributaria nacional?
2. ¿Las ventajas se otorgan aun cuando no exista ninguna actividad económica real ni presencia económica sustancial en el Estado miembro que ofrece dichas ventajas fiscales?
3. ¿Las normas para determinar los beneficios de los grupos multinacionales no se ajustan a los principios internacionalmente reconocidos, en particular a las normas acordadas por la OCDE?
4. ¿Las medidas fiscales carecen de transparencia? Por ejemplo, en situaciones en que las disposiciones legales se flexibilizan en el ámbito administrativo de una manera poco transparente.
Características fiscales de aplicación general:
En el caso de las medidas fiscales de aplicación general, también se aplica un criterio de entrada específico. Para que se evalúe una medida, esta debe conllevar una obligación tributaria menor que el tipo impositivo nominal (o eliminarla por completo) o una tributación diferida como característica de un sistema tributario de distribución.
Para determinar si una característica fiscal de aplicación general es, en efecto, perniciosa, se aplican dos criterios interrelacionados:
¿La característica fiscal de aplicación general conlleva una doble desimposición o permite el empleo doble o múltiple de ventajas fiscales en relación con un mismo gasto, importe de renta o cadena de operaciones por no ir acompañada de disposiciones apropiadas contra las prácticas abusivas u otras garantías adecuadas?
¿Lo anterior influye de manera significativa en la localización de la actividad empresarial dentro de la Unión?
Tomado de: Consejo Europeo. Consejo de la Unión Europea. Grupo «Código de Conducta» (Fiscalidad de las Empresas), https://www.consilium.europa.eu/es/council-eu/preparatory-bodies/code-conduct-group/ (recuperado el día 10 de junio de 2023).

En general, se trata de evaluar, listar, conocer (aplicación del principio de transparencia) y, en su caso, eliminar estas medidas perniciosas.

Los criterios respecto del daño causado por tales «medidas perniciosas» resultan ser, nuevamente, indeterminados y difíciles de precisar, lo que explica, en parte, los fuertes debates que la aprobación de este Código está generando. Así, se afirma:

> Cuando se evalúe el carácter pernicioso de una característica fiscal de aplicación general de un Estado miembro, deben tenerse en cuenta los siguientes criterios acumulativos y la existencia de un vínculo causal directo entre ellos:
>
> (1) la característica fiscal de aplicación general no está acompañada por disposiciones apropiadas encaminadas a combatir los abusos ni de ninguna otra salvaguarda adecuada y, en consecuencia, supone una doble desimposición o permite el empleo doble o múltiple de ventajas fiscales en relación con los mismos gastos, renta o cadena de operaciones;
>
> (2) la característica fiscal de aplicación general influye de manera significativa a la radicación de la actividad empresarial dentro de la Unión...
>
> Cuando se evalúe si la característica fiscal constituye un factor significativo a la hora de determinar la radicación de la actividad empresarial dentro de la Unión, el Grupo «Código de Conducta» (Fiscalidad de las Empresas), denominado «Grupo», debe tener en cuenta el hecho de que la radicación de la actividad empresarial pueda estar también influida por circunstancias distintas de las características fiscales»[33].

Conviene ser escéptico acerca de la eficacia de tal medida para cumplir sus teóricos objetivos, por un lado, su bajo nivel de rango jurídico, la hace disponer de un carácter poco coactivo respecto de la legislación doméstica de los Estados miembros; por otra parte, el uso de conceptos jurídicos indeterminados dificulta su implementación práctica e, incluso, actualmente, no es segura su aprobación.

Tampoco parece tener mucho recorrido u éxito, otra iniciativa antigua de la UE, cuyo tenor enlaza también con los propósitos iniciales de BEPS, como es la lucha contra los otrora llamados «paraísos fiscales» y, ahora, de una manera eufemística, «jurisdicciones de baja tributación».

Nos referimos a la publicación por la UE, de manera consensuada por los 27 Estados miembros, de un listado de jurisdicciones calificadas como «no cooperativas», adaptable cada seis meses.

Esta idea, pretendidamente muy eficaz, la de introducir una «lista negra» de paraísos fiscales, válida en todo el territorio UE, ha tenido poco recorrido; tanto por la escasa relevancia de las jurisdicciones incorporadas en el

33 Tomado de las «Conclusiones del Consejo, de 8 de noviembre de 2022, relativas a la reforma del Código de Conducta sobre la Fiscalidad de las empresas», https://data.consilium.europa.eu/doc/document/ST-14452-2022-INIT/es/pdf (recuperado el 12 de junio de 2023).

listado como su variabilidad, la cual ha dependido de factores políticos y económicos variables, cuya evolución ha tenido poco ver con la lucha contra el fraude fiscal.

La lista vigente en las fechas de redacción de este artículo es la siguiente:

La lista adoptada por el Consejo el 14 de febrero de 2023 está compuesta por:

- Samoa Americana,
- Anguila,
- Bahamas,
- Islas Vírgenes Británicas,
- Costa Rica,
- Fiyi,
- Guam,
- Islas Marshall,
- Palaos,
- Panamá,
- Rusia,
- Samoa,
- Trinidad y Tobago,
- Islas Turcas y Caicos,
- Islas Vírgenes de los Estados Unidos,
- Vanuatu.

La lista pasa a ser oficial en el momento de su publicación en el Diario Oficial, habiéndose añadido respecto del listado anterior las Islas Vírgenes Británicas, Costa Rica, las Islas Marshall y Rusia[34].

Basta con observar el citado listado, para señalar su ausencia de coherencia, por ejemplo, Costa Rica es el último Estado miembro de la OCDE, Rusia solo ha entrado tras la agresión imperialista que ha efectuado sobre Ucrania, etc.

En realidad, nuevamente, pensamos que la verdadera lucha contra el fraude y la evasión fiscal internacionales que protagoniza la UE, ha logrado sus mayores éxitos a través del intercambio de información tributaria automática entre los 27 Estados miembros, en la estela del modelo *Common Reporting Standard, CRS,* de la OCDE.

34 https://www.consilium.europa.eu/es/policies/eu-list-of-non-cooperative-jurisdictions/ (recuperado el día 12 de junio de 2023).

En esta línea, el hito, el punto de cesura definitiva lo constituye la Directiva 2011/ 16/UE del Consejo, de 15 de febrero de 2011, relativa a la cooperación administrativa en el ámbito de la fiscalidad y por la que se deroga la Directiva 77/799/CEE (DOUE, serie L, número 64, de 11 de marzo de 2021).

Desde su adopción, la UE no ha hecho sino ampliar y reforzar este intercambio de información en varios frentes: modalidades de rentas, tipos de documentos de transcendencia tributaria cedidos («rulings», acuerdos transfronterizos, etc.), generándose una intricada y compleja red de relaciones entre todas las Administraciones Tributarias y un seguimiento de las rentas y operaciones realizadas por los residentes europeos, cuando se desplazan a otros Estados miembros que, complementada con la red CRS y el modelo FACTA de los Estados Unidos de Norteamérica; esta red de acuerdos de intercambio de información tributaria de carácter automático ha potenciado hasta extremos inusitados la transparencia y el conocimiento por las AATT de las operaciones y rentas obtenidas por sus residentes en cualquier parte del Mundo, a salvo, claro está, de ese auténtico agujero negro para la sociedad civil mundial que siguen siendo las llamadas jurisdicciones no cooperativas.

El conjunto de Directivas que ha ido ampliando la red de información, conocida con el acrónimo DAC y el número de cada una de ellas es, sencillamente, impresionante:

- Directiva 2011/16/UE, del Consejo, de 15 de febrero de 2011, relativa a la cooperación administrativa en el ámbito de la fiscalidad y por la que se deroga la Directiva 77/799/CEE (DOUE, serie L, número 64, de 11 de marzo de 2011), DAC 1[35].
- Directiva 2014/107/UE DEL CONSEJO de 9 de diciembre de 2014 que modifica la Directiva 2011/16/UE por lo que se refiere a la obligatoriedad del intercambio automático de información en el ámbito de la fiscalidad (DOUE, serie L, número 359, de 16 de diciembre), DAC 2[36].
- Directiva (UE) 2015/2376 del Consejo, de 8 de diciembre de 2015, que modifica la Directiva 2011/16/UE en lo que respecta al intercambio automático y obligatorio de información en el ámbito de la fiscalidad (DOUE, serie L, número 332, de 18 de diciembre), DAC 3[37].

---

35 https://eur-lex.europa.eu/LexUriServ/LexUriServ.do?uri=OJ:L:2011:064:0001:0012:ES:PDF (recuperado el 12 de junio de 2023).

36 https://www.boe.es/doue/2014/359/L00001-00029.pdf (recuperado el 10 de junio de 2023).

37 https://www.boe.es/buscar/doc.php?id=DOUE-L-2015-82528 (recuperado el 10 de junio de 2023).

- Directiva (UE) 2016/881 del Consejo, de 25 de mayo de 2016, que modifica la Directiva 2011/16/UE en lo que respecta al intercambio automático obligatorio de información en el ámbito de la fiscalidad (DOUE, serie L, número 146, 3 de junio), DAC 4[38].
- Directiva (UE) 2016/2258 del Consejo, de 6 de diciembre de 2016, por la que se modifica la Directiva 2011/16/UE en lo que se refiere al acceso de las autoridades tributarias a información contra el blanqueo de capitales (DOUE, serie L, número 342, de 16-12-2016), DAC 5[39].
- Directiva (UE) 2018/822 DEL CONSEJO de 25 de mayo de 2018 que modifica la Directiva 2011/16/UE por lo que se refiere al intercambio automático y obligatorio de información en el ámbito de la fiscalidad en relación con los mecanismos transfronterizos sujetos a comunicación de información (DOUE, serie L, número 139, de 5 de junio), DAC 6[40].
- Directiva (UE) 2021/514 del Consejo de 22 de marzo de 2021 por la que se modifica la Directiva 2011/16/UE relativa a la cooperación administrativa en el ámbito de la fiscalidad (DOUE, serie L, número 104, de 25), DAC 7[41].

Encontrándonos, en estos momentos, en el proceso de aprobación de la ampliación del ámbito de esta Directiva, extendiéndolo al intercambio de operaciones con criptomonedas, la DAC-8[42], de manera similar a lo que está sucediendo en el terreno del CRS de la OCDE[43]; nueva manifestación de que los impulsos para la armonización fiscal en la UE se relacionan y potencian mutuamente con la configuración de un nuevo escenario de la fiscalidad internacional.

---

38 https://eur-lex.europa.eu/legal-content/es/ALL/?uri=CELEX%3A32016L0881 (recuperado el 10 de junio de 2023).

39 https://eur-lex.europa.eu/legal-content/ES/TXT/PDF/?uri=CELEX:32016L2258&from=SL recuperado el 10 de junio de 2023).

40 https://eur-lex.europa.eu/legal-content/ES/TXT/PDF/?uri=CELEX:32018L0822&from=GA (recuperado el 10 de junio de 2023).

41 https://eur-lex.europa.eu/legal-content/ES/ALL/?uri=CELEX%3A32021L0514 (recuperado el 10 de junio de 2023).

42 DRAFT COUNCIL DIRECTIVE amending Directive 2011/16/EU on administrative cooperation in the field of taxation, https://data.consilium.europa.eu/doc/document/ST-8730-2023-INIT/en/pdf (recuperado el 12 de junio de 2023).

43 OECD *Crypto-Asset Reporting Framework and Amendments to the Common Reporting Standard,* December 10, 2021, https://www.oecd.org/tax/exchange-of-tax-information/crypto-asset-reporting-framework-and-amendments-to-the-common-reporting-standard.htm (recuperado el 12 de junio de 2023).

III.4. Fiscalidad empresarial

El otro frente, como hemos mencionado, de la armonización fiscal europea es la construcción de una fiscalidad empresarial adaptada al Siglo XXI y al modelo y las necesidades de las empresas de los tiempos actuales.

En principio, podemos señalar que la UE lleva muchos años intentando crear un modelo de fiscalidad europea empresarial, con fracasos notables, como sucedió con el denominado modelo de base consolidada del Impuesto sobre Sociedades o BICI (Base Imponible Común Consolidada)[44] y, sinceramente, no creemos que el ambiente político y económico haya cambiado lo suficiente para dar un impulso novedoso en ese terreno.

No es ésta, sin embargo, la opinión de la Comisión de la UE, la cual ha lanzado la idea de configurar una «imposición empresarial para el siglo XXI».

Con acierto, la Comisión Europea señala que es necesario crear un nuevo modelo de fiscalidad para la empresa europea tras el «cisne negro» que ha supuesto la COVID-19 por, al menos, tres razones:

> «El contexto de la política de fiscalidad de las empresas de la UE ha cambiado radicalmente en el último año. Los retos de salud pública derivados de la pandemia de COVID-19 se convirtieron en la crisis económica más drástica de la historia de la UE, causando una creciente desigualdad y afectando profundamente a las redes de seguridad social.
>
> La pandemia también ha acelerado las tendencias existentes, como la digitalización, y ha puesto de relieve los problemas con el sistema actual del impuesto de sociedades:
>
> El actual sistema internacional del impuesto de sociedades fue diseñado hace más de un siglo y se basa en principios obsoletos de residencia fiscal y fuente. La evolución de la globalización y la digitalización ha dejado estos principios cada vez más fuera de sincronía con la economía de hoy y las normas fiscales cada vez más difíciles de aplicar a las realidades empresariales modernas.
>
> En la UE, el mosaico de normas nacionales del impuesto de sociedades crea complejidades para las empresas que operan de forma transfronteriza en el mercado único. Lidiar con hasta veintisiete sistemas fiscales nacionales diferentes crea desafíos particulares para las pymes de la UE, las empresas emergentes y otras empresas que buscan crecer, expandirse y comerciar transfronterizamente. Esto perjudica la inversión y el crecimiento, así como la competitividad de la UE.
>
> Si bien los ingresos de las empresas se gravan a nivel nacional, los modelos de negocio siguen volviéndose cada vez más internacionales, complejos y digitales. Esto crea altos costes de cumplimiento para las empresas y riesgos de doble imposición. Al mismo tiempo, algunas empresas explotan las lagunas existentes entre

---

44 *Passim.* BOTELLA GARCÍA-LASTRA, Carmen. *La armonización de la base imponible común consolidada en el Impuesto sobre Sociedades y su incidencia en el sistema tributario español*, Ed. Thomson Reuters, Aranzadi, Cizur Menor, Navarra, 2016.

los sistemas fiscales a través de estrategias de planificación fiscal agresiva. Esto también hace que sea difícil para los ciudadanos saber cuánto están pagando realmente las empresas en impuestos, lo que corre el riesgo de socavar la confianza en el sistema tributario en su conjunto»[45].

Anótese, inmediatamente, que la primera de las causas para impulsar la reforma del Impuesto sobre Sociedades; en adelante, IS, europeo es internacional y, por lo tanto, remitimos al lector a la expuesto en páginas anteriores; son los otros dos elementos (digitalización economía y superación de la fragmentación del IS europeo), a cuyo desenvolvimiento se atiende específicamente en este programa de fiscalidad del IS para el siglo XXI[46].

En relación al esquema BEFIT *(Business in Europe. Framework for Business Taxation)*, acrónimo bajo el cual se reúne la reforma de la fiscalidad empresarial europea[47], éste se compone de las siguientes iniciativas:

- Una Recomendación para la recuperación de las pérdidas de las pequeñas y medianas empresas, la cual pretende acelerar la renovación de la actividad económica del tejido empresarial, pero que, dado la fuente jurídica planteada, creemos de escasa incidencia efectiva[48].
- Medidas legislativas para incorporar el Pilar 2, reforzar la lucha contra el fraude fiscal, ATAD-3 y propuesta de Directiva acerca de las sociedades «fantasmas» y el proyecto DEBRA, asuntos ya expuestos con anterioridad; y lo más novedoso y de mayor impacto externo que es propio BEFIT.

Sin embargo, en estos momentos, nos encontramos solamente ante la etapa de la consulta pública del nuevo marco sobre fiscalidad de la empresa europea, sin disponer de los detalles de su naturaleza y funcionamiento, aunque, por lo expuesto de manera general por la Comisión[49], creemos que su éxito va a ser limitado.

---

45 Ver: https://taxation-customs.ec.europa.eu/communication-business-taxation-21st-century_es?etrans=es (recuperado el día 12 de junio de 2023).

46 European Commission «COMMUNICATION FROM THE COMMISSION TO THE EUROPEAN PARLIAMENT AND THE COUNCIL Business Taxation for the 21st Century», Brussels, 18.5.2021 COM(2021) 251 final,

47 https://ec.europa.eu/info/law/better-regulation/have-your-say/initiatives/13463-Business-in-Europe-Framework-for-Income-Taxation-BEFIT-_en (recuperado el día 9 de junio de 2023).

48 COMMISSION RECOMMENDATION (EU) 2021/801 of 18 May 2021 on the tax treatment of losses during the COVID-19 crisis, publicada en el *DOUE*, serie L, número 179, de 20 de mayo de 2021, https://eur-lex.europa.eu/legal-content/EN/TXT/PDF/?uri=CELEX:32021H0801&from=EN (recuperado el día 9 de junio de 2023).

49 Por ejemplo:
BEFIT will be a single corporate tax rulebook for the European Union, based on the key features of a common tax base and the allocation of profits between Member States

Sin embargo, nuevos planteamientos surgen constantemente ante el dinamismo económico, por ejemplo, el llamado proyecto FASTER para que las retenciones y «witholdings» sobre los rendimientos del ahorro en el seno de la UE se unifiquen.

III.5. El IVA digital

El otro gran frente de la fiscalidad europea en los próximos años será la reforma del IVA para convertirlo en un auténtico IVA digital.

La Comisión de la UE presentó, como siempre hace, una larga lista de propuestas de reforma del IVA, con fechas previsibles de ejecución[50].

Con antecedentes ya en 2016, a través del planteamiento de un IVA digital adaptado a las nuevas realidades económicas[51], sucede que, en los momentos actuales, ya se han expuesto y aprobado, tanto a nivel de la UE como en los diferentes territorios, varias de estas medidas, supuesto del nuevo régimen sobre ventas a distancia o el registro y control de las pasarelas de pago, Plataformas Tecnológicas a través de las cuales se paga la inmensa mayoría del comercio electrónico; también se han introducido disposiciones en el IVA, adaptadas a necesidades económicas presentes, verbigracia, la flexibilización en materia de tipos de gravamen del IVA reducidos, Directiva (UE) 2022/542 del Consejo de 5 de abril de 2022 por la que se modifican las Directivas 2006/112/CE y (UE) 2020/285 en lo que respecta a los tipos del impuesto sobre el valor añadido (DOUE, serie L, número 107, de 6 de abril de 2022), pero otros proyectos de reforma se han enfrentado a diversas resistencias, caso de la implementación de un nuevo régimen del IVA sobre agencias de viaje o el desarrollo también de un esquema unificado de tributación en el IVA de las pequeñas empresas.

---

based on a formula (formulary apportionment). It will build on global discussions through the use of a formula for the partial reallocation of profits under Pillar 1, and common rules for calculating the tax base for the purposes of applying Pillar 2.
PWC. DEBRA and BEFIT-EU initiatives are moving forward, *https://www.pwc.pt/en/pwcinforfisco/flash/international/pwc-tax-flash-debra-and-befit-eu-initiatives-are-moving-forward.html* (recuperado el día 9 de junio de 2023).

50 Esta lista puede ubicarse en: https://taxation-customs.ec.europa.eu/action-plan-vat_en (recuperado el día 9 de junio de 2023).

51 Comisión Europea COMUNICACIÓN DE LA COMISIÓN AL PARLAMENTO EUROPEO, AL CONSEJO Y AL COMITÉ ECONÓMICO Y SOCIAL EUROPEO relativa a un plan de acción sobre el IVA Hacia un territorio único de aplicación del IVA en la UE- Es hora de decidir, Bruselas, 7 de marzo de 2016, 148 final, https://eur-lex.europa.eu/legal-content/ES/TXT/PDF/?uri=CELEX:52016DC0148&from=RO (recuperado el 10 de junio de 2023).

Para resumir el estado de la cuestión, podemos citar las siguientes iniciativas de alteración del modelo de IVA europeo, cuyo desarrollo se encuentra en diferentes estadios de elaboración:

- Las obligaciones de notificación del IVA y la facturación electrónica.
- La configuración de un auténtico sistema de identificación y registro único de los sujetos pasivos del IVA a nivel europea.
- Introducción de los últimos ajustes técnicos, necesarios para la integración de las Plataformas Electrónicas en el funcionamiento del tributo.
- Dar mayores poderes jurídico-normativos al Comité Consultivo del IVA, reproduciendo un viejo espectro del desarrollo «técnico» de la normativa europea como es la denominada Comitología.

III.6. Descarbonización económica y reforma tributaria

Por último (pues el espacio por escribir ya apremia) mencionaremos otro gran frente de la armonización fiscal europea, nos referimos a la introducción de las medidas fiscales necesarias para lograr la descarbonización económica en la UE, la llamada Agenda 2050[52].

Para lograr que la economía y la sociedad europeas del año 2050 sean neutrales en lo que respecta a las emisiones de C02, la Comisión y las instituciones europeas han propuesto un complejo camino, jurídicamente centrado en las llamadas *Fit for 55*.

La legislación europea sobre el clima hace de la consecución del objetivo climático de la UE de reducir las emisiones de la UE en al menos un 55 % de aquí a 2030 una obligación jurídica.

Los países de la UE están trabajando en una nueva legislación para alcanzar este objetivo y lograr que la UE sea climáticamente neutra de aquí a 2050[53].

Este paquete de disposiciones (actualmente, por cierto, objeto de nuevas críticas y de reconsideración de sus significativos costes de transición) incorpora, como no podía ser por menos, un elenco de normas fiscales, centradas en, por un lado, modificar la tributación de las fuentes energéticas en la UE y, en segundo lugar, implementar gravámenes ecológicos que alteren el com-

---

52 Ver, en general, Comisión Europea. «Estrategia a largo plazo para el 2050», https://climate.ec.europa.eu/eu-action/climate-strategies-targets/2050-long-term-strategy_es (recuperado el 10 de junio de 2023).

53 *Passim.* https://www.consilium.europa.eu/es/policies/green-deal/fit-for-55-the-eu-plan-for-a-green-transition/#what (recuperado el 10 de junio de 2023).

portamiento de las personas y las empresas, coadyuvando a la lucha contra el cambio climático.

La propuesta de nuevo marco de tributación de la energía, planteada en 2021[54], se enfrenta ya a la nueva problemática energética derivada de la invasión por el imperialismo ruso de Ucrania y, en consecuencia, no la vemos adaptada a las complejas necesidades energéticas vigentes en la UE.

En general, la nueva fiscalidad energética pretende:

- Adecuar la imposición de los productos energéticos y de la electricidad a las políticas de la UE en materia de energía, medio ambiente y clima;
- Preservar y mejorar el mercado interior de la UE mediante la actualización de la lista de productos energéticos y de la estructura de los tipos impositivos, y mediante la racionalización del uso de las exenciones y reducciones fiscales por los Estados miembros;
- Mantener la capacidad de generar ingresos para los presupuestos de los Estados miembros.

Sin embargo, como hemos citado, la guerra contra Ucrania ha forzado a cambios (desconocemos si coyunturales o de carácter estructural) en el modelo energético europeo, empezando por la denominada «excepción ibérica» y esto también se ha traducido (junto con la urgente necesidad de recursos públicos) en «novedades» no previstas en tal Plan *Fit for 55*, empezando por la implementación de una imposición extraordinaria sobre las empresas energéticas, que sigue la línea de los conocidos por la doctrina como «windfall taxes» o impuestos sobre los beneficios extraordinarios y con el carácter de contribución solidaria.

Nos referimos a la aprobación del Reglamento (UE) 2022/1854 del Consejo de 6 de octubre de 2022 relativo a la intervención de emergencia para hacer frente a los elevados precios de la energía (DOE número 261, de 7 de octubre de 2022)[55].

En otro orden de cosas, las políticas de la UE dirigidas a reducir la generación de los residuos y a su reciclado integral, abogan, asimismo, por un refuerzo de gravámenes o instrumentos económicos de la Política Medioambiental similares, caso de los impuestos sobre el plástico y sobre los residuos; enlazando, además (y, en mi humilde opinión, sin una lógica y cohe-

54 Comisión Europea. Propuesta de DIRECTIVA DEL CONSEJO por la que se reestructura el régimen de la Unión de imposición de los productos energéticos y de la electricidad (refundición) (Texto pertinente a efectos del EEE), Bruselas, 14 de julio de 2021, 563 final, https://eur-lex.europa.eu/resource.html?uri=cellar:1b01af2a-e558-11eb-a1a501aa75ed71a1.0006.02/DOC_1&format=PDF (recuperado el 10 de junio de 2023).

55 https://eur-lex.europa.eu/legal-content/ES/TXT/PDF/?uri=CELEX:32022R1854 (recuperado el 10 de junio de 2023).

rencia claras) con la afectación de estos impuestos a la nueva generación de recursos propios del UE[56], recursos que han de sufrir un incremento notable para hacer frente a un Presupuesto europeo creciente y los fondos Next Generation, con su Deuda Pública incluida[57].

Decir, como colofón y para no alargar nuestra intervención demasiado, que el culmen de esta propuesta, la incorporación de un impuesto de ajuste por carbono a las importaciones de los Estados extra-UE que no hayan conseguido determinados estándares medioambientales, el conocido como «carbon border -adjustment tax», está dando paso (por su incompatibilidad con el libre comercio) a un mecanismo de ajuste en fronteras más complicado, de gestión muy compleja y que enfrenta una crítica creciente de los partidarios de un comercio internacional libre y global[58], así como de su posible confrontación con las reglas de la Organización Mundial del Comercio.

IV. Conclusiones

A pesar de su carácter accesorio y ancilar, la armonización fiscal europea presenta, al igual que el propio proyecto de Unión Europea, un planteamiento de consolidación de propuestas y de aprobación de iniciativas al servicio de la integración europea.

---

56 Decisión (UE, Euratom) 2020/2053 del Consejo de 14 de diciembre de 2020 sobre el sistema de recursos propios de la Unión Europea y por el que se deroga la Decisión 2014/335/UE, Euratom. (*Boletín Oficial del Estado* de 11 de junio de 2021).

57 Como indica el presente texto oficial:
Los tres nuevos recursos propios serán: los ingresos procedentes del comercio de derechos de emisión (ETS), los recursos generados por la propuesta del mecanismo de ajuste en la frontera del carbono de la UE (CBAM) y los ingresos relacionados con el impuesto de sociedades de las multinacionales, basados en una propuesta acordada por la OCDE y el G20 en verano.
La Comisión Europea espera recaudar hasta 17.000 millones de euros al año en precios de 2018 mediante los tres nuevos recursos propios para financiar el presupuesto comunitario entre 2026 y 2030, lo que podría ayudar a devolver la deuda generada por el fondo de recuperación NextGenerationEU. Esta recaudación también contribuirá a financiar el Fondo Social del Clima y participar jugará un papel importante en el nuevo sistema de comercio de emisiones, que contribuirá a la transición hacia una economía descarbonizada.
«La UE necesita nuevas fuentes de ingresos para, al menos, ¡devolver el préstamo de NextGenerationEU! Sin nuevos recursos propios, después de 2027, tendremos que recortar más de 15.000 millones de euros al año de los programas de la UE», dijo el eurodiputado portugués José Manuel Fernandes, del Partido Popular Europeo, uno de los encargados de la propuesta en el Parlamento.
«El Parlamento quiere tres nuevas fuentes de ingresos para la UE», https://www.europarl.europa.eu/news/es/headlines/eu-affairs/20221110STO53101/el-parlamento-quiere-tres-nuevas-fuentes-de-ingresos-para-la-ue

58 Nos remitimos a: *Taxation and Customs Union* «Carbon-Border Adjustment Mechanism», https://taxation-customs.ec.europa.eu/carbon-border-adjustment-mechanism_en

En los últimos ejercicios asistimos, además, a un incremento en el ritmo de normas tributarias de la UE, debido, por un lado, a la vinculación e identificación de las instituciones europeas con la configuración de un nuevo paradigma de la fiscalidad internacional, resumido en los llamados Pilares 1 y 2 y en el reforzamiento del intercambio de información tributaria para luchar contra la elusión fiscal internacional.

En el terreno interior, los 27 Estados de la UE han reforzado su programa de modernización del IVA, tributo europeo por excelencia, para adaptarlo a la economía digital y los intentos por configurar una imposición sobre las empresas, el denominado proyecto BEFIT, para armonización la imposición sobre la renta de las sociedades.

Por último, el logro de una economía descarbonizada en el horizonte 2050 se ha traducido en proyectos normativos para reformar la tributación de las fuentes energéticas y en desarrollo de gravámenes para incidir en el comportamiento de los consumidores, introduciendo exacciones de tipo ecológico sobre el plástico y los residuos.

Bibliografía

La mayoría de la Bibliografía de interés y utilizada para la redacción de este artículo puede encontrarse en los documentos y disposiciones legislativas de la UE que se citan en las notas a pie de página en el texto.

Otras contribuciones de interés son las siguientes:

Botella García-Lastra, Carmen. *La armonización de la base imponible común consolidada en el Impuesto sobre Sociedades y su incidencia en el sistema tributario español,* Ed. Thomson Reuters, Aranzadi, Cizur Menor, Navarra, 2016

Carbajo Vasco, Domingo. «Un nuevo ejemplo de transparencia fiscal: la directiva europea DAC-6», en Molina del Pozo Martín, Pablo Cristóbal (coordinador). *Derecho de la Unión Europea e Integración Regional. Liber Amicorum al Prof. Dr. Carlos Francisco Molina del Pozo*, Eds. Comisión Europea, CEPCA, Tirant lo Blanch, colección Homenajes y Congresos, Valencia, 2020, páginas 1397 a 1417

Carbajo Vasco, Domingo. «Algunas consideraciones sobre un impuesto medioambiental: El Impuesto sobre los Gases Fluoradas de Efecto Invernadero», en García-Herrero Blanco, Cristina (dirección), *VIII Encuentro de Derecho Financiero y Tributario «La fiscalidad en el marco de la transición ecológica»*, Ed. Instituto de Estudios Fiscales, Madrid, colecc. Documentos de Trabajo número 6/2020, páginas 22 a 30.

CARBAJO VASCO, Domingo «Los trabajos para configurar el nuevo paradigma de la fiscalidad internacional. Estado de la cuestión.», *Foro Fiscal Iberoamericano,* 35.ª edición, segundo semestre de 2022, páginas 32 a 49.

DURÁN CABRÉ, José María. «La armonización fiscal en la Unión Europea: evolución y prioridades actuales», *Papeles de Economía Española,* octubre de 2014, número 141/2014, páginas 1 a 13.

ESCARIO, José Luis. «El fondo de recuperación Nueva Generación UE. El año de la puesta en marcha», en VV. AA. *El Estado de la UE. Europa en un período de transición,* Ed. Fundación Alternativas, Friedrich Ebert Stiftung, Madrid, 2021, páginas 53 a 62.

LÓPEZ ESPADAFOR, Carlos María; **MUÑOZ PÉREZ**, Julio César, **GARCÍA GUERRERO, David**; *Bases de la armonización fiscal de la Unión Europea,* Editorial Dykinson, Madrid, 2020.

MINISTERIO DE HACIENDA Y FUNCIÓN PÚBLICA. España. Documento sometido a consulta pública previa sobre la transposición al derecho español de la directiva (UE) 2022/2523 del Consejo de 15 de diciembre de 2022 relativa a la garantía de un nivel mínimo global de imposición para los grupos de empresas multinacionales y los grupos nacionales de gran magnitud en la unión. (6/3/2023), https://www.hacienda.gob.es/Documentacion/Publico/NormativaDoctrina/Proyectos/transposicion-directiva-2022-2523-pilar-2.pdf

LA PRESIDENCIA ESPAÑOLA Y LA GOBERNANZA ECONÓMICA

Eduardo Cuenca García[1]

Margarita Navarro Pabsdorf[2]

Sumario

Resumen: En el presente capítulo se analizan los temas más relevantes, relacionados con la gobernanza de la zona euro, que tuvieron lugar durante la Presidencia española del Consejo de ministros

La coincidencia de la celebración de elecciones generales en España durante ese semestre y su desenlace posterior, con la fallida investidura del candidato del Partido Popular y la obtenida posteriormente por el candidato del Partido Socialista, fue una de las características de la Presidencia. Tanto

---

1 Catedrático de Economía Aplicada. Universidad de Granada

2 Profesora Titular de Economía Aplicada, Universidad de Granada

durante la campaña electoral como en los momentos previos a la formación del nuevo gobierno, mucha de la atención de los españoles se desvió de los temas que se iban tratando en la agenda y los acuerdos alcanzados.

Asimismo, la invasión rusa de Ucrania y el ataque terrorista de Hamás contra Israel en octubre, fueron acontecimientos que, por su gravedad, cobraron también especial protagonismo en esos meses.

Al margen de estos hechos, desde el punto de vista la gobernanza económica, durante los seis meses los Estados miembros mostraron un especial interés en el restablecimiento de los equilibrios económicos en las finanzas nacionales tras el impacto de la crisis sanitaria, los preocupantes niveles de deuda, el alza de los precios, la dependencia energética, la evolución de la coyuntura económica, las subidas de los tipos de interés y la necesidad de fortalecer el sistema financiero. En resumen, durante la Presidencia española se trató de proponer nuevos instrumentos para responder a los choques externos y que mejoraran la estabilidad económica de la Unión.

Palabras clave: Unión Europea, Presidencia del Consejo, Gobernanza, Banco Central Europeo, euro, tipos de interés, crisis financiera.

I. Introducción

A lo largo de los últimos años, la Presidencia del Consejo de ministros ha desempeñado una labor coordinadora de los asuntos europeos. Según el sistema instaurado por el Tratado de Lisboa en 2009, los Estados miembros que ejercen la Presidencia durante seis meses colaboran estrechamente en grupos de tres, fijan sus objetivos a largo plazo y elaboran un programa común con los principales asuntos que tendrá que tratar el Consejo durante un periodo de dieciocho meses en el que los tres países se ven implicados en la Presidencia.

Cada uno de ellos prepara con detalle su programa semestral, se impulsan los trabajos del Consejo elevando propuestas y organizando las reuniones necesarias, y se procura alcanzar consensos sobre los asuntos tratados.

El 1 de julio de 2023 España asumía una Presidencia que se desarrollaría justamente en el último tramo del ciclo institucional europeo, antes de las elecciones al Parlamento Europeo previstas para mayo de 2024 y el posterior nombramiento de una nueva Comisión.

En la agenda se recogían los lugares de las reuniones del Consejo, para las que se designaron una serie de ciudades, atendiendo a un criterio de equilibrio regional y que representaran la diversidad de las Comunidades Autónomas.

Esquema de las presidencias

Alemania	Julio-diciembre	2020
Portugal	Enero-junio	2021
Eslovenia	Julio-diciembre	2021
Francia	Enero-junio	2022
República Checa	Julio-diciembre	2022
Suecia	Enero-junio	2023
España	Julio-diciembre	2023
Bélgica	Enero-junio	2024
Hungría	Julio-diciembre	2024
Polonia	Enero-junio	2025
Dinamarca	Julio-diciembre	2025
Chipre	Enero-junio	2026
Irlanda	Julio-diciembre	2026
Lituania	Enero-junio	2027
Grecia	Julio-diciembre	2027
Italia	Enero-junio	2028
Letonia	Julio-diciembre	2028
Luxemburgo	Enero-junio	2029
Países Bajos	Julio-diciembre	2029
Eslovaquia	Enero-junio	2030
Malta	Julio-diciembre	2030

II. Antecedentes de la Presidencias españolas

Desde su incorporación a las Comunidades Europeas en 1986, España ha ocupado la Presidencia en cuatro ocasiones.

La primera fue en el primer semestre de 1989, con Felipe González como presidente del Gobierno y una Comunidad compuesta en ese momento por doce Estados miembros. Sus objetivos se centraron en: los avances hacia una unión económica y monetaria, la política económica y de seguridad común y la ciudadanía europea.

Sobre la unión monetaria, el momento clave fue la cumbre europea de junio en Madrid, donde se fijó la fecha del 1 de julio de 1990 para el comienzo de la primera fase de la Unión Monetaria. En ese sentido, hubo que contrarrestar la oposición a la moneda única de la entonces primera ministra británica M. Thatcher.

Asimismo, durante la Presidencia se lideró una iniciativa para encontrar soluciones a la crisis de Oriente Medio, se firmó un acuerdo con Estados Unidos en el que los Estados miembros prohibían importar carnes tratadas con hormonas, se concluyó el primer acuerdo comercial de la Comunidad Europea con la URSS y se denunció la represión de los estudiantes en la plaza de Tiananmen en Pekín.

La segunda Presidencia, en 1995, también con Felipe González al frente del Gobierno, se produjo en un momento en el que acababan de incorporarse tres nuevos miembros (Austria, Suecia y Finlandia) y en el que se elaboraron documentos en los que se reflexionaba sobre el futuro de la Unión, con propuestas que posteriormente se incorporaron en el Tratado de Ámsterdam en 1997.

Además, el 26 de marzo de 1995 se puso en funcionamiento en siete Estados miembros el Espacio Schengen, entre ellos España, que suponía la retirada de los controles en las fronteras interiores.

Como hecho a destacar, en la cumbre europea celebrada en Madrid los días 15 y 16 de diciembre de 1995, se acuerda denominar a la moneda común «euro», cuya primera fase de implantación comenzaría el 1 de enero de 1999.

También se celebró el 29 de marzo de 1996 una Conferencia intergubernamental en la que se acordaron las condiciones políticas e institucionales necesarias para adaptar la Unión Europea a sus nuevas necesidades y con la perspectiva de las próximas ampliaciones.

Entre los asuntos que completaron la agenda del semestre, destacaron los acuerdos de Dayton, que pusieron fin a la guerra en la antigua Yugoslavia; la Declaración global euro mediterránea de Barcelona, una asociación entre la Unión Europea (UE) y los doce países del Sur del Mediterráneo; la Nueva Agenda Transatlántica; el Acuerdo marco interregional entre la UE y Mercosur; la firma del Convenio revisado de Lomé IV por la UE y los países ACP y, por último, el dictamen conforme del Parlamento Europeo para establecer una unión aduanera con Turquía.

La tercera Presidencia fue en el primer semestre de 2002, con José María Aznar como presidente del Gobierno. El acontecimiento más importante durante esos meses fue la puesta en circulación de los billetes y monedas de euros. Entre el 1 de enero y el 1 de marzo convivieron ambas monedas, hasta que finalmente las nacionales fueron desplazadas por la nueva.

Debido a la crisis generada por los atentados del 11 de septiembre de 2001 en Estados Unidos, se incorporó entre las prioridades de la agenda la lucha contra el terrorismo transnacional y la formación de equipos de investigación para mejorar la cooperación y el intercambio de información. También se dieron pasos importantes en la elaboración del marco del Espacio de Libertad, Seguridad y Justicia (por ejemplo, la aprobación de la orden europea de detención y entrega, conocida como «Euroorden»).

La cuarta Presidencia tuvo lugar en el primer semestre de 2010, en tiempos de José Luis Rodríguez Zapatero como presidente del gobierno.

El Tratado de Lisboa, que entró en vigor a finales de 2009 con cambios profundos en el funcionamiento de las instituciones, concentró mucha atención en las reuniones celebradas. La constitución de un nuevo Parlamento Europeo tras las elecciones de junio de 2009 y la designación de una nueva Comisión Europea a partir de febrero de 2010, estuvieron también muy presente en esos meses.

Entre las prioridades, destacaron especialmente:

- La plena aplicación del Tratado de Lisboa. Con las novedades institucionales tras la aplicación del Tratado, el presidente español ya no presidiría el Consejo Europeo, al haberse elegido ya la figura de su presidente estable por dos años y medio, quedando limitada su función a la Presidencia del Consejo.
- Tampoco presidiría el Consejo de ministros de Exteriores, que recaía en el Alto Representante para la Política Exterior y de Defensa Común, vicepresidente de la Comisión Europea y jefe del Servicio Europeo de Acción Exterior.
- La recuperación económica y la creación de empleo tras la crisis de 2008.
- La profundización en una Europa de derechos y libertades y de los ciudadanos.
- Reforzar el papel de Europa como actor global, responsable y solidario.
- El impulso de la Estrategia Europea de Seguridad Interior, la lucha contra el terrorismo y la delincuencia organizada y el reforzamiento de la política común de inmigración y asilo.
- En política exterior se trataron la Política Europea de Vecindad (PEV), las relaciones con los países del área mediterránea en el marco de la Unión por el Mediterráneo (UpM) y la promoción de la relación estratégica con América Latina y el Caribe.

III. La quinta Presidencia española: un año complicado en la gobernanza económica

La Presidencia coincidió con la de celebración de elecciones generales en España (el 23 de julio), circunstancia que en los últimos años no fue muy frecuente en el resto de los países que presidían el Consejo. El primer caso fue en Polonia, cuando el presidente D. Tusk revalidó su cargo en las elecciones del 9 de octubre de 2011. Más recientemente, durante la presidencia francesa, E. Macron revalidó su segundo mandato el 10 y el 24 de abril de 2022. También durante la Presidencia de la R. Checa, el Gobierno presidido por M. Topolanek cayó el 24 de marzo de 2009 y tuvo que cederla dos meses más tarde, contando con la confianza de la Comisión Europea de que la R. Checa podría continuar sin problemas con sus compromisos al frente del Consejo.

III.1. Objetivos generales de la Presidencia española

En la Presidencia española se establecieron las siguientes prioridades:

- **Reindustrializar la UE y garantizar su autonomía**. Con la pérdida de peso del sector industrial en los últimos años, habían desaparecido sectores estratégicos lo que generó una gran dependencia de terceros países en ámbitos como la energía, la salud, las tecnologías digitales y la alimentación. Para invertir esta tendencia, la Presidencia española pretendía fomentar el desarrollo de industrias y tecnologías estratégicas en Europa.

- **En el plano internacional**, se aspiraba a ampliar y diversificar sus relaciones comerciales, dando un especial protagonismo a la Cumbre UE-CELAC (Comunidad de Estados Latinoamericanos y Caribeños) del mes de julio; conseguir reforzar sus cadenas de suministros y, finalmente, proponer una estrategia común para garantizar la seguridad económica y el liderazgo global de la UE de cara a 2030.

- **Avanzar en la transición ecológica y la adaptación medioambiental**, reduciendo la dependencia energética. Se impulsaría una reforma del mercado eléctrico que acelerara el despliegue de las energías renovables y redujera los precios de la electricidad. Asimismo, se propondrían medidas para la reducción de residuos y micro plásticos, y promover el diseño de productos sostenibles y la generación de combustibles ecológicos.

También se incorporan a la agenda las dimensiones energéticas, tecnológica y de seguridad. Sin una política energética común y una política de innovación compartida que permitan aprovechar las economías de escala y el tamaño del mercado europeo, resultará imposible avanzar hacia una mayor autonomía estratégica.

En el tránsito hacia el mercado único de la energía, en un contexto de coordinación europea en la lucha contra el cambio climático, la transición no debería ser muy costosa para las clases medias. Cuando se diseñó ese plan nadie imaginaba que los precios de la energía iban a alcanzar los niveles de ese momento.

- **Impulsar una mayor justicia social y económica**. Con estándares mínimos y comunes de tributación empresarial en todos los Estados miembros y combatiendo la evasión fiscal de las grandes multinacionales.

En diciembre de 2021, se debatió en la Comisión el llamado proyecto de ley Unshell (ley sin Cáscara), la denominada Directiva 3 contra la elusión fiscal («ATAD 3») sobre empresas que se crean con fines impositivos. Se trataba de combatir a aquellas que se utilizan para la elusión y evasión de impuestos o para proteger activos e inmuebles del pago de impuestos. Estaba previsto que la Directiva propuesta se trasladara a la legislación nacional antes del 30 de junio de 2023, para que entrara en vigor el 1 de enero de 2024.

La Presidencia española se comprometió a avanzar en el debate sobre la Directiva, que se encontraba bloqueada en el Consejo Europeo, seis meses después de que el texto se aprobase por unanimidad por el Parlamento. Una Directiva elaborada para regular las actuaciones de empresas «fantasma» que aprovechan las exenciones de retención de impuestos en virtud de las Directivas Matriz-Filial, la de Intereses y Regalías y los convenios de doble imposición.

- **Se impulsaría la ampliación de los derechos de los trabajadores y colectivos vulnerables** como los niños, las mujeres que sufren violencia de género y las personas con discapacidad.

- **Reforzar la unidad europea**. Profundizando en el mercado interior, la culminación de la unión bancaria y la unión de mercados de capitales, una consolidación y mejora de instrumentos comunes como los fondos NextGenerationEU, una gestión más eficaz y coordinada de los procesos de migración y asilo, y el apoyo coordinado a Ucrania y a otros Estados del entorno.

- **Necesidad de mejorar la capacidad de defensa y la seguridad**, mantener las sanciones a Rusia, reforzar la seguridad alimentaria y mediar en el conflicto de Oriente Medio provocado por los ataques terroristas de Hamas.

- **En la cumbre de Granada**, los 27 trataron el modelo económico de la Unión Europea, los desafíos concretos que plantean las futuras ampliaciones, la cuestión migratoria o la situación en Ucrania. Concretamente, se avanzó en la aprobación de un nuevo Pacto de Migración y Asilo, un Reglamento que permitirá gestionar de forma más equitativa y eficiente los flujos migratorios. A pesar de las diferencias, todos los Estados miembros coincidían en la necesidad de invertir más en los países de origen y tránsito y en combatir las mafias que trafican con las personas.

Sobre la ampliación, se propuso ayudar a los candidatos a acelerar sus reformas para cumplir con los criterios de adhesión, reformar y adaptar las instituciones y reformular algunas de sus políticas para que la incorporación de nuevos países resulte beneficiosa para todos.

Finalmente, la presidencia española logró uno de sus principales objetivos con una norma pionera en el mundo. En diciembre, la UE pactó las primeras reglas para limitar los riesgos de la Inteligencia Artificial al fijar estándares de seguridad y de derechos fundamentales que eviten que la tecnología se use con fines perversos.

La norma pretende cumplir criterios de transparencia y garantizar que los datos que se han empleado respeten los derechos de autor. Inicialmente, la ley no estaba pensada para regular este tipo de sistemas, porque aún no se habían extendido cuando Bruselas la propuso en abril de 2021, pero se planteó en la necesidad de legislarlos desde la irrupción de ChatGPT en 2023.

El reglamento no prohíbe su uso, pero recoge criterios para detectar los modelos que pueden generar un alto riesgo para las personas cuando se usen. En el caso de las cámaras de reconocimiento facial en espacios públicos, se permitirán con previa autorización judicial.

III.2. Objetivos específicos sobre la gobernanza económica

La gobernanza económica de la zona euro

Aunque en el discurso sobre el estado de la Unión, pronunciado por la presidenta de la Comisión en septiembre de 2023, la parte económica no fue la más destacada; sin embargo, dedicó un espacio para comentar la persistente inflación, las políticas del Banco Central Europeo (BCE) y la necesidad de aliviar la carga de las empresas.

En la Cumbre del euro de 24 de marzo de 2023, se trató la situación económica y financiera de la Unión Europea, la necesidad de más coordinación de las políticas presupuestarias y reforzar el marco de la gobernanza económica y la arquitectura financiera, pilares esenciales de la unión económica y monetaria y de la estabilidad del euro.

El sistema de instituciones y procedimientos para coordinar y supervisar las políticas económicas de los Estados miembros se sustenta en el seguimiento, prevención y corrección de los desequilibrios que pudieran generar riesgos a sus economías, lo que garantiza la solidez y la sostenibilidad de las finanzas públicas a medio y largo plazo y un crecimiento económico más equilibrado y convergente entre los países. Acciones que se completarían con reformas e inversiones para mejorar el crecimiento y la resiliencia.

Desde la aprobación del Tratado de Maastricht de 1992, el manejo de la unión monetaria se ha hecho cada vez más complejo, especialmente en respuesta a la crisis financiera de 2008, que obligó a emprender reformas que cubrieran las importantes lagunas en su funcionamiento.

Sobre la base de los requisitos de que los déficits públicos y la deuda se mantuvieran por debajo del 3 % y el 60 % del PIB respectivamente, en 1997 se firma el Pacto de Estabilidad y Crecimiento, un conjunto de normas y procedimientos para reforzar la coordinación de las políticas económicas nacionales y las presupuestarias.

Posteriormente, en 2011, el Semestre Europeo ampliaría estos objetivos y en 2011 y 2013 el «paquete de seis medidas» y el «paquete de dos medidas» reforzarían el Pacto de Estabilidad y Crecimiento. Un Pacto que contenía una «cláusula general de salvaguardia» que permitía a todos los Estados miembros desviarse temporalmente de los objetivos en casos extremos que estuvieran fuera del control de un país, que tuvieran incidencia en su situación financiera, o que pudiera generar una crisis económica grave en la zona del euro o en el conjunto de la Unión Europea.

La cláusula ofrecía un margen de maniobra para que los Estados miembros pudieran tomar medidas presupuestarias para combatir circunstancias adversas, siempre que ello no pusiera en peligro la sostenibilidad presupuestaria a medio plazo.

En marzo de 2020, la Unión Europea activó esta «cláusula de salvaguardia» en el contexto de la pandemia y de las perturbaciones económica que ésta generó. Sin embargo, debido a las incertidumbres causadas por la guerra en Ucrania, la salvaguardia ha seguido aplicándose entre 2021 y 2023, pero se esperaba que fuera desactivada a finales de 2023.

Además de las medidas mencionadas, las preocupaciones en el plano económico y financiero durante la Presidencia se centraron en:

- Concluir las reformas pendientes y que ya se deberían haber producido como: completar el mercado único en los servicios o la energía (mercado de la electricidad) y finalizar la unión bancaria con la aprobación del Fondo de Garantía de Depósitos común, que seguía sin resolverse.

- Mantener la lucha contra la inflación y atenuar las consecuencias que la invasión rusa de Ucrania estaba teniendo sobre los precios.

- Aunque la Unión había contraído ya una deuda europea para financiar el Fondo Europeo de Recuperación no contaba todavía con un mercado de capitales europeo. El retraso en la unión de los mercados de capitales estaba condicionando la inversión en innovación, tecnología y en sectores de mayor crecimiento potencial y dimensión estratégica.

- Mayores ajustes a países con déficit excesivo, según la propuesta legislativa para la reforma del Pacto de Estabilidad y Crecimiento que la Comisión Europea presentó en abril de 2023.

Tras meses de negociaciones entre los Estados miembros y cuatro años de suspensión, primero por la pandemia y después por la invasión de Ucrania, los países cuyo déficit público superaban el 3 % del PIB, caso de España en ese momento, tendrían que realizar ajustes presupuestarios mayores que el resto y, en caso de incumplimiento persistente, se enfrentarían a multas cada seis meses que se irían acumulando hasta que se adoptaran «medidas efectivas».

La reforma trataba de adaptar el marco presupuestario de la Unión Europea a la posición fiscal «heterogénea» de los países cuyas deudas se dispararon en los últimos años y dejar espacio también para que pudieran acelerar las transiciones verde y digital.

- El euro digital. El cada vez menor uso dinero en efectivo en los países desarrollados, la mayor utilización de los pagos electrónicos y la aparición de las criptomonedas, fueron el origen del proyecto de creación de divisas digitales respaldadas por las entidades monetarias.

El BCE dio un paso en esa dirección, al considerar que el dinero efectivo no permite aprovechar todas las ventajas que ofrece la digitalización. El euro digital sería un medio de pago aceptado, complementario a los billetes y monedas. No sería una criptomoneda, puesto que las divisas encriptadas no están respaldadas o administradas por una institución central, por lo que se comportan con gran inestabilidad.

En octubre de 2021 se inició la fase de investigación para definir su diseño más adecuado y de qué manera los intermediarios financieros podrían ofrecer servicios basados en dicha moneda.

A finales de junio de 2023, la Comisión Europea presentó una propuesta sobre cómo se legislaría y que tendrían que debatir y aprobar el Consejo Europeo y el Parlamento Europeo.

El 18 de octubre el BCE puso en marcha la siguiente fase del euro digital, la de preparación, que se iniciaría el 1 de noviembre y que estaba previsto que durará dos años. Durante ese tiempo, se redactarían las normas de funcionamiento y la selección de los proveedores.

Secuencia en la creación del euro digital	
Julio 2021	Se lanza el proyecto sobre un euro digital
Octubre 2021	Comienza la fase de investigación
Junio 2023	Adopción de la propuesta por la Comisión
Noviembre 2023	Inicio fase de Preparación
Finales 2025	Fin de la primera parte de la fase de Preparación

Todavía no se había establecido el límite de tenencias de euros digitales que evitara una desestabilización del sistema financiero europeo ni tampoco se sabía con exactitud las implicaciones de las entidades financieras en el proyecto ni el grado de privacidad de los datos personales de cada usuario. La gran preocupación era que los ciudadanos pudieran retirar masivamente el dinero de los bancos para convertirlos en euros digitales.

Los euros digitales funcionarían de forma parecida al efectivo, los usuarios podrían crear un monedero digital a través de una entidad autoridad, de forma que cuando recibieran un pago en euros digitales, tendrían la opción almacenarlo en su cartera digital o en sus cuentas bancarias.

- Sobre la coyuntura económica del momento, hay quienes consideraban que la desaceleración del crecimiento ya se estaba produciendo y que la economía se dirigía hacia la estanflación. Pronosticar lo que se avecinaba era difícil en un escenario de inestabilidad que podría tener consecuencias en el sistema financiero.

Según Eurostat, el producto interior bruto de la zona euro se contrajo un 0,1 % en el primer trimestre de 2023, lo que significaba una recesión técnica en esos países, tras la caída del 0,1 % en el cuarto trimestre de 2022. Alemania había entrado en recesión con crecimientos negativos del 0,3 % en el primer trimestre de 2023, y del 0,5 % en los tres meses anteriores. Francia creció un 0,2 %, tras estancarse en el cuarto trimestre de 2022, Italia creció un 0,6 %, frente a otro negativo del 0,1 % entre octubre y diciembre del año anterior y España registró un 0,5 % en el primer trimestre de 2023 y un 0,4 % en los tres meses anteriores.

Con las subidas de tipos de interés en 2023, no parecía probable una recuperación rápida. En el sector bancario, la quiebra del banco californiano Silicon Valley Bank (SVB) en marzo de 2023, avivó los recuerdos del derrumbe de Lehman Brothers en 2008, que se saldó con la peor crisis financiera global desde la de 1929.

Días más tarde, hubo una réplica en Europa con el hundimiento de Credit Suisse, posteriormente comprado por UBS, y el desplome de las acciones de Deutsche Bank, con pérdidas del 11 % en bolsa, mientras el riesgo de impago de su deuda se disparaba.

El 25 abril, el First Republic Bank suspendió la cotización tras la retirada de más de 100.000 millones de dólares en depósitos, produciendo un derrumbe del 49 % en Wall Street. Con todo ello aumentaban las dudas sobre la robustez del sector financiero estadounidense y los temores sobre una próxima recesión. El problema de First Republic era de solvencia y de liquidez con una cartera de hipotecas concedidas a tipos de interés muy bajos. Ante la fuga de depósitos, tuvo que financiarse con recursos más caros, lo que generaría pérdidas recurrentes.

La reacción del Banco Central Europeo

El BCE, siguiendo la estela de la Reserva Federal estadounidense en sus subidas de tipos, se enfrentaba a una situación muy delicada para poder garantizar la estabilidad de precios y evitar la fragmentación financiera que podía provocar el coste de la deuda para determinados países.

La sostenibilidad de la deuda obligaba a medio plazo a reforzar la coordinación europea de las políticas monetaria y fiscal, la normalización de la política monetaria, caracterizada por su grado de acomodación en los últimos años ante las crisis y, finalmente, la debilidad del euro y su notable impacto en el volumen de la deuda, la subida de los precios de las materias primas y energéticas y en la inflación.

Por otra parte, tras la crisis financiera del Silicon Valley Bank, atribuida a los efectos de las drásticas subidas del tipo de interés aplicadas por la Reserva Federal, desde el sistema financiero se presionaba para un relajamiento de la política monetaria del BCE que, sin embargo, dio prioridad a la lucha contra la inflación imponiendo el objetivo del 2 % para el 2025.

En julio de 2023, la Reserva Federal subió los tipos por undécima vez en apenas 17 meses, su nivel más alto desde 2001. El precio oficial del dinero en Estados Unidos pasó del 0 % en marzo de 2022 al 5,5 % en julio de 2023, impactando en el consumo de los hogares y empresas endeudadas y fortaleciendo el dólar frente a otras divisas.

Se acababa la época del dinero barato y se materializaba la mayor subida de tipos en la zona euro, en un intento de aplacar una inflación galopante que llegó a los dos dígitos. En septiembre de 2023, el BCE elevó el tipo de interés con un mensaje contundente sobre su decidida lucha contra la inflación, tipos que afectarían a 20 países con economías y situaciones fiscales distintas. Dadas las circunstancias, había que evitar el aumento de costes de financiación en las economías más débiles.

La cota de los tipos de las operaciones principales de financiación se situó en el 4,5 %, la facilidad marginal de crédito en el 4,75 % y la de depósito en el 4 %. Se entendía que, aunque el crecimiento era débil, no había riesgo de recesión, a pesar de que la inflación y la subyacente eran persistente a corto plazo y seguían aumentando los costes laborales.

El incremento de los salarios en la eurozona y sus posibles presiones inflacionista, podría elevar una demanda que generaría niveles elevados de inflación, sobre todo si la combinación de políticas fiscales y monetarias no fuera suficientemente restrictiva.

También influyó la escalada de los precios del petróleo, por los recortes de producción de Arabia Saudí y Rusia, y la de los alimentos, con subidas del 10 %.

CUADRO 1

Subidas de tipos interés de la Reserva Federal		
Fecha	Subida	Tipo
15 marzo 2022	0,25	0,25
16 marzo 2022	0,25	0,5
4 mayo 2022	0.5	1
15 junio 2022	0,75	1,75
28 julio 2022	0,75	2,5
21 septiembre 2022	0,75	3,25
2 noviembre 2022	0,75	4
14 diciembre 2022	0,5	4,5
1 febrero 2023	0,25	4,75
22 marzo 2023	0,25	5
3 mayo 2023	0,25	5,25
26 julio 2023	0,25	5,50

CUADRO 2

Subidas de tipos interés del Banco Central Europeo		
Fecha	Subida	Tipo
21 julio 2022	0,5 (1)	0,5
8 septiembre 2022	0,75 (2)	1,25
27 octubre 2022	0,75	2
15 diciembre 2022	0,5	2,5
2 febrero 2023	0,5	3
16 marzo 2023	0,5	3,5
4 mayo 2023	0,25	3,75
15 junio 2023	0,25	4
27 julio 2023	0,25	4,25
14 septiembre 2023	0,25	4,5

(1) La primera desde 2011. (2) La mayor en la historia del euro.

GRAFICO 1

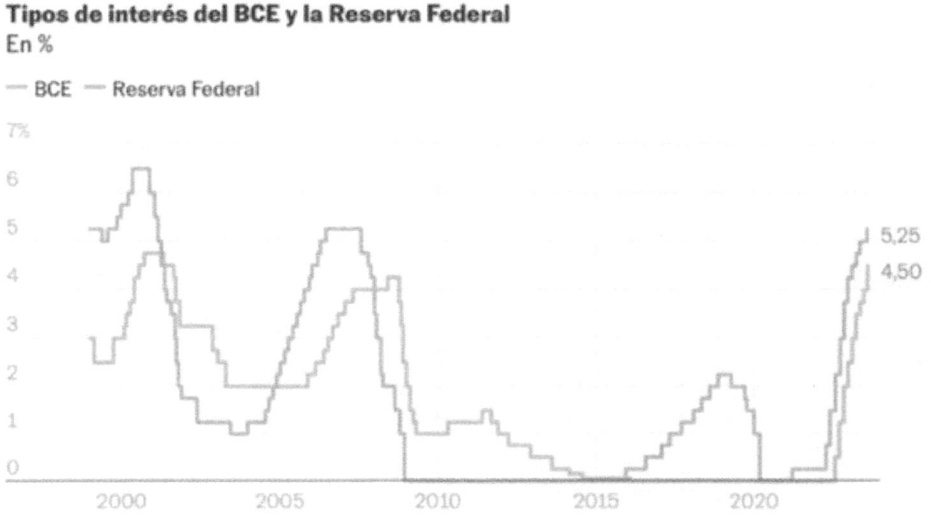

III.3. Restaurar la normalidad tras las crisis

Una de las primeras medidas para recuperar la normalidad tras la crisis de 2020 se tomó en febrero 2023, momento en el que el BCE dejó de comprar deuda. Asimismo, sobre las reformas fiscales, se abrió un debate que estaba previsto cerrar durante la Presidencia española.

La sostenibilidad fiscal era importante pero también era necesario contar con una política fiscal a nivel europeo que permitiera más coordinación entre países, una cierta centralización y, en general, un mejor uso de esta herramienta. Se había comprobado que el procedimiento de desequilibrio macroeconómico no había sido coherente, al propiciar ajustes siempre por el mismo lado, (desigual tratamiento del superávit en cuenta corriente y del déficit público), otra cuestión que había que resolver en 2023.

También estaba abierto el debate acerca de si a partir de NextGenerationEU se podrá crear un instrumento estructural europeo. Los shocks exógenos como la invasión de Ucrania, los efectos del cambio climático, la digitalización y la pandemia, pusieron de relieve la necesidad de impulsar desde Europa inversiones imprescindibles a medio plazo para mejorar su resistencia a los mismos. Un debate complementario al de los nuevos ingresos presupuestarios que permitieran financiar las políticas comunes en la Unión Europea e incluso la deuda.

Los impuestos a las economías no verde, el mecanismo de ajuste en frontera por emisiones de carbono o los impuestos digitales podrían convertirse en fuentes de recursos presupuestarios para reforzar la resiliencia económica.

La inflación persistente

La inflación era una preocupación creciente en casi todos los países de la Unión Europea, especialmente durante el periodo de la Presidencia española. Es cierto que en una primera fase la caída de las materias primas (energía y productos agrícolas) podría permitir que los precios bajaran. Sin embargo, otros aspectos estructurales como el incremento del riesgo geopolítico iban a dificultar el control de los precios.

Por otra parte, las subidas de tipos de interés para luchar contra la inflación podrían terminaría afectando a la inversión, a la demanda, al aumento de los impagos y del desempleo, lo que podía provocar una recesión en la eurozona. Subidas que, por otra parte, necesitan de un tiempo para tener efectos sobre la inflación.

Según Eurostat, en marzo de 2023 la inflación interanual en la Unión Europea se situó en el 2,5 %. Luxemburgo era el país con nivel más bajo seguido de España con un 3,3 %. En el lado opuesto destacaban Hungría con 25,4 % seguido por Letonia con 20,3 %.

Aunque los gobiernos de los Estados miembros no fueron los responsables del aumento de los precios de la energía y los alimentos, la decisión del BCE de imprimir una gran cantidad de dinero a partir de 2020 para salvar la crisis de la pandemia pudo ser excesiva. Lo ideal hubiera sido no haber imprimido tanto dinero en esos momentos y haber endurecido la política monetaria antes y no hacerlo con subidas excesivas de los tipos de interés en un periodo corto de tiempo.

Tras la décima subida de tipos por parte del BCE, algunos economistas aconsejaban frenarlas o, incluso, empezar a reducirlos, temiendo que, si se seguía endureciendo la política monetaria, se podría provocar una recesión y una caída brutal de los precios.

La clave estaba en saber cuánto tardan las subidas de tipos en reflejarse en la economía real. Aceptando que podría estar entre los 18 a 24 meses como plazo más favorable, se podría entender por qué la inflación subyacente seguía siendo muy alta (4,83 % en Estados Unidos, 5,5 % en la eurozona y 6,9 % en Reino Unido).

Además, se planteaba la cuestión de si entre las causas de la subida de precios estaban el aumento de los salarios y los amplios márgenes de beneficios. En esa línea, el FMI, sugería que las empresas podrían plantear los incrementos de sueldos sobre la base de los beneficios de los dos últimos años.

La reforma de las reglas fiscales

Uno de los aspectos clave en la gobernanza económica durante la Presidencia española fue conseguir un acuerdo sobre la reforma de las reglas fiscales. El límite actual del 3 % del PIB para los déficits presupuestarios y del 60 % del PIB para la deuda no cambiaría. Sin embargo, la reforma pretendía dar más flexibilidad para reducir la deuda de los países más endeudados.

Dada que las actuales normas no se estaban aplicando, se buscaban otras más realistas y que consiguieran un equilibrio entre la disciplina fiscal, las actuaciones de los Estados y proteger las inversiones.

La Comisión Europea presentó en abril una propuesta más adaptada a los países que tenían que reducir su deuda pública, a diferencia del marco actual que exige un recorte del 5 % anual en todos los casos. Los Estados miembros cuya deuda excediera el 60 % del PIB pactarían con la Comisión un plan a cuatro años para reducirla progresivamente, ampliable a siete si el Estado accede a un plan de reformas estructurales.

La reforma pretendía aliviar el «corsé» sobre las finanzas públicas que imponían los modelos anteriores, suavizando el ajuste. Los Estados miembros elaborarían planes de ajuste a cuatro años, extensibles a siete en los casos de que justifiquen que se están haciendo reformas e inversiones y negociados con los técnicos de la UE.

A finales de abril de 2024 la UE aprobó la reforma de la gobernanza económica con las nuevas reglas fiscales, revisando el Pacto de Estabilidad y Crecimiento por el que los países deben mantener su déficit presupuestario por debajo del 3% del PIB y el de la deuda inferior al 60% del PIB. Se trataba de volver a cumplir con estas normas después de los años de flexibilidad en el gasto que se produjo tras la pandemia.

El objetivo de la reforma es reducir las ratios de deuda y los déficits de forma gradual, realista, sostenida y favorable al crecimiento, dando espacio, al mismo tiempo, a reformas y a la realización de inversiones en ámbitos estratégicos como el digital, el ecológico o el de defensa.

En junio de 2024 la Comisión Europea desvelaría los Estados miembro que entrarán en procedimiento por déficit excesivo, que previsiblemente serían Francia, Bélgica e Italia, en los que no se esperaba un descenso de estos niveles en los cinco años siguientes.

Antes del 20 de septiembre de 2024, cada Estado miembro deberá presentar sus primeros planes estructurales nacionales a 4 años. La Comisión, por su lado, establecerá una 'trayectoria de referencia' (anteriormente llamada 'trayectoria técnica') a los países en los que la deuda pública supere el 60% del PIB o el déficit público se sitúe por encima del 3% del PIB (caso de España).

Estos planes estructurales a 4 años podrían ampliarse a 7 años si se comprometen reformas e inversiones adicionales. Para lograr ese objetivo, los países deberán realizar un ajuste anual del 0,4% del PIB en los planes de cuatro años y del 0,25%% en los de siete años.

En la trayectoria de referencia se argumentará cómo los Estados miembro pueden garantizar que, al final del ajuste de los cuatro años, la deuda pública esté en una trayectoria descendente plausible o se mantenga en niveles prudentes a medio plazo.

Asimismo, un Estado miembro podrá solicitar la presentación de un plan nacional revisado si se dieran circunstancias objetivas que pudieran impidir su implementación, incluso si hay un cambio de gobierno.

Posteriormente, cada Gobierno deberá remitir a Bruselas sus borradores presupuestarios para 2025 antes del 15 de octubre y la Comisión Europea comprobará si se cumple la senda de ajuste, con posibilidad de abrirle expediente en caso contrarios.

Respecto a la deuda, los Estados miembro con niveles superiores al 90% del PIB deberán reducirla cada año un 1%, y del 0,5% para los que se sitúen en una horquilla entre el 60% y el 90% del PIB.

Con las nuevas reglas, los Estados miembro con un déficit inferior al 3% deberán seguir corrigiéndolo hasta el 1,5% y crear "colchones" que se podrían utilizar en el caso de futuras crisis

Además, en 2025, 2026 y 2027, la Comisión podrá tener en cuenta el aumento de los pagos de intereses al fijar la senda correctora propuesta en el marco del procedimiento de déficit excesivo.

Finalmente, la reforma reduce la cuantía de las sanciones, que serán de un 0,05 % del PIB cada seis meses si no actúan para corregir sus desvíos, pero prevé una aplicación más automática para evitar que se repita la situación del marco anterior, cuyas multas eran tan abultadas que en la práctica no han llegado a aplicarse.

Reflexiones finales

Durante la Presidencia española se tuvieron que abordar temas de gran calado tanto en el plano interno como externo. En el caso de la gobernanza económica, los próximos meses serían decisivos para configurar la salida europea de la actual crisis y su respuesta ante el nuevo ciclo económico, que se caracterizará por una ruptura y fragmentación de la globalización, tal y como la hemos conocido hasta ahora, y en el que la Unión Europea deberá reforzar su autonomía estratégica.

Salir de esa situación iba a depender de cómo contener la subida de los precios, mantener el crecimiento y conseguir la estabilidad financiera al mismo tiempo.

Aunque la inflación ha caído en la mayoría de las economías avanzadas, no lo ha hecho tan rápido como se esperaba, en parte porque la estrechez del mercado laboral y el rápido crecimiento de los salarios se han sumado a la presión inflacionistas en los sectores de servicios intensivos en mano de obra. Además, las políticas fiscales expansivas siguen alimentando la demanda y avivando la inflación.

Para conseguir la estabilidad de precios, las posibilidades de que comenzaran a bajar los tipos en la segunda mitad de 2023 se desvanecieron, con el riesgo de que puedan seguir subiendo. Mientras que los tipos se mantengan o puedan subir, la desaceleración económica será más probable con tensiones en el sector bancario y en el volumen de la deuda.

Con este panorama, acertar con la gobernanza económica es una condición necesaria, pero no suficiente. Aunque tradicionalmente la estabilidad macroeconómica garantizaba el crecimiento, en estos momentos es necesaria una Unión proactiva, inversora y con nuevos instrumentos comunes más potentes y eficaces.

Aunque se ha avanzado, queda mucho por hacer sobre la unión del mercado de capitales y en la unión fiscal. Aunque el BCE ha hecho su función hubiera sido más eficaz con más integración.

La reforma de las reglas fiscales será también una condición necesaria para aclarar el compromiso de los Estados miembros de cara a estabilizar sus cuentas y dar mucha más solidez al buen funcionamiento de la zona euro.

Finalmente, la gobernabilidad económica en la Unión no solo debe llevar a reforzar la resiliencia de la UE y su modernización para acometer los retos actuales, sino que debe comprometerse con una mayor justicia social. La integración de los mercados debe generar prosperidad para todos.

Bibliografía

Aslund, A., y Djankov, S. (2017). *Europe's Growth Challenge*. Oxford University Press. Nueva York.

Bailey, D. J., Clua, M., Huke, N., y Ribera, O. (2017). *Beyond Defeat and Austerity: Disrupting (the Critical Political Economy of) Neoliberal Europe*. Routledge. Londres y Nueva York.

Baldassarri, M. (2017). *The European Roots of the Eurozone Crisis: Errors of the Past and Needs for the Future*. Palgrave Macmillan. Londres.

Barnard, C., De Baere, G., y Vandenbroucke, F. (2017). *A European Social Union after the Crisis*. Cambridge University Press. Cambridge.

Berend, I. (2017). *The Contemporary Crisis of the European Union: Prospects for the future*. Routledge. Londres.

Brunnermeier, M. K., James, J., y Landau, J. P. (2017). *El euro y la batalla de las ideas*. Deusto. Barcelona.

Cardinale, I., Coffman, D., y Scazzieri, R. (2017). *The Political Economy of the Eurozone*. Cambridge University Press. Cambridge.

Castells, M. (2017). *Europe's Crises*. Polity Press. Cambridge.

Cuenca, E. (2007). *Economía de la Unión Europea*. Pearson-Prentice Hall. Madrid.

Cuenca, E. y Navarro, M. (2018). *Lecciones de Economía de la Unión Europea*. Pirámide. Madrid.

Demertzis, M., Pisani-Ferry, J., Sapir, A., Wieser, T., y Wolff, G. (2018). *One Size NotnFit at All: European Integration By Differentiation*. Policy Brief, Bruegel, 3. 19 de septiembre. Brussels.

European Commission (2017). «Communication on Further Steps Towards Completing Europe's Economic and Monetary Union: A Roadmap». December. Brussels.

European Commission (2017). «New Budgetary Instruments for a Stable Euro Area within the Union Framework». COM (2017). 822. Brussels.

González, E. (1989) «La Presidencia española de la Comunidad Europea». *Revista de Instituciones Europeas*, Vol 16, n.º 3, pp 691-724.

González, E. (2010) «Prioridades de la Presidencia española del Consejo de la UE» *Real Instituto Elcano*.

Grimmel, A. (2017). *The Crisis of the European Union: Challenges, Analyses, Solutions*. Routledge. Londres.

Boletin Economico de ICE (2002) «Prioridades económicas y financieras de la Presidencia española de la Unión Europea». N.° 2716, del 14 al 20 de enero de 2002. pp 19-25.

Jones, E., y Torres, F. (2016). *Governance of the European Monetary Union*. Routledge. Abingdon.

Juncker, J-C, Tusk, D., Dijsselbloem, J., Draghi, M., y Schulz, M. (2015). «The Five Presidents' Report: Completing Europe's Economic and Monetary Union». *European Commission*. Brussels.

Marsh, D. (2015). *Europa sin euros: Soluciones para la crisis de Europa*. RBA Libros. Barcelona.

Minenna, M. (2016). *The Incomplete Currency. The Future of the Euro and Solutions for the Eurozone*. Wiley and Sons. New Jersey.

Otero, M. (2018). «El pilar fundamental de la integración: la unión económica y monetaria y la política», en C. Closa e I. Molina (2018). *El futuro de la Unión Europea*. Informe Elcano Abril. Real Instituto Elcano. Madrid.

Powell. Ch (2003) «Un balance de la Presidencia Española de la Unión Europea de 2002». *Revista de estudios políticos*. Núm 119. Enero -marzo.

Sanchis, M. (2014). *The Economics of the Monetary Union and the Eurozone Crisis*. Springer. Heidelberg.

Sandbu, M. (2017). *Europe's Orphan. The Future of the Euro and the Politics of Debt*. Princeton University Press. New Jersey.

Sawyer, M. (2017). *Can the Euro Be Saved?*. Polity Press. Cambridge.

Stiglitz, J. (2017). *El euro. Cómo la moneda común amenaza el futuro de Europa*. Taurus. Madrid.

Van Rompuy, H, Barroso, J M., Junker, J-C y Draghi, M. (2012). «The Four Presidents' Report: Towards a Genuine Economic and Monetary Union». *European Commission*. Brussels.

LOS FONDOS «NEXT GENERATION EU», UNA OPORTUNIDAD Y UN RETO PARA EL GASTO PUBLICO ESPAÑOL

Alfonso García-Moncó[1]

Sumario. I. El origen de los Fondos. II. El Real Decreto-ley 36/2020, de 30 de diciembre, por el que se aprueban medidas urgentes para la modernización de la Administración Pública y para la ejecución del Plan de Recuperación, Transformación y Resiliencia. III. El control de los fondos. Dictamen del Consejo de Estado de Estado de 21 de diciembre de 2020. IV. La Ejecución de los fondos hasta diciembre de 2023.

Resumen. Nunca se había recibido de la Unión Europea una ingente cantidad de dinero como la que ha recibido España, por importe de 140.000 millones de euros en concepto de Fondos «*Next Generation*», tras una larga gestación en todas las instancias comunitarias. No obstante, estos fondos no solo representan una oportunidad, sino también un desafío porque desde el primer momento se han puesto de manifiesto deficiencias en los mecanismos de control establecidos. La ejecución de los mismos, hasta ahora, plantea problemas de eficacia en el gasto y una clara orientación hacia el sector público.

Palabras clave. Fondos *Next Generation*. Mecanismo Europeo de Estabilidad. Mecanismo de Recuperación y Resiliencia. Marco Financiero Plurianual. Sistema CoFFEE.

---

1 Catedrático de Derecho Financiero y Tributario, Universidad de Alcalá

I. El origen de los Fondos

Ante todo, debo consumir un turno de agradecimiento reconociendo la trayectoria, del Profesor MOLINA DEL POZO en el Derecho Comunitario y que ha tenido el acierto de convocar este evento ante la Presidencia Española de la Comisión Europea.

Inmediatamente debo de explicar el sentido de esta participación. 140.000 millones de euros que se han concedido a España y 750.000 al conjunto de la Unión Europea. A esta cifra sin precedentes en la historia de la UE me refiero cuando afirmo que constituye una oportunidad y un reto para el Gasto Público Español. Indudablemente constituye una oportunidad porque no se van a volver a ver importes de esta magnitud en las ayudas de Estado y un reto porque si España fracasa en *la programación, presupuestación, gestión y ejecución* de estos fondos quedará comprometido su prestigio en la Unión.

En la crisis desatada por la Pandemia del COVID-19, la Unión Europea optó ya por implementar una serie de medidas financieras concretas como una línea de crédito del MEDE (Mecanismo Europeo de Estabilidad) para poner a disposición de todos los países del euro de la UE hasta 240.000 millones, acompañados de préstamos del Banco Europeo de Inversiones (BEI) por importe de 200.000 millones para empresas y otros 100.000 millones de la Comisión para la financiación de esquemas de suspensión temporal del empleo, como los ERTE.

El proyecto de Alemania y Francia tenía cuatro objetivos: 1.° estrategia sanitaria, 2.° fondo de reconstrucción para la solidaridad y el crecimiento, 3.ª aceleración de la transición ecológica y digital y 4.° el fortalecimiento de la capacidad y soberanía industrial europea. Dicha propuesta franco-alemana fue aprobada por los Veintisiete e incluida en los presupuestos plurianuales de la UE. Francia y Alemania proponían que el fondo de reconstrucción de 500.000 millones de euros proporcione recursos para «los sectores y regiones más afectadas sobre la base de los programas presupuestarios de la UE». Se trata de subsidios y no de créditos, con la idea de evitar que se dispare la deuda de los países afectados.

Los 500.000 millones de euros, lanzados a los mercados «en nombre de la UE», deben ser reembolsados, a través de fondos comunitarios y no de los países individuales, para lo que habrá que fijar un calendario y modalidades. Es decir, Alemania ha modificado su posición, al permitir que las deudas no sean créditos que tenga que devolver cada país, pero las ayudas deben vincularse a programas de Bruselas, dentro del marco presupuestario comunitario. Este es el punto clave. La denominada «condicionalidad» de este programa porque lo cierto es que se van a exigir contrapartidas a los Estados miembros que reciban las ayudas. Pensar de otra forma es ir contra la naturaleza de las cosas. A cada país se le exigirán ajustes diferentes de su política, pero a España se le requiere, por ejemplo, que estabilice su sistema de pensiones y que justifique, de acuerdo a un procedimiento preestablecido, la ejecución del gasto, especificando los proyectos financiados.

Por su parte, la Presidenta de la Comisión Úrsula Von der Layen, propuso el 27 de mayo de 2020 al Parlamento Europeo un plan denominado «*EU Next Generation*» consistente en que la Comisión Europea eleva temporalmente el techo de los recursos propios de la Unión hasta el 2 % de la Renta Nacional Bruta. Y utilizar el margen disponible entre el gasto real, que rara vez llega al 1 % de la RNB, y el nuevo techo, para lanzar la mayor emisión de deuda conjunta en la historia de la UE.

El margen adicional, de más de 100.000 millones de euros, se utiliza en forma de avales de los Estados para la emisión de deuda conjunta. El objetivo era captar 750.000 millones de euros para financiar la recuperación en los próximos años. De esta cantidad, 500.000 millones de euros corresponden a subsidios a fondo perdido y 250.000 millones, a préstamos.

Bruselas exige a los países amortizar esa cantidad y devolver los intereses con un conjunto de impuestos propios: la tasa al carbono en frontera (que estima que podría generar entre 5.000 y 14.000 millones), los derechos de emisión (unos 10.000 millones), la tasa digital (1.300 millones) o un impuesto a las grandes corporaciones (10.000 millones).

Además recordemos que la UE ya aprobó un plan para que los Estados puedan sufragar el gasto sanitario y reforzar sus sistemas de salud (hasta 240.000 millones) a través del fondo de rescate (MEDE); para sufragar sistemas de protección temporal de empleo como los ERTE (100.000 millones) con préstamos de la Comisión, y para garantizar la liquidez a las empresas mediante créditos del Banco Europeo de Inversión.

Una vez adoptados los acuerdos de 21 de Julio de 2020, tras varios días de negociaciones entre los denominados países «frugales», es decir con una trayectoria de déficit ajustado y los Estados receptores de las ayudas y préstamos, entre los que se encontraba España, ahora de nuevo con un procedimiento de déficit excesivo, se aprobó el denominado Fondo de Recuperación de la UE. Este pacto por primera vez en la historia de la Unión Europea prevé un endeudamiento masivo para suministrar financiación a los miembros más afectados la situación económica derivada de la pandemia.

Para poner en marcha el Fondo resultaba imprescindible la ratificación de la Decisión de Recursos Propios, necesaria para elevar el techo de gasto del presupuesto comunitario y avalar así la emisión de 750.000 millones de euros de deuda para financiar el fondo. Esa Decisión no solo requería la unanimidad en el Consejo, lograda en la cumbre del 17 al 21 de julio, sino también la ratificación nacional en cada uno de los socios. El Presupuesto de la UE para el periodo 2021-2027 se empezó a ejecutar a partir de enero de 2021.

Como hemos dicho, es la primera vez que la Comisión realiza una emisión de deuda «mutualizada», es decir, garantizada por la responsabilidad solidaria de los Estados miembros. Se comenzó solicitando 100.000 mil millones para el programa SURE, con el que los países miembros pueden financiar sistemas de protección temporal del empleo como los ERTE. Esta emisión cuenta con un *rating* de triple A, por lo que los intereses no son muy elevados.

A partir de dicha fase España y los demás países beneficiarios la Comisión Europea han acordado un plan de recuperación para financiar a través del presupuesto de cada Estado. Este presupuesto es sometido a supervisión por la Comisión que es el momento oportuno en que se verificará la condicionalidad del plan y posteriormente, se hará un seguimiento del cumplimiento de los objetivos y del empleo que se dé a los fondos.

Al mismo tiempo se aprueba por acuerdo del Consejo Europeo y el Parlamento Europeo, el Marco Financiero Plurianual para el periodo 2021-2027 y la legislación sectorial correspondiente para poner en marcha los instrumentos para emitir deuda. En concreto nos referimos al Instrumento Europeo de Recuperación, aprobado por el Consejo Europeo de 21 de julio de 2020. Estas medidas se refieren al futuro marco financiero plurianual (MFP) para 2021-2027 reforzado y la puesta en marcha de un Instrumento Europeo de Recuperación *(Next Generation EU)* por valor de 750.000 millones de euros en precios constantes del año 2018. Este Instrumento Europeo de Recuperación, implica para España unos 140.000 millones de euros en forma de transferencias y préstamos para el periodo 2021-26. Posteriormente, se ha aprobado el Reglamento (UE) 2021/241 del Parlamento Europeo y del Consejo de 12 de febrero de 2021 por el que se establece el Mecanismo de Recuperación y Resiliencia *(DOUE núm. 57 de 18 de febrero)* que es el que establece el detalle del procedimiento para el reparto de fondos.

Hay que destacar, al respecto, la muy distinta política que ha seguido la Comisión Europea en esta crisis a diferencia de la anterior. Mientras que, en la iniciada en 2008, tuvo una actitud restrictiva en cuanto a las ayudas proporcionadas a países en dificultades y fue contraria a facilitar financiación a través de la emisión de eurobonos, imponiéndose el criterio de los llamados «Estados frugales» como Alemania y Holanda, en la crisis iniciada en 2020, aprendiendo de la experiencia, la reacción ha sido inmediata por diversos medios, pero sobre todo a través de ya citado Fondo *«Next Generation EU»*.

II. El Real Decreto-ley 36/2020, de 30 de diciembre, por el que se aprueban medidas urgentes para la modernización de la Administración Pública y para la ejecución del Plan de Recuperación, Transformación y Resiliencia

El final de todo este proceso de creación del marco jurídico comunitario para las ayudas, en lo que se refiere a España, ha sido el Real Decreto-ley 36/2020, de 30 de diciembre, por el que se aprueban medidas urgentes para la modernización de la Administración Pública y para la ejecución del Plan de Recuperación, Transformación y Resiliencia *(BOE núm. 341 de 31 de diciembre)* cuyo artículo 1.1 define como objeto del mismo el siguiente:

> «1. El presente real decreto-ley tiene por objeto establecer las disposiciones generales precisas para facilitar la programación, presupuestación, gestión y ejecución de las actuaciones financiables con fondos europeos, en especial los provenientes del Instrumento Europeo de Recuperación, aprobado por el Consejo Europeo del pasado 21 de julio de 2020 con la finalidad de impulsar el crecimiento económico y la creación de empleo, recuperar y reparar los daños de la crisis ocasionada por la pandemia del SARS-CoV-2, y promover un proceso de transformación estructural mediante el impulso de la inversión pública y privada y el apoyo al tejido productivo, la aceleración de la doble transición ecológica y digital, y el refuerzo y aumento de la resiliencia y de la cohesión económica, social y territorial en el marco del mercado único europeo».

III. El control de los fondos. Dictamen del Consejo de Estado de Estado de 21 de diciembre de 2020

El Real Decreto-ley 36/2020, de 30 de diciembre, por el que se aprueban medidas urgentes para la modernización de la Administración Pública y para la ejecución del Plan de Recuperación, Transformación y Resiliencia *(BOE núm. 341 de 31 de diciembre)* que supondrá para España un total de 140.000 millones de euros para el periodo 2021-2026 empezó mal su andadura al no hacerse público durante la tramitación parlamentaria el dictamen del Consejo de Estado que, como no podía ser de otra forma y se ha sabido después, contenía importantes observaciones sobre la necesaria supervisión en la ejecución de dichos fondos.

El dictamen es de 21 de diciembre de 2020 y se aprobó por unanimidad.

> «Destaca, en este sentido, la ausencia en el expediente consultado de toda exposición motivada y suficiente de las razones que en cada caso justifican la ate-

nuación, o incluso la supresión, de los mecanismos de control, lo que ha llevado a formular una observación esencial en el apartado II de este dictamen. Es esencial, por tanto, que la memoria del análisis de impacto normativo recoja, para cada una de las previsiones que suponen una flexibilización de los mecanismos de control, una explicación detallada de las razones que la justifican y de los beneficios que a ella se anudan. A ello hay que añadir la pertinencia de que la memoria realice también un estudio, aunque sea aproximativo, del impacto presupuestario de las medidas previstas».

El dictamen en su apartado II señala:

«La relevancia de la memoria económica también se evidencia a través de diversos pronunciamientos de la Sala de lo Contencioso-Administrativo del Tribunal Supremo (entre otras, Sentencia de 27 de noviembre de 2006 – recurso 51/2005), hasta el punto de que en ocasiones se ha declarado la nulidad de la norma en cuestión por "insuficiencia en la Memoria de Impacto Normativo de un adecuado análisis de las repercusiones económicas y presupuestarias" (es el caso, por ejemplo, de las Sentencias de 12 de diciembre de 2016, recursos 902/2014 y 903/2014). La doctrina de este Consejo de Estado también ha puesto de manifiesto la relevancia del análisis económico y presupuestario, y ha insistido en la necesidad de "contar con memorias económicas suficientemente fundadas y desarrolladas a fin de que pueda valorarse el impacto económico global de la aplicación de la nueva disposición" (entre otros, dictámenes números 254/2018, de 12 de abril (que incluía una observación esencial sobre la memoria), y 57/2019, de 7 de febrero)».

Controlar esta ingente cantidad de recursos públicos provenientes además de otra Administración, la Unión Europea, es el gran desafío financiero de los próximos años. La distribución de los fondos debe hacerse bajo una aplicación estricta del Principio de Transparencia con el cual entra en conflicto la opacidad con la que se está llevando dicho reparto. Debería haberse creado una Comisión independiente de expertos que hubiera fijado, ante todo, unos criterios objetivos para evitar que la discrecionalidad administrativa degenere en arbitrariedad.

Por su parte, el Tribunal Constitucional alemán ha desestimado dos reclamaciones contra el fondo de recuperación de la UE (750.000 millones de euros: 390.000 millones de euros en subvenciones y 360.000 millones de euros en préstamos), también denominado «*UE Next Generation*». En Alemania, la correspondiente Ley fue aprobada por mayoría de dos tercios en el Bundestag y por unanimidad en el Bundesrat, respectivamente, el 25 y 26 de marzo de 2021. Los recursos se promovieron en el proceso nacional de ratificación de la llamada Decisión de recursos propios, el acto legislativo de la UE que fija los ingresos de la UE.

El Tribunal afirmó en una nota de prensa que «Las desventajas resultantes [de impedir la ratificación] podrían resultar irreversibles», porque «como instrumento de recuperación, el fondo europeo tiene como objetivo específico abordar las consecuencias de la pandemia y prevé medidas que deben tomarse dentro de un periodo de tiempo relativamente corto». Hay que recordar que era necesaria la aprobación de todos los Estados miembros para que se ponga en marcha el Fondo que, entre otras cuestiones, permite crear impuestos comunitarios y sin dicha aprobación no era posible que la Comisión Europea acudiera a los mercados para conseguir la necesaria liquidez para financiar los programas de ayuda.

Pues bien, con fecha 1 de junio de 2021, la Comisión Europea aprobó en el marco de su Decisión sobre recursos propios ratificada por los 27 miembros de la UE, el primer tramo del empréstito sindicado con 39 entidades bancarias para financiar el programa *Next Generation EU* y el Mecanismo de Recuperación y Resiliencia emitiendo 80.000 millones de bonos a largo plazo, con la máxima calificación crediticia del mercado sin perjuicio de otras emisiones a corto plazo. En total, se prevé que se lleguen a emitir hasta 800.000 mil millones de euros en distintas modalidades incluida la subasta de bonos. Es decir, al final se ha admitido la necesidad de que la UE utilice algo parecido a la figura del «eurobono» tan discutida en la crisis anterior para instrumentar su política de solidaridad y responsabilidad financiera.

El reto para la Administración Española es gestionar esa ingente cantidad de dinero tanto desde una perspectiva de legalidad sino sobre todo de eficacia en el gasto. Hay que hacer un seguimiento no solo del procedimiento de ejecución del gasto hasta su liquidación sino sobre todo de hasta qué punto se han cumplido los objetivos y la condicionalidad impuesta por la Unión Europea porque será precisamente la Comisión Europea de la que nos ocupamos hoy aquí y el Tribunal De Cuentas Europeo el que nos exigirá la «rendición de cuentas». Debe quedar claro que el gran tema de los Fondos «*Next Generation EU*» no es solo la legalidad del gasto sino sobre todo la eficacia del gasto.

Como dice también el Consejo de Estado:

> «La Unión Europea está llamada a ejercer un papel fundamental en la vigilancia de la correcta gestión y ejecución de los fondos incluidos en el Instrumento Europeo de Recuperación, lo que exige extremar las medidas destinadas a garantizar la correcta aplicación de tales recursos».

IV. La ejecución de los fondos hasta diciembre de 2023

Hasta ahora, los datos de ejecución de que se dispone son los siguientes.

El Gobierno de España ha remitido a la Comisión Europea el listado de los 100 mayores **perceptores finales de los fondos europeos** *Next Generation EU* del Plan de Recuperación, Transformación y Resiliencia en España. Los

100 mayores perceptores de los fondos europeos en España aglutinan una inversión de más de 5.100 millones de euros, que representa cerca del 14 % sobre los 37.000 millones de euros recibidos hasta el momento de la Unión Europea por el cumplimiento de hitos y objetivos. Esto refleja la gran capilaridad del despliegue del Plan de Recuperación, del que ya hay más de **500.000 proyectos financiados con una inversión de 30.000 millones de euros** en convocatorias de ayudas y licitaciones resueltas.

La mayor parte de las inversiones reflejadas en el listado se destinan a la transición verde, con un peso significativo de la movilidad sostenible, en la triple vertiente de red ferroviaria convencional y alta velocidad, creación de zonas de bajas emisiones en el ámbito urbano, sustitución del parque automovilístico y de autobuses eléctricos y cadena de valor del vehículo eléctrico y conectado. También hay importantes inversiones en el ámbito de la digitalización de las administraciones públicas, entre otras. El listado recoge la información de los 100 principales perceptores finales de los fondos europeos en España. Conforme a las directrices fijadas por la Comisión Europea en el reglamento del Mecanismo Europeo de Recuperación, esta lista refleja «último vehículo que recibe fondos bajo el mecanismo», entidades públicas y privadas que realizan las inversiones correspondientes.

Se trata de un listado que refleja los hitos y objetivos cumplidos a 20 de octubre, extraído del sistema CoFFEE, el sistema gestor del cumplimiento de los hitos y objetivos definidos en el Plan de Recuperación que concentra toda la información de las diferentes entidades y organismos públicos. Esta plataforma garantiza la exactitud y fiabilidad de los datos al tener solo en cuenta los fondos del Plan de Recuperación. Cabe señalar que dicha metodología identifica como perceptor final a la entidad pública que realiza la convocatoria en el caso de licitaciones de obras y servicios. El listado refleja el amplio despliegue de los fondos europeos en cuanto a su alcance empresarial y territorial. 39 empresas privadas figuran en el listado, tratándose fundamentalmente de entidades de gran tamaño que, por su capacidad, llevan a cabo proyectos de envergadura. Con el fin de maximizar la transparencia, el Gobierno de España ha publicado también la lista de 50 principales adjudicatarias de licitaciones de obras y servicios financiadas con los fondos *Next Generation EU*. Las convocatorias y licitaciones establecen la colaboración de pymes en estos proyectos.

Gráfico 1. Principales receptores de los fondos en número de perceptores

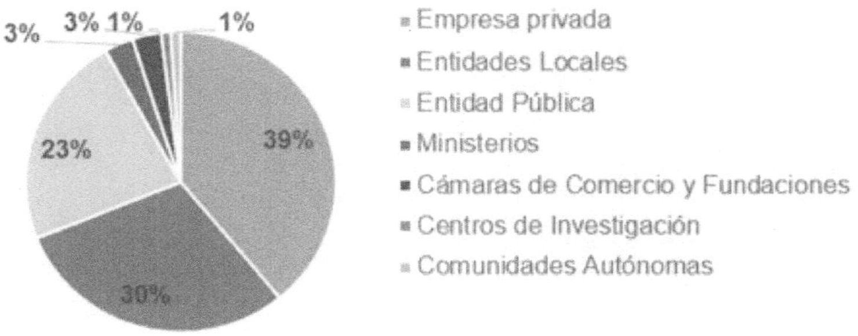

En el listado enviado a Bruselas destacan las inversiones en materia de **movilidad sostenible**, en tres ámbitos: las del **Estado**, dirigidas a ADIF y a concesionarias ferroviarias para el **desarrollo de infraestructuras de Alta Velocidad**, como el Corredor Mediterráneo o la conexión de las redes Norte y Sur; las percibidas por **empresas** beneficiarias del proyecto estratégico del Vehículo Eléctrico y Conectado **(PERTE VEC) para la modernización de la cadena de valor del sector de la automoción**, como Seat, Stellantis, Volkswagen, Mercedes-Benz y Power Holdco Spain. Y las de los 30 **ayuntamientos**, que han recibido 448 millones de euros dirigidos fundamentalmente a generar **zonas de bajas emisiones en el ámbito urbano**, desarrollar el comercio local y de proximidad, recuperar zonas verdes y potenciar la digitalización, entre otras inversiones.

La vuelta a las llamadas «reglas fiscales» de contención del déficit y disciplina presupuestaria será el momento en que se apreciará con toda claridad la importancia del desafío y el reto que supone el haber recibido estos fondos comunitarios.

Está en juego el prestigio de España.

REINDUSTRIALIZACIÓN EUROPEA. ACUERDOS COMERCIALES Y DE SEGURIDAD ECONÓMICA EN EL MARCO DE LA PRESIDENCIA ESPAÑOLA DEL CONSEJO DE LA UE

Pablo Podadera Rivera[1]

Sumario

Resumen: La creciente globalización de las cadenas de valor y la aparición de nuevos modelos de producción como el «justo a tiempo» *(just in time)* o la «producción ajustada» *(lean production)*, junto con el ascenso de China como superpotencia manufacturera y comercial, han «arrinconado» cada vez más a la UE, eclipsada por la rivalidad entre Washington y Beijing. El creciente interés de las instituciones de la UE por el cometido de la innovación, revela un cambio de paradigma en el que las infraestructuras de investigación, las comuni-

1 Catedrático Jean Monnet ad personam de Economía y Política de la Unión Europea, Universidad de Málaga

dades de conocimiento e innovación (CCI), las tecnologías emergentes clave, las cadenas de valor estratégicas, las alianzas industriales, las asociaciones contractuales e institucionalizadas y las misiones posteriores y los proyectos importantes de interés común europeo (IPCEI), han puesto de relieve la necesidad de garantizar una mayor resiliencia, la cual se ha convertido en la máxima prioridad para las instituciones de la UE, junto con la sostenibilidad competitiva y la autonomía estratégica abierta en un contexto geopolítico convulso.

La Presidencia española del Consejo, cumpliendo con los fines y objetivos marcados por el Trío, ha interiorizado dicha prioridad, en la cual la reindustrialización europea, que tenga en cuenta la reactivación de los acuerdos comerciales y la seguridad económica, ha ocupado un lugar de especial interés.

Palabras clave: Presidencia española, reindustrialización europea, autonomía estratégica, acuerdos comerciales, seguridad económica.

I. Antecedentes

La política industrial de la UE ha caminado por un sendero de continuos cambios de estrategia en las últimas décadas. En las décadas de los 50 y 60 el interés se centró en preservar el Mercado Único ante las decisiones nacionales de política industrial, con intentos, infructuosos, de coordinación de la política industrial a nivel comunitario. En los años 70 y 80, mientras al otro lado del Atlántico el interés se centraba en garantizar la competencia y en favorecer la innovación y una eficiencia dinámica, en Europa, como se desprende de documentos clave como el Memorándum Colonna de 1970, el Plan Davignon de 1977 o el Plan Delors, 1985-1992, los líderes se preocupaban por la protección de los consumidores y la eliminación de barreras al comercio intracomunitario; aunque durante la década de 1980, se intensificaran las iniciativas de investigación y desarrollo aplicados como ESPRIT, RACE, BRITE y, más tarde, la creación de la agencia Eureka.

Durante los 90 y final del milenio, la Estrategia de Lisboa fijó objetivos para la inversión en I+D y el empleo, pero no logró sentar las bases de una política industrial eficaz. La Estrategia Europa 2020, lanzada por la Comisión Barroso en 2009 en medio de la grave crisis financiera y económica, pretendió desencadenar un «renacimiento industrial» en Europa a partir de 2014 (European Commission, 2014), pero los resultados no fueron los esperados.

El 10 de marzo de 2020, justo cuando la pandemia de Covid-19 realmente comenzaba a afectar a Europa (De Vet, J.M, *et al.*, 2021), la Comisión Europea lanzó una Nueva Estrategia Industrial para Europa (European Commission, 2020a), destacando sus ambiciones generales para la «doble transición», un viaje hacia la neutralidad climática y la transformación digital (European Commission, 2020b).

España asumió la presidencia del Consejo de la UE el 1 de julio de 2023, la cual ostentó hasta el 31 de diciembre del mismo año, cumpliendo, de esta manera, con el mandato rotatoria de seis meses por Estado miembro y con los objetivos y programa[2] conjunto fijado por el Trío de presidencias actual, España, Bélgica, Hungría.

Los principales fines o retos de ese programa conjunto, según el mencionado documento, giran en torno a cinco propósitos (Consejo de la UE, 2023):

- Desarrollo de la base económica de la UE y construcción de un modelo europeo para el futuro.
- Proteger a los ciudadanos y las libertades.
- Construir una Europa climáticamente ecológica, justa y social.
- Promover los intereses y los valores de Europa en el mundo.
- Contribuir a la elaboración de la próxima agenda estratégica para el periodo 2024-2029.

De manera más concreta, dicho programa pretende contribuir a la consecución de los siguientes objetivos (Consejo de la UE, 2023):

- Reforzar la competitividad mundial de la UE fortaleciendo su base industrial en consonancia con la doble transición ecológica y digital acelerada y aprovechando la innovación;
- Velar por que la doble transición se realice de una forma equitativa, justa e inclusiva reforzando la dimensión social de Europa, en particular abordando el reto demográfico al que se enfrenta la UE;
- Fortalecer las asociaciones internacionales, la cooperación multilateral y la seguridad en todas sus dimensiones, así como desarrollar una política comercial ambiciosa y equilibrada.

II. Prioridades de la Presidencia española del Consejo de la UE

La Presidencia española del Consejo de la UE, para contribuir a la consecución de los mencionados fines y objetivos del Trío, se ha marcado cuatro prioridades[3]:

- Reindustrializar la UE y garantizar su autonomía estratégica abierta.
- Avanzar en la transición ecológica y la adaptación medioambiental.
- Impulsar una mayor justicia social y económica.
- Reforzar la unidad europea.

---

2 Ver: https://data.consilium.europa.eu/doc/document/ST-10597-2023-INIT/es/pdf , consultado el 08 de noviembre de 2023.

3 Ver: https://spanish-presidency.consilium.europa.eu/es/programa/prioridades/ , consultado el 08 de noviembre de 2023

En lo que respeta a los avances en la transición ecológica y la adaptación medioambiental, la presidencia española, ha estado en línea con las pretensiones del Trío de cumplir con el paquete de medidas «Objetivo 55»; contribuir con la consecución de resultados para las Conferencias de las Partes en la Convención Marco de las Naciones Unidas sobre el Cambio Climático (CMNUCC); apoyar el consumo y la producción sostenibles y acelerar la transición hacia una economía efectiva, inclusiva, circular y ecológica mediante la aplicación del plan de acción y el apoyo a las iniciativas en este ámbito; la gestión forestal sostenible y aplicación de la Nueva Estrategia de la UE en favor de los Bosques para 2030; la promoción de la energía limpia; la atención a la gestión de residuos; la ecologización del transporte; o la definición de un marco legislativo para unos sistemas alimentarios sostenibles (Consejo de la UE, 2023).

En este sentido, algunas de sus actuaciones han girado en torno al impulso de una reforma del mercado eléctrico para acelerar el despliegue de las energías renovables, tramitación de los expedientes legislativos pendientes del Fit for 55, como el paquete de Gas e Hidrógeno, y los reglamentos de eficiencia energética, promover medidas para la reducción de residuos y microplásticos, diseño de productos sostenibles y generación de combustibles ecológicos, entre otros.

Por su parte, las actuaciones en el ámbito de la justicia social y económica se han centrado en el interés del Trío por la aplicación efectiva del Plan de Acción del Pilar Europeo de Derechos Sociales y del plan de acción de la Comisión para la economía social, así como en las áreas de la salud (Unión Europea de la Salud)[4], la cultura, el deporte y el turismo (Agenda Europea para el Turismo 2030)[5] (Consejo de la UE, 2023).

Algunas de dichas actuaciones se han dirigido al establecimiento de estándares mínimos y comunes de tributación empresarial en todos los Estados Miembros, así como a combatir la evasión fiscal de las grandes multinacionales, reforma de reglas fiscales, o derechos de los trabajadores y colectivos vulnerables (niños, mujeres que sufren violencia de género y personas con discapacidad).

En el ámbito del reforzamiento de la unidad europea, los intereses del programa conjunto del Trío se centran, entre otras, en: ayudar al resto del mundo a hacer frente a las consecuencias de la guerra de Rusia y a contribuir a la coordinación de la ayuda financiera a largo plazo para reconstruir Ucrania; interactuar con la vecindad directa de la Unión Europa (entre las que destacan las relaciones con Reino Unido, el Espacio Económico Europeo y Suiza,

---

4 Ver: https://commission.europa.eu/strategy-and-policy/priorities-2019-2024/promoting-our-european-way-life/european-health-union_es , consultado el 8 de enero de 2024.

5 Ver:https://www.consilium.europa.eu/es/press/press-releases/2022/12/01/new-european-agenda-for-tourism/ , consultado el 10 de enero de 2024.

Balcanes Occidentales y Turquía); impulsar la Comunidad Política Europea, como foro de diálogo político de alto nivel para la estabilidad, la seguridad y la seguridad energética; defensa de la Carta de Naciones Unidas, del derecho internacional y del complimiento y protección de los derechos humano en todos los foros multilaterales; promover el «enfoque Equipo Europa» sobre asuntos mundiales, así como aplicar la Estrategia Global Gateway (Pasarela Mundial) de inversión pública y privada; impulso de la agenda bilateral comercial al mismo tiempo que fortalecimiento del sistema multilateral de comercio basado en normas en el marco de la OMC; fortalecimiento de asociaciones estratégicas, tanto comerciales como de seguridad y defensa *(Brújula Estratégica de la UE)*[6], como UE-CELAC, UE-Canadá, UE-OTAN, Fondo Europeo de Defensa (FED); Fondo Europeo de Apoyo a la Paz (FEAP); Estrategia Espacial de la UE para la Seguridad y la Defensa; Estrategia de Seguridad Marítima de la Unión Europea; UE-Unión Africana, UE- Asia-Pacífico y UE-Asia Central (Consejo de la UE, 2023).

En este sentido, la presidencia española se ha centrado, además, en la profundización del mercado interior, la culminación de la unión bancaria y la unión de mercados de capitales, la consolidación y mejora de instrumentos comunes como los fondos *Next Generation EU*, una gestión más eficaz y coordinada de los procesos de migración y asilo, y por el apoyo coordinado a Ucrania y a otros Estados de nuestro entorno.

A la reindustrialización europea y garantías de una autonomía estratégica abierta, se dedica el siguiente apartado.

III. Reindustrialización europea y autonomía estratégica abierta

Qué duda cabe de que el proceso generalizado de apertura internacional ha comportado a la UE, a lo largo de su propio proceso, tanto elementos positivos, reflejados en cuotas de crecimiento económico e incremento de su bienestar social, como elementos negativos, manifestados en la deslocalización, que ha provocado la pérdida de industrias en sectores estratégicos que, a su vez, ha inducido a una dependencia, en algunos casos excesiva (energía, salud, tecnologías digitales y la alimentación) de terceros países.

Por su parte, el actual contexto de incertidumbre y de inestabilidad económica provocada por la convulsión geopolítica existente, así como por los rápidos cambios tecnológicos y medioambientales, invita a plantear actuaciones que sean capaces de invertir la mencionada tendencia hacia una dependencia excesiva de terceros países por una autonomía estratégica, abierta a otras eco-

6 Ver: https://www.consilium.europa.eu/es/infographics/strategic-compass/ consultado el 4 de enero de 2024.

nomías, y con la capacidad suficiente para atraer nuevas empresas y empleos que generen riqueza y reduzcan dicha dependencia.

Estos son los antecedentes que fundamentan y justifican la necesidad de una reindustrialización europea que sea capaz de revertir la actual situación.

Hagamos un poco de retrospectiva. Como ya se ha dicho más arriba, a pesar del intento de desencadenar un «renacimiento industrial» en Europa a partir de 2014, los resultados no han sido suficientes.

A lo largo de los años, las instituciones y los Estados miembros de la UE han mostrado una preocupación, cada vez mayor, por la creciente brecha de productividad con Estados Unidos, así como por la migración gradual de la I+D manufacturera y la capacidad de producción más allá de la UE. La creciente globalización de las cadenas de valor y la aparición de nuevos modelos de producción como el «justo a tiempo» *(just in time)* o la «producción ajustada» *(lean production)*, junto con el ascenso de China como superpotencia manufacturera y comercial, han «arrinconado» cada vez más a la UE, eclipsada por la rivalidad entre Washington y Beijing (Renda and Schaus, 2021).

Lo anterior, unido a la falta de integración total del mercado, en productos y aún más en servicios, ha ido acompañada de una falta de coherencia política y de alineación con objetivos establecidos en común, lo que a su vez deprime la capacidad de Europa para competir a escala global. Además, después de la crisis financiera, el deterioro de las condiciones de la deuda pública en la UE llevó a una falta de medidas proactivas para apoyar a la industria y a una desaceleración general del crecimiento de la productividad (Renda and Schaus, 2021)

El 10 de marzo de 2020, justo cuando la pandemia de Covid-19 comenzaba realmente a afectar a Europa, la Comisión Europea lanzó una *Nueva Estrategia Industrial para Europa*, destacando sus ambiciones generales para la «doble transición», un viaje hacia la neutralidad climática y la transformación digital. La doble transición atraviesa todas las políticas de la UE y se presentó como esencial para promover la sostenibilidad competitiva de Europa, así como para apoyar las ambiciones «geopolíticas» de la Comisión al impulsar la autonomía estratégica abierta de la UE (Bjerkem, Johan *et al.*). Sin embargo, la pandemia llevó a la UE a reorientar su estrategia, como se expresa en la Comunicación de la Comisión de mayo de 2021 sobre la actualización de la estrategia industrial de la UE. La necesidad de garantizar una mayor resiliencia se ha convertido en la máxima prioridad para las instituciones de la UE, junto con la sostenibilidad competitiva y la autonomía estratégica abierta.

Pero garantizar una recuperación pospandemia resiliente y sostenible requiere medidas tanto en el frente interno como en el externo. En el frente interno, las iniciativas clave incluyen la transformación sistémica de las cadenas de valor de la industria (Bianchi and Sandrine, 2020); un enfoque sostenible para la digitalización; y un enfoque renovado para mitigar el impacto de la pandemia en los mercados laborales, acelerando el ascenso y la recapacitación de los trabajadores en sectores que probablemente hayan experimentado la peor recesión. En el frente exterior, las instituciones de la UE deberán realizar un mapeo cuidadoso y generalizado de las dependencias estratégicas de la UE respecto de otras potencias, especialmente en tecnologías y materias primas clave.

Para ello, una de las piedras angulares de la estrategia industrial pospandemia de la UE se encontrará inevitablemente en el Mecanismo de Resiliencia y Recuperación (MRR), que ofrece una oportunidad única para que la UE y sus Estados miembros allanen el camino para una transformación coordinada de la economía europea.

Por tanto, la actual estrategia industrial de la UE, actualizada en mayo de 2021, hace referencia a diferentes objetivos, entre ellos la resiliencia, la sostenibilidad competitiva y la doble transición.

Llegados a este punto, adquiere especial importancia analizar el concepto de Industria 5.0[7], de manera que se hace necesario transformar la industria 4.0, basada en la producción per se (eficiencia y productividad), en la industria basada en el valor (industria 5.0), centrándose en los beneficios sociales y ambientales, así como en la obtención de beneficios.

Para ello es preciso poner atención en las dimensiones clave de este nuevo concepto: empleos y habilidades (5.0) que fortalezcan la resiliencia social; transición digital (5.0), en el sentido de transformación digital de los ecosistemas industriales para el logro de los objetivos de sostenibilidad y resiliencia a largo plazo, que priorice una distribución justa del valor a lo largo de las cadenas de suministro, el empoderamiento de los trabajadores, una inversión significativa en I+D en tecnologías clave y normas de competencia que eviten la captura de valor y creen unas condiciones más equitativas; Transición verde (5.0), en la que prima invertir en tecnologías transformadoras con bajas emisiones de carbono; y empresa europea (5.0), en el sentido de un nuevo modelo empresarial europeo que se base explícitamente en los principios de equidad, resiliencia y sostenibilidad en beneficio de una gobernanza corporativa sostenible.

La idea queda resumida en las siguientes cuatro líneas (CEPS, 2022):

- La necesidad de reforzar la resiliencia social de los Estados miembros para una estrategia industrial que funcione para todos.

---

7 Mientras que la industria 4.0 (La cuarta revolución industrial está impulsada por las tecnologías digitales y la convergencia de tres poderosas fuerzas: la digitalización de las actividades económicas (internet);la globalización del comercio (e-commerce); y el desarrollo de nuevas tecnologías (IA e IoT)) tiene como objetivo automatizar los procesos y reducir la participación humana en la línea de producción, la quinta revolución industrial (industria 5.0) apunta a fusionar las capacidades de computación cognitiva con el ingenio humano (sus enfoques son: fabricación autónoma; enfoque en las experiencias del cliente; hiperpersonalización; personalización; cadena de suministro receptiva; producto interactivo; centrado en el ser humano; resiliencia; sostenibilidad; valor social; artesanía; robots colaborativos). Ver: https://icemd.esic.edu/knowledge/articulos/industria-5-0-lo-que-significa-y-sus-beneficios/ , consultado el 08 de noviembre de 2023.

- La transformación digital a través de un enfoque integral para la sostenibilidad a largo plazo.
- La ampliación de materiales climáticamente neutros y cadenas de valor verdes.
- Un gobierno corporativo sostenible a través del prisma del modelo empresarial europeo.

Lógicamente, para la consecución de lo anterior es necesario que la UE cuente con las adecuadas iniciativas legales en este campo y trazar el camino correcto para lograr las doble transición verde y digital globales.

En esta línea de propósitos «5.0», la Presidencia española se marcó trabajar en dos frentes[8]:

- Fomentar el desarrollo de industrias y tecnologías estratégicas en Europa, con especial atención en la ampliación y diversificación de sus relaciones comerciales, y el reforzamiento de su cadenas de suministro, otorgándole una especial importancia a la Cumbre UE-CELAC y su seguimiento.
- Una estrategia común para garantizar la seguridad económica[9] y el liderazgo global de la UE de aquí a 2030, que permita dar continuidad y profundidad al trabajo de las instituciones europeas y la hoja de ruta acordada por los 27 Estados Miembros en la reunión informal de los jefes de Estado o de Gobierno de Versalles en marzo de 2022.

IV. Acuerdos comerciales y seguridad económica

IV.1. Acuerdos comerciales

Los ministros y responsables de Comercio de la UE revisaron en Valencia, el pasado 20 de octubre de 2023, los acuerdos comerciales con terceros y analizaron medidas para garantizar la seguridad económica con la vista puesta en la reindustrialización europea[10].

Los ministros examinaron principalmente los acuerdos con América Latina[11], en concreto los de la UE con Mercosur, con Chile y con México, con la intención

8 Ver: https://spanish-presidency.consilium.europa.eu/es/programa/prioridades/ Consultado el 20 de noviembre de 2023.

9 Ver: https://www.realinstitutoelcano.org/analisis/la-seguridad-economica-de-europa/ , consultado el 9 de noviembre de 2023.

10 Ver: https://spanish-presidency.consilium.europa.eu/es/noticias/reunion-informal-ministerial-comercio-valencia-20-octubre/ Consultado el 20 noviembre de 2023.

11 Ver: https://spanish-presidency.consilium.europa.eu/es/noticias/cumbre-ue-celac-bruselas-18-julio/ , consultado el 10 de noviembre de 2023.

de darles un impulso definitivo, aunque también abordaron la revisión del acuerdo de libre comercio que se negocia con la India, uno de los mayores mercados del mundo y un socio estratégico, y la seguridad económica (Cuadro 1).

Cuadro 1: Acuerdos comerciales con América Latina

La cumbre ha dado un importante impulso político para completar y modernizar los acuerdos comerciales de la UE con países de Latinoamérica y el Caribe.

Entre las prioridades de la Presidencia española del Consejo de la Unión Europea está defender la necesidad de construir asociaciones reforzadas y estratégicas con actores afines, como lo son América Latina y el Caribe, ante las dependencias asimétricas en sectores clave. Estas dependencias han quedado de manifiesto con realidades como la pandemia de COVID-19 o la agresión rusa contra Ucrania.

En este sentido, la Presidencia española se volcará en analizar y tratar de reducir las vulnerabilidades, con la finalidad de fomentar sinergias y garantizar la diversificación de los flujos de comercio birregionales que contribuyan a la doble transición verde y digital.

Los Veintisiete esperan poder concluir finalmente el acuerdo con el Mercosur antes de final de año, después de que se haya firmado una Declaración de Intenciones con el compromiso de ambas partes para acelerar la negociación del Instrumento Conjunto de Protección Medioambiental.

Durante la Presidencia española, continuarán los esfuerzos para conseguir la ratificación de los acuerdos de la UE con Chile y México. En el marco de la cumbre, la UE ha firmado memorandos de entendimiento con Chile, Uruguay y Argentina para profundizar y sentar las bases de inversiones en energías renovables, hidrógeno verde y otros.

Global Gateway

La cumbre ha permitido la puesta en marcha de la Agenda de inversión Global Gateway, una lista de proyectos e iniciativas para ser ejecutadas por el sector privado y apoyadas financieramente por instituciones multilaterales y nacionales.

Se trata de un compromiso de inversión de 45.000 millones de euros para apoyar la asociación reforzada con América Latina y el Caribe hasta 2027, en sectores clave como energía, transporte, infraestructuras, digital, salud, educación e investigación, entre otros, y para el que España ha comprometido 9.400 millones.

Fuente: Presidencia española Consejo de la Unión Europea https://spanish-presidency.consilium.europa.eu/es/noticias/cumbre-ue-celac-bruselas-18-julio/

IV.2. Seguridad económica

De acuerdo con el representante español, Héctor Gómez, la seguridad económica de la UE (Comisión Europea, 2023) en un contexto geopolítico complejo como el actual, se convierte en un tema crucial, recordando que la Comisión Europea y el Alto Representante de la Unión para Asuntos Exteriores y Política de Seguridad, Josep Borrell, elevaron una propuesta al Parlamento Europeo, al Consejo Europeo y al Consejo de la Unión Europea sobre la nueva estrategia europea en este campo.

En esta Comunicación del pasado junio de 2023, se pedía a los Estados miembros impulsar, revisar y actualizar la política comercial, partiendo de la base de que las nuevas realidades geopolíticas y tecnológicas, como la guerra de Ucrania, la pasada pandemia o las nuevas tecnologías críticas, obligan a adaptar el enfoque para minimizar los riesgos derivados de las interdependencias económicas.

En este sentido, y tal como se desprende de la referida Comunicación, la UE «...necesita un enfoque estratégico general de la seguridad económica, la reducción de riesgos y la promoción de su ventaja tecnológica en sectores críticos», con el fin de definir un marco de evaluación y de gestión de los riesgos para la seguridad económica al mismo tiempo que se impulsa el dinamismo económico. No huelga mencionar el riesgo del surgimiento de nuevas tecnologías críticas y su impacto negativo en los límites entre el sector civil y militar (por ejemplo, la propia Inteligencia Artificial).

Para ello es necesario conseguir un equilibrio entre, por un lado, la potenciación del comercio y el buen funcionamiento del Mercado Único «para estimular la competencia y garantizar el acceso a las materias primas, las tecnologías y otros insumos que son cruciales para impulsar nuestra competitividad y resiliencia y para mantener el empleo y el crecimiento actual y futuro», según la citada fuente. Y de otro lado, seguir permitiendo que los socios de la UE de todo el mundo sigan beneficiándose del acceso a su mercado, al capital y tecnologías europeas para conseguir la transición hacia una economía limpia y resiliente. Es aquí donde radica la esencia del enfoque de la pretendida Autonomía Estratégica Abierta.

Pero dicha estrategia de seguridad económica requiere, en primer lugar, identificar los riesgos para la seguridad económica europea y luego aplicarla sobre la base de la definición de unas prioridades.

Identificación de los riesgos para la seguridad económica europea

Con respecto a la identificación de los riesgos, la Comisión y el Alto Representante han identificado las categorías, si bien no exhaustivas, de riesgos para la seguridad económica de la UE que aparecen en el Cuadro 2.

Cuadro 2: Tipos de riesgos a los que se enfrentan las economías europeas

Riesgos para la resiliencia de las cadenas de suministro, incluida la seguridad energética Riesgos de aumento de los precios, indisponibilidad o escasez de productos críticos o insumos en la UE, incluidos, entre otros, los relacionados con la transición ecológica y los necesarios para un suministro de energía y de medicamentos estable y diversificado.
Riesgos para la seguridad física y cibernética de las infraestructuras críticas
Riesgos de perturbaciones o sabotaje de infraestructuras críticas, como gasoductos, cables submarinos, producción de electricidad, transporte y redes de comunicaciones electrónicas, que socavan el suministro seguro y fiable de bienes y servicios o la seguridad de los datos en la UE.
Riesgos relacionados con la seguridad tecnológica y la fuga tecnológica
Riesgos para los avances tecnológicos de la UE, la competitividad tecnológica y el acceso a tecnologías punteras, en particular a través de prácticas malintencionadas en el ámbito digital, como el espionaje o la fuga ilícita de conocimientos. En algunos casos, la fuga de tecnología amenaza con reforzar las capacidades militares o de inteligencia de quienes podrían utilizarlas para socavar la paz y la seguridad, especialmente en el caso de las tecnologías de doble uso, como la informática cuántica, los semiconductores avanzados o la inteligencia artificial y, por tanto, requieren medidas específicas de reducción del riesgo.
Riesgo de militarización de las dependencias económicas o de coerción económica Riesgos de que terceros países ataquen a la UE, sus Estados miembros y las empresas de la UE a través de medidas que afecten al comercio o la inversión para lograr un cambio de estrategia en el espacio legítimo de elaboración de políticas.

Fuente: Comisión Europea (2023)

Un aspecto importante que recordó el entonces ministro español en funciones es la necesidad de reformar el control de las exportaciones y de las inversiones entrantes y salientes, con la vista puesta en su impacto sobre el objetivo de reindustrializar la UE.

En este sentido, ha habido un debate muy interesante acerca de la proporcionalidad y la precisión que requieren estos instrumentos y, sobre todo, «del mapeo correcto basado en datos justificados de los riesgos que hoy por hoy existen para nuestra seguridad económica», tal y como destacó la Secretaria de Estado de Comercio y presidenta de ICEX España Exportación e Inversiones, Xiana Méndez, en rueda de prensa en la referida reunión informal de Comercio[12].

---

12 Ver https://www.youtube.com/watch?v=VzozyQeYjGw Consultado el 20 de noviembre de 2023

Asimismo, de acuerdo con la fuente citada, la Comisión propone identificar y evaluar, conjuntamente con los Estados miembros de la UE y con las aportaciones de partes interesadas privadas, los riesgos para la seguridad económica de la UE. Se trata de un proceso dinámico y continuo que la Comisión propone llevar a cabo con los Estados miembros y, en su caso, en coordinación con el Alto Representante sobre la base de esos cuatro tipos de riesgos recogidos en el cuadro anterior.

Pero con el fin de mantener un planteamiento coherente, específico y actualizado de la seguridad económica, el Consejo, por su parte, propone revisar semestralmente, sobre la base de las aportaciones de la Comisión y, en su caso, del Alto Representante, los avances generales en la evaluación de riesgos en estos cuatro ámbitos, e informar anualmente al Consejo Europeo.

Además, de acuerdo con la misma fuente, «el Alto Representante, junto con los Estados miembros, reforzará la Capacidad Única de Análisis de Inteligencia (SIAC, por sus siglas en inglés) con el fin de aumentar su capacidad para detectar amenazas a la seguridad económica de la UE».

Sobre la aplicación de la Estrategia de Seguridad Económica. Definición de las prioridades

Para mitigar estos riesgos, la Estrategia de Seguridad Económica de la UE se basa en las prioridades que se recogen en el cuadro 3.

En este sentido, se contempla la puesta en marcha de varios instrumentos reglamentarios y herramientas de actuación en torno a aspectos como: *la coerción económica* (Reglamento sobre subvenciones extranjeras); *las inversiones entrantes que afectan a la seguridad y al orden público* (mecanismo de cooperación entre Estados miembros y Comisión creado por el Reglamento para el control de las inversiones extranjeras directas (IED); *la seguridad tecnológica y fugas tecnológicas* (normas internacionales en consonancia con sus valores e intereses y en materia de Inteligencia Artificial, en el marco de la «la estrategia de normalización de la UE», por ejemplo, la propuesta de Ley Europea de Ciberresiliencia); *la protección de las infraestructuras* (Directiva sobre la resiliencia de las entidades críticas y la Directiva revisada sobre la seguridad de las redes y sistemas de información (Directiva SRI 2), Caja de herramientas 5G o la propuesta de Ley Europea de Ciberresiliencia, anteriormente mencionada); así como *la inversión saliente* (establecimiento de «un nuevo mecanismo de cooperación estructurado y confidencial»).

Cuadro 3: Prioridades de una Estrategia de Seguridad Económica de la UE

Promover nuestra propia competitividad haciendo que la economía y las cadenas de suministro sean más resilientes y refuercen la innovación y la capacidad industrial, preservando al mismo tiempo nuestra economía social de mercado. Esto puede lograrse profundizando el mercado único, invirtiendo en la economía del futuro a través de políticas macroeconómicas y de cohesión sólidas, del Instrumento de Recuperación de la Unión Europea e invirtiendo en capital humano, especialmente mejorando las capacidades de los trabajadores europeos. Esto requerirá diversificar las fuentes de suministro y los mercados de exportación, o fomentar la investigación y la base industrial en ámbitos estratégicos como los semiconductores avanzados, la informática cuántica, la biotecnología, las industrias sin emisiones, la energía limpia o las materias primas fundamentales.

Protegernos frente a los riesgos para la seguridad económica comúnmente identificados, mediante un mejor despliegue de las herramientas de las que ya disponemos, como la defensa comercial, las subvenciones extranjeras, la seguridad 5G/6G, el control de la inversión extranjera directa y de las exportaciones, así como el nuevo instrumento para contrarrestar la coerción económica. Paralelamente, tenemos que evaluar la eficacia del conjunto de herramientas de la UE y ampliarlo cuando sea necesario para abordar algunos de los nuevos riesgos a los que nos enfrentamos, por ejemplo, relacionados con las exportaciones o las inversiones en el exterior en un reducido conjunto de tecnologías facilitadoras esenciales con aplicaciones militares (por ejemplo, en los ámbitos de informática cuántica, semiconductores avanzados o inteligencia artificial).

Asociarnos con países que comparten nuestras preocupaciones en materia de seguridad económica, así como con aquellos que tienen intereses comunes y están dispuestos a cooperar con nosotros para lograr la transición hacia una economía más sólida y segura. En la práctica, esto significa cooperar con la gama más amplia posible de socios para reforzar la seguridad económica (G7, G20, ONU, bancos multilaterales de desarrollo o la Organización Mundial del Comercio (OCM), fomentar cadenas de valor resilientes y sostenibles y reforzar el orden económico internacional basado en normas y en instituciones multilaterales. También implica asociarse con países en vías similares de reducción del riesgo, promover y ultimar acuerdos de libre comercio e invertir en desarrollo sostenible y vínculos seguros en todo el mundo a través de la estrategia de Pasarela Mundial (Global Gateway).

Fuente: Comisión Europea (2023)

Los pasos futuros, previstos por la Comisión y el Alto Representante quedan resumidos en el cuadro 4.

Cuadro 4: Futuros pasos en la Estrategia de Seguridad Económica de la UE

La Comisión y el Alto Representante, en el marco de sus respectivas competencias:

- Desarrollarán con los Estados miembros un marco para evaluar los riesgos que afectan a la seguridad económica de la UE; esto incluye la elaboración de una lista de tecnologías críticas para la seguridad económica y la evaluación de sus riesgos con vistas a diseñar medidas paliativas adecuadas.
- Entablarán un diálogo estructurado con el sector privado para desarrollar una comprensión colectiva de la seguridad económica y animarlo a aplicar la diligencia debida y gestionar los riesgos a la luz de las preocupaciones en materia de seguridad económica.
- Seguirán apoyando la soberanía tecnológica y la resiliencia de las cadenas de valor de la UE, en particular mediante el desarrollo de tecnologías críticas a través de la PTEE.
- Revisarán el Reglamento sobre el control de las inversiones extranjeras directas.
- Explorarán las opciones para garantizar un apoyo específico adecuado a la investigación y desarrollo de tecnologías de doble uso.
- Aplicarán plenamente el Reglamento de la UE sobre el control de las exportaciones de doble uso y presentarán una propuesta para garantizar su eficacia y eficiencia.
- Propondrán una iniciativa para abordar los riesgos de seguridad relacionados con las inversiones salientes.
- Propondrán medidas para mejorar la seguridad de la investigación, garantizando una aplicación sistemática y rigurosa de las herramientas existentes e identificando las lagunas que puedan persistir.
- Explorarán el uso selectivo de los instrumentos de la PESC para mejorar la seguridad económica de la UE, incluidos las herramientas de ciberdiplomacia e híbridos y el conjunto de instrumentos relativos a la manipulación de la información y la injerencia extranjera.
- Encargarán a la Capacidad Única de Análisis de Inteligencia de la UE (SIAC) que trabaje específicamente en la detección de posibles amenazas para la seguridad económica de la UE.
- Garantizarán que la protección y la promoción de la seguridad económica de la UE se integren plenamente en la acción exterior de la Unión e intensificarán la cooperación con terceros países en cuestiones de seguridad económica.

Fuente: Comisión Europea (2023)

V. Conclusiones y recomendaciones de política económica

A modo de conclusión, tras los planteamientos institucionales revisados en los anteriores epígrafes, puede destacarse la necesidad de actuaciones, a corto, medio y largo plazo, comunes y coordinadas UE y Estados miembros en ambos ámbitos, relaciones comerciales y seguridad económica, en un contexto geopolítico que requiere de una reducción estratégica de dependencias (Autonomía Estratégica Abierta, cadenas de valor estratégicas, mercado de trabajo y habilidades...) que garantice un sistema multilateral de comercio (en el marco de la OMC), contemple un nuevo paradigma industrial (5.0) y en el que la doble transición, verde y digital sean protagonistas.

En este sentido, algunas recomendaciones de política económica podrían girar, de forma general, en torno a la definición de una estrategia general que tenga en cuenta un cronograma, un cuadro de indicadores y una gestión adecuada de los mismos, y que vigorice la idea de la gobernanza multinivel en un marco de cooperación interna, entre Estados miembros (que refuerce y garantice un funcionamiento óptimo del Mercado Interior en el que la estrategia industrial tenga en cuenta el nuevo paradigma de la industria 5.0), así como externa, con terceros países en materia de seguridad económica; una política comercial que contribuya al desempeño de un comercio sostenible, en condiciones justas de competencia y de seguridad pública en el mercado único, en el marco de una legislación apropiada para ello (en el cual la política europea de defensa de la competencia debe jugar un papel fundamental), así como soluciones multilaterales a nivel OMC.

De manera particular, atendiendo a la transición verde y dentro del marco del Pacto Verde Europeo, algunas recomendaciones podrían girar en torno a la identificación de ingresos que sirvan para invertir en producción climáticamente neutra; fomento de asociaciones de descarbonización industrial; identificación de habilidades que coadyuven a la expansión e impulso de tecnologías bajas en carbono; o poner el foco en cadenas de valor que aceleren la descarbonización industrial.

Por su parte, considerando la transición digital, las recomendaciones de política económica deberían centrarse en aspectos como: evaluación y análisis del proceso de digitalización (relacionado, por ejemplo, con el despliegue del 5G) con la dimensión territorial (teniendo en cuenta actuaciones de política regional que eviten la proliferación de nuevas disparidades territoriales en general o urbano-rural en particular); fomentar actuaciones dirigidas a soluciones tecnológicas descentralizadas y, sobre todo, sostenibles; así como promover tecnologías de Inteligencia Artificial (IA) pero centradas en el ser humano, sostenibles y resilientes; actuaciones en el ámbito de la gobernanza de datos dentro de un marco regulatorio; entre otras.

En lo que a las cadenas de valor estratégicas se refiere, algunas recomendaciones de política económica podrían girar en torno a: el fomento de la cooperación transfronteriza e internacional; instauración de sistemas de evaluación del potencial y grado de resiliencia de las cadenas de valor; o el fomento de las asociaciones público-privadas para diseñar y ejecutar proyectos estratégicos.

Bibliografía

Bianchi, Patrizio and **Sandrine Labory**., «What Policies, Initiatives or Programmes Can Support Attracting, Embedding and Reshaping Global Value Chains in Regions?» *Studi Organizzativi*, no. 1 (September, 2020): 287–313 (https://doi.org/10.3280/SO2020-001-S1019).

Bjerkem, Johan, **Marta Pilati**, Claire Dhéret, **Giuli**, Marco and **Šipka**, Stefan, «An Industry Action Plan for a More Competitive, Sustainable and Strategic European Union», *European Policy Centre*, 7 November 2019.

CEPS. *The New Industrial Strategy for Europe. CEPS Forum on the Future of European Industry*. Task Force Prospectus, February-June, 2022.

Comisión Europea. «Comunicación conjunta al Parlamento Europeo, al Consejo Europeo y al Consejo. Estrategia Europea de Seguridad Económica. Bruselas», 20.6.2023 *JOIN* (2023) 20 final.

Consejo de la UE. «Impulsar la Agenda Estratégica. Programa de 18 meses del Consejo (1 de julio de 2023 - 31 de diciembre de 2024, OR. en)», *Secretaría General del Consejo*. Bruselas, 2023, 10597/2, POLGEN 62.

De Vet, J. M., *et al.* «Impacts of the COVID19 pandemic on EU industries», *Publication for the Committee on Industry, Research and Energy, Policy Department for Economic, Scientific and Quality of Life Policies*, European Parliament, Luxembourg, 2021.

European Commission, «Communication from the Commission to the European Parliament, the Council, the European Economic and Social Committee and the Committee of the Regions, For a European Industrial Renaissance», COM (2014)014 final, Brussels, 22.1.2014.

European Commission (2020a), «Communication from the Commission to the European Parliament, the European Council, the Council, the European Economic and Social Committee and the Committee of the Regions», *A New Industrial Strategy for Europe*, COM (2020) 102 final.

European Commission (2020b), «Communication on "An Integrated Industrial Policy for the Globalisation Era: Putting Competitiveness and Sustainability at Centre Stage"». *European Roundtable of Industrialists* (2020), Putting the EU Industrial Strategy into action.

Renda, Andrea And Schaus, Malorie (Editors). *Towards a Resilient and Sustainable Post-Pandemic Recovery,* CEPS Task Force on the New Industrial Strategy for Europe. Centre for European Policy Studies (CEPS), Bruselas, 2021.

INTEGRACIÓN EUROPEA Y GOBERNANZA MULTINIVEL; UNA REFLEXIÓN DESDE ESPAÑA

Rafael Ripoll Navarro[1]

Sumario

Resumen: La regionalización de la integración europea mediante la co-gobernanza, está siendo un proceso gradual y dispar en función del orden territorial de cada Estado miembro. En todo caso, como común denominador puede afirmarse que es con los tratados de Maastricht y Ámsterdam, mediante la institucionalización del principio de subsidiariedad y la aprobación del protocolo de participación de parlamentos nacionales y regionales, cuando se inicia un desarrollo de la presencia subestatal en la integración europea. La creación del Comité de las regiones, institución que da voz a las regiones y gobiernos locales, supone otro punto de inflexión a estos efectos.

---

1 Profesor de Derecho de la Unión Europea y director del Instituto de Estudios Europeos de la UCV. Escuela de Doctorado de la Universidad Católica de Valencia San Vicente Mártir.

La interiorización de estos hitos se hace pronto una realidad en los estados federales. En los casos de estados que impulsan en aquellos años noventa su descentralización política, como en España, dicha asimilación se produce paulatinamente. Cabe señalar como hitos propios varias sentencias del Tribunal Constitucional a principios de los noventa, la proliferación de oficinas autonómicas sitas en Bruselas, la institucionalización de la Conferencia de Asuntos Relacionados con la Unión Europea (CARUE), la implementación de la Comisión Mixta Congreso Senado para la UE o la incorporación generalizada de los asuntos europeos en los estatutos autonómicos de segunda generación, entré ellos el de la Comunidad Valenciana.

Finalmente, el Tratado de Lisboa del 2009, da un cierto impulso a la intervención de los gobiernos subestatales en la formación y aplicación del ordenamiento jurídico de la UE, si bien el proceso está absolutamente abierto en función al orden territorial de cada Estado determina.

Abstract: The regionalisation of European integration through co-governance is a gradual and disparate process depending on the territorial order of each member state. In any case, as a common denominator, it can be stated that it is with the Maastricht and Amsterdam treaties, through the institutionalisation of the principle of subsidiarity and the approval of the protocol on the participation of national and regional parliaments, that the sub-state presence in European integration began to develop. The creation of the Committee of the Regions, an institution that gives a voice to regions and local governments, is another turning point in this respect.

The internalisation of these milestones soon became a reality in federal states. In the cases of states that promoted their political decentralisation in the 1990s, as in Spain, this assimilation took place gradually. It is worth mentioning as milestones several rulings of the Constitutional Court in the early nineties, the proliferation of autonomous offices located in Brussels, the institutionalisation of the Conference on Affairs Related to the European Union (CARUE), the implementation of the Joint Senate-Congress Commission for the EU or the generalised incorporation of European affairs in the second-generation autonomous statutes, among them that of the Valencian Community.

Finally, the 2009 Treaty of Lisbon gives a certain boost to the intervention of sub-state governments in the formation and application of the EU legal system, although the process is absolutely open and with the national dimension that the territorial order of each state determines.

Palabras clave: Constitución española, Estatutos autonómicos de segunda generación, Subsidiariedad, Gobiernos subestatales, Cogobernanza/gobernanza multinivel, Comité de las Regiones, Conferencia de asuntos Relacionados con la UE (CARUE), Ordenamiento jurídico de la UE

Keywords: Spanish Constitution, Second generation autonomous community statutes, Subsidiarity, Sub-state governments, Co-governance/multilevel governance, Committee of the Regions, Conference on EU-related matters (CARUE), EU legal order.

I. La gradual incorporación del regionalismo en el proceso de construcción europea

La construcción europea, como ahora la entendemos, es decir, como una organización supranacional constituida desde su base por los Estados que la integran, se define como una organización de Estados. Sin embargo, no es menos cierto, que, en ese proceso de integración comunitaria que ha caracterizado la Unión Europea (en adelante UE) de los últimos cincuenta años, se inició, años más tarde y progresivamente, un camino para la incorporación de las entidades subestatales al proceso integrador, en tanto que partes sustanciales de esos mismos Estados.

En la actualidad ello constituye una Unión con veintisiete matices, y conviene indicar que la realidad territorial de cada Estado miembro es sustancialmente distinta, ya que la misma es absolutamente una cuestión que forma parte de la soberanía exclusiva de cada Estado[2].

En este sentido, observamos no solo una realidad que es dispar, sino que esta ha sido la pauta de las últimas décadas. En los inicios de la UE, hallamos desde Estados federales como Alemania o Bélgica a otros en los que la descentralización no alcanzaba prácticamente ni el calificativo de administrativa, como es básicamente el caso de Francia. Con el paso de los años, algunos federalismos se han afianzado, otros se han incorporado, como el austriaco, e incluso hay supuestos, en los que o bien observamos un modelo de autonomía política regional, como en España, en cierta medida el que representa la República italiana o procesos meramente incipientes de regionalización prácticamente impulsados por la necesidad de la asignación regional de los fondos estructurales.

Así pues, observamos a nivel continental en los años cincuenta con una iniciativa política, la integración europea, exclusiva de los estados europeos, que además no tenían en su mayoría una realidad regional equiparable. Esto evidencia en aquellos años, una realidad europea distante de lo local y regional, tanto a nivel paneuropeo como en el seno de la UE, desde el punto de vista de la dirección política y, en consecuencia, del diseño de las políticas.

---

2 El proyecto de Constitución Europea ya avanzó en este sentido, cuando en su art. 1.5 y 1.11 se firmaba
«La Unión respetará la igualdad de los Estados miembros ante los tratados, así como su identidad nacional, inherente a las estructuras políticas y constitucionales de estos, también en lo referente a la autonomía local y regional...».
Véase al respecto Rafael Ripoll Navarro: «Las regiones en Europa: el principio de subsidiariedad», en José Manuel Canales Aliende y Manuel Menéndez Alzamora (eds.): *El sistema político y administrativo valenciano,* Tirant Lo Blanch, Valencia, 2012, pp. 416-440.
Molina del Pozo, Carlos (1985), «La participación de las Comunidades Autónomas en la toma de decisiones comunitarias», *Revista de Estudios Políticos*, n.º 43.

De esta manera, podríamos reseñar que la incorporación paulatina de lo regional y local en el proceso de interacción europea ha dependido sustancialmente de la voluntad política de cada Estado. Si bien, como veremos, a partir de los años noventa, tras los tratados de Ámsterdam y Maastricht, esa prerrogativa estatal que sé ha mantenido, se ha visto en parte influida por iniciativas de ámbito europeo en pro de una mayor participación regional, avances locales que al fin y al cabo fueron respaldados por los estados en el Consejo Europeo.

Esta somera descripción requiere reconocer la existencia voluntariosa de organizaciones de carácter paneuropeo que empezaron a hacer ver la realidad territorial de los Estados, más allá de sus formas de Estado nacional, y en todo caso, la necesidad natural de que una dimensión más real de los Estados, fuera la que participara en la integración europea.

La distinta cultura de lo subestatal marcó la pauta de actuación de estas pioneras organizaciones, que, en algunos casos, eran impulsadas por aquellas regiones que históricamente gozaban de una tradición regionalista frente a otros puntos de vista, también de apuesta por el papel de lo local, pero desde la ortodoxia de los Estados centrales.

Así, la Conferencia de Poderes Locales y Regionales del Consejo de Europa, el Comité Consultivo de los Poderes Regionales y Locales[3] o la Asamblea de Regiones de Europa, o en su día la Confederación de Regiones y Municipios de Europa, contribuyeron notablemente y lo siguen haciendo con éxito, al reconocimiento progresivo del papel de las regiones en la configuración y aplicación de las políticas europeas básicamente en su condición de parte del Estado.

Si este era el estatus de la sensibilidad local a nivel incluso paneuropeo, avanzaremos algunas reflexiones sobre cuál era y cómo ha evolucionado la interiorización de lo regional en la dirección política de la UE y cómo se ha trasladado al aparato institucional de la Unión.

Por último, señalaremos cómo en España esas pautas paneuropeas y de la UE, se han ido reflejando en una progresiva participación autonómica en los asuntos europeos, en paralelo a su legitimación constitucional a tales efectos vía jurisprudencia y a su consagración en los estatutos autonómicos de segunda generación.

En todo caso, entendemos positiva toda la evolución registrada en la participación más activa de lo local y regional en cuanto a la construcción europea. De entrada, puesto que en absoluto ninguno de los veintisiete, son

3 Véase al respecto Herwig VAN STAA: «La apuesta por el desarrollo del regionalismo en Europa: el papel del Congreso de Autoridades Locales y Regionales», en Mijat DAMJANOVIC (coord.): «Regionalismo, regionalización y políticas regionales en Europa: experiencias y perspectivas», *Cuadernos Constitucionales de la Cátedra FadriqueFurióCeriol* n.° [monográfico] 73/74 (2012), pp. 29-37, y Rafael RIPOLL NAVARRO: «Las regiones en Europa...», cit

en su esencia, tampoco en su aparataje jurídico territorial, estados dotados únicamente con un gobierno central y único para todo su territorio. En segundo término, porque incluso la mera descentralización administrativa, debe adaptarse para una mejor aplicabilidad de la normativa comunitaria. En último término, porque en los estados federales o de amplia autonomía política subestatal son legisladores con competencias compartidas con la Unión y, por ende, responsables de la ejecución y desarrollo de la norma. Es decir, la realidad de los Estados miembros sobrepasa la de los gobiernos centrales, por ello, en cuanto su verdadero orden territorial esté plenamente incorporado al proceso de integración, más eficazmente se implementará la integración europea.

A estos argumentos cabe añadir la «tercera legitimidad democrática», junto a la aportada por el Consejo Europeo y el Parlamento Europeo, que otorga lo subestatal a las instituciones europeas y al derecho derivado y original que emana de ellas.

II. Hitos de referencia en la Unión Europea

En lo relativo a la asimilación de lo local y lo regional en las instituciones europeas, cabría reseñar, sin ánimo exhaustivo, varias claves de distinto alcance. Mencionaremos alguna de ellas a modo cronológico, partiendo de la base de una unión de estados.

En un principio, lo regional no dejó de ser una referencia meramente económica, y exclusivamente desde el nacimiento de los fondos estructurales. La necesidad de equilibrar una muy desigual renta económica, en una UE en progresiva ampliación hasta hoy mismo, y muy distinta de la más homogénea que representaban los países fundadores, hizo que el factor regional tuviera al menos una cabida a modo de territorio receptor de fondos, sobre cuyo diseño y sentido no tenían las comunidades autónomas ninguna influencia[4].

De este desértico panorama de lo regional y lo local desde los años sesenta, y aun habiendo avances que no son objeto de este trabajo, nos trasladamos a los años noventa, cuando los tratados de Maastricht y Ámsterdam institucionalizaron finalmente el papel regional como tal en el Derecho originario[5].

4 Véase al respecto; Rafael Ripoll Navarro: «La relación de vasos comunicantes entre el Estado central, la Unión Europea y las comunidades autónomas», en José María Beneyto Pérez, Inmaculada Rodríguez Roblero y Rafael Ripoll Navarro (coords.): *Las competencias del Estado español en relación con el proceso de integración autonómico y europeo,* Bosch, Madrid, 2012, pp. 95-128.

5 El Tratado de Maastricht o Tratado de la Unión (1992) marcó un hito histórico en la relación con las regiones. Por un lado, consagró el principio de subsidiariedad e incorporó la política de Cohesión Económica y Social y de otro lado, creó el Comité de las Regiones. Todo ello supuso la institucionalización de la dimensión local y regional en el proceso de construcción europea.

En concreto, dos son los hitos que marcan este cambio sustancial. De un lado, en lo realmente significativo institucionalmente, se adoptan los Principios de Subsidiariedad y de Proporcionalidad[6].

Se consigue con ello un reconocimiento institucional y político en la cima de la formación, del derecho originario. Se entiende ajustado a derecho que la UE solo actúe cuando sea la mejor forma de abordar la solución de una situación, que, por su forma o contenido, requiera de un tratamiento de mayor alcance que el de los Estados mismos puedan darle.

Ergo a sensu contrario, será el nivel competencial más adecuado el que deba entender y abordar el supuesto a legislar, entiéndase el nivel estatal o bien regional y local. Como indicábamos al inicio de este análisis, compete a cada Estado determinar sus niveles competenciales, de ahí la enorme diversidad que describíamos. Este reconocimiento expreso y a nivel de la UE de la realidad local como referente en el principio de subsidiariedad es, bajo mi punto de vista, el hito más significativo de la incorporación de lo subestatal a la construcción europea.

Otro de los grandes avances consistió en la posibilidad de que los gobiernos regionales puedan representar a su Estado en el Consejo[7].

Los citados principios se vieron acompañados de dos herramientas que los hacen realmente viables, como son los protocolos de subsidiariedad y participación de los parlamentos nacionales, y en su caso regionales[8].

Pocos años después, el Tratado de Lisboa (2009) introdujo una serie de modificaciones que otorgaron una mayor independencia y reforzaron el papel del Comité de las Regiones.

6 Art. 5 del Tratado de la UE:
«El ejercicio de las competencias de la Unión, se rige por los principios de subsidiariedad y proporcionalidad. En virtud del principio de subsidiariedad, en los ámbitos que no sean de su competencia exclusiva, la Unión intervendrá sólo en casos de que, y en la medida en que, los objetivos de la acción pretendida no puedan ser alcanzados de manera suficiente por los Estados miembros, ni a nivel central ni a nivel regional y local, sino que puedan alcanzarse mejor, debido a la dimensión o lo efectos de la acción pretendida, a escala de la Unión».
Véase al respecto; Rafael Ripoll Navarro: «Las regiones en Europa...», cit.

7 Art. 16.2 del Tratado de la Unión Europea:
«El Consejo estará compuesto por un representante de cada Estado miembro, de rango ministerial, facultado para comprometer al gobierno de Estado miembro al que represente y para ejercer el derecho del voto».
Esto, en el caso español, se articuló vía los acuerdos adoptados en la conferencia competente, Conferencia de Asuntos Relacionados con la Unión Europea.

8 Véase al respecto: Protocolo I sobre el cometido de los Parlamentos Nacionales en la Unión Europea (aprobado por el Tratado de Lisboa), y Protocolo II sobre la aplicación de los Principios de Subsidiariedad y Proporcionalidad (adoptado por el Tratado de Lisboa). En el primero de los cuales, y en concreto en su art. 2 se indica que: «antes de proponer un acto legislativo la Comisión procederá a amplias consultas. Estas consultas deberán tener en cuenta, cuando proceda, la dimensión regional y local de las acciones previstas.».
Asimismo, en su art. 6 establece que:
«Todo parlamento nacional o toda cámara de uno de estos parlamentos podrá, en un plazo de ocho semanas a partir de la fecha de transmisión de un proyecto de acto legislativo

En primer término, procede resaltar que el citado protocolo requiere que cualquier acto legislativo previsto por la Comisión valore previamente su impacto y dimensión local y regional. Y, en segundo lugar, en lo concerniente al principio de subsidiariedad propiamente

dicho, procede asimismo destacar que el paso siguiente se adopta en el Tratado de Lisboa, a través del Protocolo en el que se da cauce a la participación de los parlamentos regionales en el control de dicho principio. En concreto, se establece en el citado Protocolo sobre la aplicación de los principios de subsidiariedad y proporcionalidad, y más en concreto en su art. 6 según el cual: «incumbirá a cada parlamento nacional o a cada cámara de un Parlamento nacional consultar, cuándo proceda, a los parlamentos regionales que posean competencias legislativas».

Se añade de esta manera, a pesar de lo débil de su enunciado e implementación, un significativo reconocimiento a la realidad regional, en este caso política, de cada Estado. Decimos que es un rol no relevante, porque el propio protocolo lo subordina a la voluntad de los parlamentos nacionales, en el caso español mediante la Comisión Mixta Congreso Senado.

Los parlamentos autonómicos han hecho uso de este mecanismo de control de forma casi excepcional, tanto por la escasa influencia de sus propuestas ante la Comisión Europea, como por el complejo proceso del procedimiento, que requiere además una celeridad extrema. Lo que a la postre ha generado un balance, en el caso español, tras años de puesta en práctica, que podemos calificar de escasamente relevante y poco eficaz.

Sin embargo, en casos como el del Estado belga, la práctica equiparación entre parlamentos regionales y cámaras nacionales ha conllevado, en ocasiones, la paradójica paralización de las decisiones comunitarias, vía control del principio de subsidiariedad, o incluso equiparando la última voluntad regional con la del Estado en la conformación de la voluntad de este último, en la conocida como fase ascendente. Este fue, en su día, el caso de la paralización de decisiones en políticas exclusivas de la UE tan significadas como la

---

en las lenguas oficiales de la Unión, dirigir a los presidentes del Parlamento Europeo, del Consejo y de la Comisión un dictamen motivado que exponga las razones por las que considera que el proyecto no se ajusta al Principio de Subsidiariedad. Incumbirá a cada Parlamento Nacional o a cada cámara de un parlamento nacional consultar, cuando proceda, a los parlamentos regionales que posean competencias legislativas.»

Véase al respecto; Francisca Esteve García y Mariona Illamola Dausá: «El control de la subsidiariedad y de la proporcionalidad por las Cortes Generales —Comisión Mixta para la UE— y por los Parlamentos Autonómicos en España», en Andreu Olesti Rayo (Coord.): *La administración autonómica y el Tratado de Lisboa,* Universitat de Barcelona/Tirant lo Blanch, Valencia, 2012, pp. 153-222

Josep Maria Ribot Igualada: «El papel de los Parlamentos Nacionales como actores emergentes», en Elviro Aranda Álvarez: «La "alerta temprana" en el procedimiento legislativo de la Unión Europea. Una reflexión sobre su utilidad desde la reciente experiencia española», *Revista de Derecho Comunitario Europeo* n.° 44 (2013), pp. 101-153 comercial. Así, llegó a supeditarse la aprobación el Acuerdo de Libre Comercio entre la Unión Europea y Canadá (CETA), por la oposición al mismo del Parlamento Valón. De hecho, en el citado Protocolo sobre la aplicación de los principios de subsidiariedad y proporcionalidad, adoptado por el Tratado de Lisboa, se añade a instancia de Bélgica una declaración (número 51) relativa a los Parlamentos nacionales aneja al Tratado de Lisboa:

> «Bélgica precisa que, en virtud de su derecho constitucional, tanto la Cámara de representantes y el Senado del Parlamento Federal como las Asambleas Parlamentarias de las Comunidades y Regiones actúan, en función de las competencias ejercidas por la Unión, como componentes del sistema parlamentario nacional o Cámaras del Parlamento nacional».

Ni en la fase ascendente de conformación de la voluntad del Estado, ni vía control del principio de subsidiariedad, podría darse este supuesto en España, en tanto la última palabra siempre reside en el Estado español ante posibles discrepancias de las comunidades autónomas con respecto al Estado, o bien frente a disparidades de criterio entre algunas de ellas.

Insistimos, pues, en la enorme variedad de conformaciones de la realidad subestatal entre los Estados miembros y en concreto en su participación en las políticas europeas. Incluso abunda la disparidad entre dos Estados España y Bélgica que cuentan con mayores semejanzas entre sí que otros muchos, dada su realidad de autonomía política regional muy avanzada o de Estado federal, aunque con distinto alcance, como se ha podido observar en este supuesto.

A este marcado punto de referencia regional, unos cuarenta años después de los primeros tratados, hay que añadir, en este mismo tiempo político de «impulso regional» de los noventa, la creación de llamado Comité de las Regiones[9].

Numerosas de reflexiones se han articulado al respecto. Quizás cabria resumir que se trata de un organismo necesario por lo ya reseñado, pero desigual e insuficiente. Este comité da voz de forma preceptiva a las regiones en la elaboración de la normativa europea e incluso les otorga cierta potestad de veto no determinante en aquellas materias de su especial incumbencia. Es más, resulta especialmente significativa la capacidad que tienen las regiones de recurrir ante el Tribunal de Justicia de la UE, TJUE, la violación del citado principio de subsidiariedad mediante el Comité de las Regiones, pauta introducida por el Tratado de Lisboa[10].

---

9 Véase al respecto José Antonio MONTILLA MARTOS: «Las Comunidades Autónomas en la Unión Europea: una evolución posible», en Enoch ALBERTI ROVIRA, Luis Ortega ÁLVAREZ y José Antonio MONTILLA MARTOS (eds.): *Las Comunidades Autónomas en la Unión Europea*, Centro de Estudios Políticos y Constitucionales, Madrid, pp. 69-100.

10 Véase al respecto; Rafael RIPOLL NAVARRO: «Las regiones en Europa...», cit., p. 424

Hasta aquí lo que a nuestro criterio es un aporte significativo. Sin embargo, se trata de un organismo de competencias muy desiguales a las principales instituciones de la Unión, y cuya composición variopinta entre regiones con poderes legislativos o de mero orden administrativo, así como su carácter de cámara donde también se representan los gobiernos locales, le hace ser un instrumento en ocasiones poco operativo, más allá de su nivel de influencia o del grado vinculante de sus dictámenes.

No obstante, pocos años más tarde, en el Tratado de Lisboa se introducen una serie de modificaciones institucionales para dotarlo de mayor independencia respecto al resto de instituciones. En todo caso, este último estadio del derecho originario, el Tratado de Lisboa[11], no añade en lo sustancial nada relevante a esta hoja de ruta, si bien, apuntala y, en cierto modo, mejora la aplicabilidad de alguno de los principios y las herramientas señaladas[12].

III. El caso español

Como se ha indicado, conviene en este contexto aportar algunas observaciones sobre cómo esa realidad continental, que termina por impregnar la realidad política europea y la de sus instituciones, se ha trasladado a España.

A este respecto, una reflexión previa resulta necesaria, y es que en el caso de España nos encontramos con un incipiente proceso de descentralización política regional, que, desde un principio, tuvo como límite el marco constitucional. Por otra parte, y ya desde el punto de vista cronológico, cuando nos incorporamos a la UE, ya estaban vigentes fenómenos regionales en estados federales como el belga o el alemán, que a la postre servirán como espejo, especialmente el modelo germánico, para el progresivo papel europeizante de nuestras autonomías en el seno del texto constitucional.

Sin embargo, abundando en el factor *tempus*, resulta también relevante que ni en el momento de nuestra incorporación, ni treintaiocho años después de la misma, exista una mención expresa al fenómeno de integración europea en nuestro texto constitucional. Es más, no lo hay ni desde el punto de vista expositivo o en el ámbito de la declaración de intenciones a modo de preámbulo, ni obviamente en el texto positivo de la norma. La solución adoptada por los padres de la norma para la

11 Véase al respecto; Rafael Ripoll Navarro: «Las regiones en Europa...», cit.

12 Cabe mencionar que previamente, con el Tratado de Niza (2001), se requiere, por ejemplo, que los miembros del Comité de las Regiones «sean titulares de un mandato electoral de un ente regional o local, o que ostenten responsabilidad política ante una Asamblea elegida» (art. 300.2 del Tratado de Funcionamiento de la Unión Europea).

incorporación a la Unión, vía art. 93 [13] de la Constitución, nos parece adecuada, especialmente al tomarse previamente a la incorporación. No obstante, nos sumamos al Consejo de Estado y a una amplia doctrina[14] partidaria de la necesaria reforma del texto básico de nuestro ordenamiento para amoldarse a las circunstancias de nuestra realidad europea.

Del entramado institucional comunitario emana un derecho en gran medida directamente aplicable en nuestro territorio, en función nada menos que de una previa y constitucional cesión de soberanía. Esta circunstancia, singular entre los tratados internacionales, implica que la reforma sea oportuna para asociar el texto constitucional a la realidad que sus destinatarios están viviendo. Este es el caso de otras leyes fundamentales como la de Bonn (República Federal de Alemania), que en su día se adaptaron expresamente a su realidad europea como parte integrante de la UE e incluso asumieron expresamente los valores que la sustentan.

En cuanto a cómo y de qué manera cabria hacer esa reforma, son múltiples las posibles opciones y el alcance de estas. En todo caso, apostamos porque en la misma se dedicará un capítulo *ad hoc* a estos efectos y, que se abordará en el mismo la participación de las Comunidades Autónomas en la formación de la voluntad del Estado y en la aplicabilidad de la norma europea en sus respectivos territorios. En este sentido, creemos que se hace necesaria la invocada reforma de la cámara alta, el Senado, pero en este caso a sabiendas de que el objetivo de esta sería, entre otros, el de servir de cauce real y viable de participación en sentido ascendente y descendente de las comunidades autónomas en la configuración de nuestra realidad europea.

En esta línea, apuntar otra singularidad, y es que, a pesar de la mencionada falta de reconocimiento expreso en la letra de la Constitución, el Tribunal Constitucional, máximo garante de la interpretación del espíritu y letra de

---

13 Constitución Española, art. 93:
«Mediante ley orgánica se podrá autorizar la celebración de tratados por los que se atribuya a una organización o institución internacional el ejercicio de competencias derivadas de la Constitución. Corresponde a las Cortes Generales o al Gobierno, según los casos, la garantía del cumplimiento de estos tratados y de las resoluciones emanadas de los organismos internacionales o supranacionales titulares de la cesión.».

14 Véase al respecto: Consejo de Estado: «Informe sobre modificaciones de la Constitución Española. N.° E 1/2005», Madrid, 2006
- Rafael Ripoll Navarro y Daria Terradez: «La necesaria europeización de la Constitución Española», *Revista Valenciana d'EstudisAutonòmics* n.° 59, vol. 2 (2014), pp. 24-51
- Carlos Francisco Molina del Pozo: *Derecho de la Unión Europea*, Reus, 2015
- Enoch Albertí Rovira: «Las Comunidades Autónomas en la Unión Europea: las nuevas perspectivas del Tratado Constitucional y la participación interna», y Luis Ortega Álvarez: «La participación autonómica en la Unión Europea», en Enoch Alberti Rovira, Luis Ortega Álvarez y José Antonio Montilla Martos (eds.): *Las Comunidades Autónomas en la Unión Europea*, cit., pp. 9-42 y 43-65

aquella, ha ido legitimando los pasos de la progresiva asunción de responsabilidades expresas de nuestras autonomías en el proceso de participación europea[15].

Partiendo de estas previas consideraciones, entendemos que lo acontecido desde nuestra incorporación a la UE hasta hoy mismo, pone en evidencia la necesidad de proceder a la citada reforma constitucional y con el alcance territorial señalado.

Citaremos sucintamente también, en el caso español, esos puntos referenciales de la progresiva incorporación de lo autonómico en la formación de la voluntad estatal en asuntos europeos, así como, en la ejecución del derecho de la Unión en sus territorios.

El punto de partida es, como se ha mencionado, la inexistencia de una mención en el texto constitucional, al respecto de nuestra, en aquel entonces futurible, incorporación a la UE actual. Lógicamente, tampoco encontramos ninguna mención en los estatutos autonómicos de primera generación al respecto del fenómeno europeo, ni obviamente de la participación autonómica en el mismo. En cierto modo, la laguna constitucional, que aún persiste, impidió que la misma pudiera ser subsanada en aquellos primeros textos autonómicos, por ejemplo, el Estatuto de la Comunidad Valenciana del año 1982, aprobado cuatro años antes de la incorporación de España a la Comunidad Europea.

---

15 Nos referimos, especialmente, a la Sentencia del Tribunal Constitucional n.° 165/1994, de 26 de mayo de 1994 (*BOE* n.° 151 de 21 de junio de 1994) y Sentencia 31/2010, de 28 de junio de 2010 (*BOE* n.° 172, de 16 de julio de 2010). La primera, en referencia a un conflicto de competencias con el Estado por la apertura de la Oficina de Representación del País Vasco en Bruselas y la segunda, como respuesta a un recurso de inconstitucionalidad interpuesto por el Grupo Popular al contenido del Estatuto Catalán de segunda generación. Cabe, no obstante, añadir que en materia de responsabilidad de las Comunidades Autónomas por el cumplimiento del derecho de la UE que les afecta, la jurisprudencia del Tribunal Constitucional es muy iniciatica, e incluso subraya la conformidad con que los posibles incumplimientos deriven en compensaciones económicas en función del caso. Así se establece en Sentencia del Tribunal Constitucional n.° 95/2001 por conflicto de competencia planteado por el Gobierno de la Nación ante la Diputación General de Cantabria en materia de competencias sobre ganadería, ordenación general de la economía y ejecución del Derecho comunitario europeo. En la Sentencia Tribunal Constitucional n.° 45/2001 se indica que:
«abordando esta materia, este Tribunal ha reconocido la competencia autonómica para adoptar las disposiciones necesarias en complemento del derecho comunitario europeo y para ejecutar... siempre que, ratione materia las Comunidades Autónomas ostenten esa competencia y no rebasen la linde establecida por la normativa comunitaria y la estatal básica...» (STC 79/1992 de 28 de mayo, FFJJ 3 y 6).
Véase al respecto Paz Andrés Sáenz de Santamaría: «Comunidades Autónomas y repercusión económica ad intra de las sanciones pecuniarias en el recurso por incumplimiento ante el tribunal de justicia de la Unión Europea», en *Información jurídica inteligente V/Lex* n.° 47 (2013).

Ciertamente, la lógica preocupación política tanto a nivel estatal como autonómico era la conformación de un Estado democrático como tal, y asentar las bases previstas en la Constitución para la formación del Estado de las autonomías, como hoy lo conocemos. En estas prioridades políticas no se contempló, en modo alguno, las referencias expresas a nuestra coyuntura europea.

En lo referente a la gestión organizada de los asuntos europeos con implicación autonómica, especialmente tras la incorporación española a la UE, se optó por un mecanismo interministerial a modo de conferencia autonómica, Conferencia para Asuntos Relacionados con las Comunidades Europeas (CARCE), actualmente Conferencia para Asuntos Relacionados con la Unión Europea (CARUE)[16].

Es en este marco, donde las Comunidades Autónomas han participado tanto en la conformación de la voluntad estatal a nivel ascendente, como en lo referente a la aplicabilidad de la normativa europea. No puede decirse que su funcionamiento fuera o sea de total plenitud y que realmente sea vinculante la voluntad autonómica, pero si podemos afirmar que es un mecanismo válido para sobrepasar el ecuador de la nula participación autonómica. De hecho, este instrumento ha propiciado los principales avances en la fase ascendente y descendente de nuestra política autonómica de dimensión europea, siempre en coordinación con el Estado a través del Ministerio de Administraciones Públicas. También la CARUE formalizó los principales avances en comitología en el seno de la Comisión Europea, participación progresiva en las formaciones del Consejo o el nombramiento del consejero autonómico en la Representación Permanente ante la UE al estilo alemán.

En todo caso, nuestra opinión y experiencia se inclina por un balance positivo, aunque insuficiente, de este modelo, desde la necesidad de garantizar la participación autonómica, hasta, por ejemplo, la conformación de los límites establecidos para perseverar una voluntad consensuada y única del Estado.

Igualmente, cabe mencionar lo que en su día fuera un punto de inflexión al respecto, aportado por la jurisprudencia del Tribunal Constitucional[17]. En el año 1994, todavía con una cultura muy centralista en nuestra pauta ciudadana de visualización del Estado, el alto tribunal respaldó y arropó jurídica-

---

16 En 1988, se constituyó la Conferencia para Asuntos Relacionados con las Comunidades Europeas (CARCE) como órgano de cooperación, consulta y deliberación entre el Estado y las comunidades autónomas en materia de asuntos europeos. En abril de 2010, acordó cambiar su anterior denominación por la de Conferencia para Asuntos Relacionados con la Unión Europea (CARUE).

17 TRIBUNAL CONSTITUCIONAL. Sentencia n.º 165/1994, de 26 de mayo de 1994 (*BOE* n.º 151 de 21 de junio de 1994). Conflicto positivo de competencia 1.501/1988. Promovido por el Gobierno de la Nación frente al Gobierno del País Vasco, en relación con el Decreto 89/1988, de 19 de abril, del Gobierno Vasco, por el que se establece la estructura orgánica del Departamento de Presidencia, Justicia y Desarrollo Autonómico.

mente la presencia de oficinas de representación autonómicas en Bruselas para el seguimiento y defensa de sus intereses singulares o competencias propias, en el ámbito de la UE.

Cierto es, que limitando perfectamente lo que es el derecho a comprometer la competencia exclusiva del Estado en política exterior, a la de hacer un seguimiento de la legislación y políticas europeas de incidencia en el mapa de competencias autonómicas. Aceptando que la legislación de la UE es derecho español y que, por lo tanto, no nos encontramos en modo alguno ante un supuesto de *alter ego* que suplante la política exterior del Estado.

El espíritu de esta sentencia ha resultado recurrente, legitimando, a partir de aquel entonces, el resto del devenir autonómico en concertación con el Estado sobre asuntos europeos. Resulta una evidencia que la sentencia allana el camino de la colaboración necesaria y conformada a derecho, estableciendo los límites de la participación subestatal en Bruselas sobre asuntos europeos. Puede decirse que el fallo abarca mucho más que la mera autorización de las oficinas autonómicas de representación en Bruselas, que a partir de entonces se multiplicaron, antes incluso de la aprobación mayoritaria de los estatutos de segunda generación. De hecho, tras la del Estatuto de Cataluña y ante la interposición de un recurso[18] de inconstitucionalidad, en parte por el articulado referente a las cuestiones europeas, el alto tribunal «rescató» aquella sentencia. A criterio del Tribunal Constitucional, todos y cada uno de los textos estatutarios y sus menciones a la responsabilidad autonómica en asuntos europeos, pueden entenderse validados y conformes a la Constitución, siendo aquellos muchos más ambiciosos que la mera instalación de oficinas de representación en Bruselas.

Y en este punto, me referiré a la secuencia que podemos calificar de europeización de los estatutos autonómicos, para reseñar una tercera singularidad. Estamos ante textos europeizantes amparados por el Tribunal Constitucional, máximo garante de un texto, el constitucional, que no incorpora todavía nuestra realidad europea. Es decir, mientras los estatutos sí han aprovechado sus reformas para adaptarse a las circunstancias europeas, nuestro texto fundamental todavía está falto de una reforma en este sentido. Simultáneamente, se legitiman los avances explicitados al respecto en los estatutos autonómicos vía jurisprudencia del Tribunal Constitucional.

---

18 El citado recurso al Tribunal Constitucional fue interpuesto por el Grupo Popular en referencia al Estatuto Catalán. En el mismo se esgrimía, entre otros argumentos, que el art. 188 podría incurrir en inconstitucionalidad, por imponer la participación en los procedimientos de control de los principios de subsidiariedad y proporcionalidad sin hacer mención expresa a la legislación del Estado, que habrá de regularlos con carácter general cuando vengan impuestos por la normativa europea. *Vid*. Recurso de inconstitucionalidad n.° 8045/2006, promovido por más de cincuenta Diputados del Grupo Parlamentario Popular del Congreso de los Diputados, respecto a determinados preceptos del Estatuto de Cataluña, aprobado por Ley Orgánica 6/2006, de 19 de julio. Presentado el 28 de septiembre de 2006. Al respecto recayó la sentencia ya citada de 31/2010.

IV. El caso de la Comunidad Valenciana

En el marco ya apuntado, es tal vez posible dar un paso más en el análisis de esta realidad para hacerlo desde la óptica de la Comunidad Valenciana, partiendo del estatuto autonómico de segunda generación aprobado por ley orgánica 1/2006. Se trata de un texto equidistante entre los de alcance más europeísta, y aquellos otros más abstractos en lo que a sus menciones sobre la UE se refiere.

Los textos autonómicos, en todos sus ámbitos sobre cogobernanza europea, han sido amparados, como hemos indicado, por el Tribunal Constitucional[19]. Con lo cual, lo que pudiera diferenciar a unos de otros, es la mayor sensibilidad del legislador al respecto, sin otro alcance jurídico que pudiera generar asimetrías entre el alcance europeo de un estatuto con respecto al resto. Así, a estos efectos solo los diferencia su techo de competencias, que les hará en mayor o menor medida participes de la normativa europea coincidente con aquellas y, por lo tanto, responsables de su desarrollo y cumplimiento.

En primer lugar, reseñar que en el Estatuto valenciano sí se percibe una apuesta similar a la que reclama el Consejo de Estado para el conjunto del Estado. Es decir, tanto en el ámbito de lo programático, preámbulo, como en el texto dispositivo, se insertan respectivamente el compromiso político y la realidad jurídica derivada de la adhesión a la UE, previa la correspondiente cesión de soberanía prevista en el texto constitucional.

Así, el texto del preámbulo indica que:

> «La integración en Europa y la asunción de los valores de la Unión Europea y el velar por el cumplimiento de sus objetivos exige la defensa de los derechos de todos los ciudadanos europeos residentes en la Comunitat Valenciana».

En lo referente al resto del texto, se inserta un nuevo título sexto de relaciones con la Unión Europea integrado por un solo artículo el 61 en el que se establece:

> «1. La Comunitat Valenciana tendrá una Delegación en Bruselas como órgano administrativo de representación, defensa y promoción de sus intereses multisectoriales ante las instituciones y órganos de la Unión Europea.
>
> 2. Asimismo, La Generalitat, a través del Organismo de Promoción de la Comunitat Valenciana, abrirá una red de oficinas de promoción de negocios en todos aquellos países y lugares donde crea que debe potenciarse la presencia de las empresas valencianas.
>
> 3. La Comunitat Valenciana, como región de la Unión Europea, sin perjuicio de la legislación del Estado:

---

19 Sentencia del Tribunal Constitucional n.º 31/2010, de 28 de junio de 2010 (*BOE* n.º 172, de 16 de julio de 2010).

a) Participará en los mecanismos de control del principio de subsidiariedad previsto en el Derecho de la Unión Europea.

b) Tiene derecho a participar en todos los procesos que establezca el Estado para configurar la posición española en el marco de las instituciones europeas, cuando estén referidas a competencias propias de la Comunitat Valenciana. También a ser oída en aquellos otros que, incluso sin ser de su competencia, le afecten directa o indirectamente.

c) Tendrá al President de La Generalitat como representante de la Comunitat Valenciana en el Comité de las Regiones.

d) Ostenta la competencia exclusiva para el desarrollo y ejecución de las normas y disposiciones europeas en el ámbito de sus competencias.

e) Podrá participar, de forma especial, en el marco de la Asociación Euromediterránea.

4. La Generalitat, igualmente, podrá formar parte y participar en, organizaciones e instituciones supranacionales de carácter regional.

5. Una Ley creará el Comité Valenciano para los Asuntos Europeos, órgano de carácter consultivo, encargado de asesorar y realizar estudios y propuestas para mejorar la participación en las cuestiones europeas y plantear acciones estratégicas de la Comunitat Valenciana».

De su texto pueden extraerse varias observaciones. En primer término, indica que la Comunidad Valenciana, en su condición de región europea y sin perjuicio de la legislación del Estado, lo que conforma un marco jurídico más amplio, participará en el mencionado control del principio de subsidiariedad según el ordenamiento jurídico de la Unión. Un derecho, que, no obstante, es conformado finalmente por los estados, y que como se ha señalado, prevé la consulta «cuando proceda»[20] a los parlamentos regionales, de ahí que se refiera a la Comunidad Valenciana y no al ejecutivo o *Generalitat*.

Igualmente, establece su derecho a participar en la configuración de la posición ante la UE del Estado en el ámbito básico de sus competencias, haciéndolo conforme el proceso que establece el Estado, cuyo marco regulatorio es aprobado por la CARCE/CARUE. Se incluye aquí, la representación

20 El Tratado establece que haya que consultar, cuando proceda, a los Parlamentos regionales con competencias legislativas. Así pues, en el caso español, sería a los diecisiete existentes. En concreto, en España se adoptó la decisión, por agilidad del propio procedimiento de control, de consultar de oficio siempre y en todos los casos, a todos los Parlamentos autonómicos sobre las que corresponde informar, independientemente del grado, no vinculante, del dictamen de las citadas cámaras autonómicas.
Ver al respecto: Elviro Aranda Álvarez: «La "alerta temprana" en el procedimiento legislativo de la Unión Europea. Una reflexión sobre su utilidad desde la reciente experiencia española». En el caso de las Cortes Valencianas, la adopción de una decisión en el seno de este procedimiento de control se encuentra contenida en el art. 181 de su Reglamento. Véase al respecto Resolución de las Cortes Valencianas febrero 2022 *Diario Oficial de la Generalidad Valenciana* (DOGV).

en el Consejo prevista en el citado art. 16 del Tratado de la Unión, y contemplada convenientemente en los acuerdos de la CARUE.

Por último, resalta el Estatuto valenciano que le compete con carácter de exclusividad, el desarrollo y ejecución de la normativa europea en su ámbito competencial.

De hecho, en el artículo referente a las competencias de la *Generalitat*[21], menciona expresamente la referente al desarrollo y ejecución de la normativa europea, lo cual viene articulado por la CARUE.

Así pues, entendemos que la interiorización estatutaria de lo europeo es muy completa. Que lo hace tanto en términos programáticos como dispositivos, y que, en estos últimos, distingue, de una parte, su condición de Comunidad Valenciana para arrogarse el derecho de controlar el principio de subsidiariedad, vía Cortes Valencianas. De otro lado, desde el punto de vista gubernamental, para resaltar que le corresponde en fase descendente, la competencia exclusiva de ejecutar la norma europea en el ámbito de sus competencias, así como el derecho a participar en la fase ascendente en función de lo previsto a nivel estatal vía CARUE.

Nótese que la conformidad con el texto constitucional es total, lo que queda de manifiesto por sus dos precisas referencias al Estado. De una parte, entendimiento de la legislación estatal como marco y límite de su actuación. A ello, se suma, vía referencia a la legislación europea, lo indicado sobre su rol en el control del principio de subsidiariedad, en tanto está limitado por lo que cada Estado prevea para la participación de los parlamentos regionales. El texto incorpora igualmente, de conformidad con la histórica sentencia ya citada del Tribunal Constitucional sobre la oficina del ejecutivo vasco en Bruselas, una mención expresa a la oficina de representación de la Comunidad Valenciana en Bruselas, encomendada exclusivamente a lo acomodado a derecho a criterio del Alto Tribunal.

Queda también recogida la participación de la Comunidad Valenciana en el Comité de las Regiones, a través de su *President*[22].

En esta misma línea constitucional, respetando, por lo tanto, los límites de la citada sentencia en lo referente al *ius contraendi*, se incorpora un nuevo título, en concreto el Título VII sobre la acción exterior. Lo cual, a la postre, confirma que la acción autonómica ante las instituciones europeas no forma parte de las relaciones internacionales o de acción exterior en general y del Estado en particular, y que en sí misma no pueden considerarse acción exterior.

---

21 Art. 49.4: «También es competencia exclusiva de La Generalitat el desarrollo y ejecución de la legislación de la Unión Europea en la Comunitat Valenciana, en aquellas materias que sean de su competencia».

22 Habitualmente, el miembro suplente en el Comité de las Regiones en el caso valenciano, como en otros, ha sido el consejero o viceconsejero responsable del área.

Diríase que, en el caso del Estatuto de Autonomía de la Comunidad Valenciana, se asimilan los puntos aquí reflejados insisto sin ánimo exhaustivo, que singularizan la incorporación del rol europeo regional, desde el inicio de la integración europea hasta el Tratado de Lisboa.

Así, incorpora lo que en los años noventa supone el reconocimiento institucional de la realidad subestatal y su rol europeo vía los Estados. Es decir, el Estatuto menciona la competencia en el control del principio de subsidiariedad y, por tanto, la posibilidad de participación de parlamento regional. Igualmente, el otro gran referente de los noventa es explícitamente recogido en el estatuto, y me refiero a la participación de la Comunidad Valenciana en el Comité de las Regiones.

De otra parte, incorpora la forma y manera de participar vía el Estado en la formación de la voluntad estatal en asuntos europeos y su responsabilidad en la ejecución de la norma europea, según lo mencionado desde los acuerdos de la CARCE/CARUE. Así como la opción de acompañar y representar al Estado en los términos previstos.

Por último, encomienda a la oficina de representación en Bruselas la labor prevista *estricto sensu* en la mencionada sentencia del constitucional sobre el rol de las oficinas autonómicas ante las instituciones europeas.

En todo caso, si bien entendemos, por las razones descritas, que resulta esencial la participación regional en la formación y aplicación de la normativa europea como parte sustancial del propio Estado, creemos igualmente que la misma debe acotarse en aras a la operatividad del objetivo común, que no es otro que la armonización legislativa y la integración europea, maximizada su legitimidad y eficacia con la participación de lo subestatal.

En este sentido, y dada una Europa de momento a veintisiete y un mapa de lo subestatal que supera los varios centenares de regiones, ese objetivo sería inviable sin dar prioridad a una única voz por Estado, que no por gobierno central. De tal forma, que los procedimientos internos para la toma de decisiones, la ejecución del Derecho europeo en el ámbito autonómico o el control del principio de subsidiariedad no provoquen el colapso o paralización de lo común que es lo europeo y, es más, que no lo hagan por motivos de disparidad política interna, entre regiones *versus* gobiernos centrales.

Estaríamos en el caso de la paralización de la política comercial común, embargada en sus decisiones cruciales como el acuerdo comercial con Canadá (CETA) por la oposición de la región belga de Valonia. La decisión del Estado belga ha de venir conformada y consensuada en lo posible entre su gobierno central y sus parlamentos y gobiernos regionales, bien por la vía de la participación de la región en la conformación interna de la voluntad del Estado, bien por la aplicación del principio de subsidiariedad cuyo control puede ejercitar el parlamento valón. Pero en todo caso, el Estado belga ha de conformar un sistema interno previamente legitimado democráticamente, en tanto que gobierno, ergo democracia representativa, que garantice la operatividad del sistema sin ralentizarlo, o sin que la natural y deseable participación de lo regional, sea en ocasiones un pretexto para la oposición bien, al color político del gobierno central, bien, a la propia labor europeizadora de la UE.

V. Conclusión

Partimos de la constatación de que los estados miembros de la UE no están actualmente constituidos exclusivamente por veintisiete gobiernos centrales. Sus órdenes territoriales son mucho más complejos, resultando ser una abstracción de la realidad actual, circunscribirse a aquel diseño casi decimonónico, para cualquier investigación u objetivo de integración al respecto.

Todas las estructuras gubernamentales de los estados miembros han de ser partícipes en distinta medida de la integración europea, y tanto en el orden ascendente de la conformación de la norma de la Unión, como en el descendente de aplicación del ordenamiento jurídico de la UE. Se trata de dotar a esa integración de un valor añadido de legitimidad y eficacia que aportan los gobiernos más cercanos a la ciudadanía sobre la que se aplicará la normativa. Simultáneamente, ha de garantizarse la exclusividad en la acción exterior al Estado, ergo su estatus de bilateralidad e interlocución con la Unión Europea como signatarios de los Tratados. Como se ha reseñado en este trabajo, hay una única voz por Estado. Si bien, es cierto que dicha voz única, debe estar conformada mediante la colaboración entre los distintos gobiernos que forman parte del Estado en cuestión.

En este sentido, hay dos vértices a abordar. El superior, mediante la adaptación de las leyes fundamentales o constituciones al hecho trascendental de la cesión de soberanía a la UE, y al rol subestatal en la integración europea, especialmente en los estados federales o de autonomía política en el orden regional.

En el vértice inferior, dotado de la legitimidad otorgada por la previa europeización de las constituciones, a través de la habilitación y o remodelación de los mecanismos e instrumentos necesarios para la correcta cogobernnaza entre las instituciones de la Unión, gobiernos centrales y subestatales.

Bibliografía

Albertí Rovira, Enoch: «Las Comunidades Autónomas en la Unión Europea: las nuevas perspectivas del Tratado Constitucional y la participación interna», y Luis Ortega Álvarez: «La participación autonómica en la Unión Europea», en Enoch Alberti Rovira, Luis Ortega Álvarez y José Antonio Montilla Martos (eds.): *Las Comunidades Autónomas en la Unión Europea*, cit., pp. 9-42 y 43-65.

ANDRÉS SÁENZ DE SANTAMARÍA, Paz: «Comunidades Autónomas y repercusión económica ad intra de las sanciones pecuniarias en el recurso por incumplimiento ante el tribunal de justicia de la Unión Europea», en *Información jurídica inteligente V/Lex,* n.º 47 (2013).

ARANDA ÁLVAREZ, Elviro: «La "alerta temprana" en el procedimiento legislativo de la Unión Europea. Una reflexión sobre su utilidad desde la reciente experiencia española», *Ministerio de la Presidencia, Justicia, y Relaciones con las Cortes*.

CONSEJO DE ESTADO: «Informe sobre modificaciones de la Constitución Española. N.º E 1/2005», Madrid, 2006.

ESTEVE GARCÍA, Francisca y **ILLAMOLA DAUSÁ, Mariona**: «El control de la subsidiariedad y de la proporcionalidad por las Cortes Generales —Comisión Mixta para la UE— y por los Parlamentos Autonómicos en España», en Andreu OLESTI RAYO (Coord.): *La administración autonómica y el Tratado de Lisboa,* Universitat de Barcelona/Tirant lo Blanch, Valencia, 2012, pp. 153-222.

MOLINA DEL POZO, Carlos Francisco: *Derecho de la Unión Europea*, Reus, 2015.

MOLINA DEL POZO, Carlos Francisco (1985), «La participación de las Comunidades Autónomas en la toma de decisiones comunitarias», *Revista de Estudios Políticos*, n.º 43.

MONTILLA MARTOS, José Antonio: «Las Comunidades Autónomas en la Unión Europea: una evolución posible», en Enoch ALBERTI ROVIRA, Luis ORTEGA ÁLVAREZ y José Antonio MONTILLA MARTOS (eds.): *Las Comunidades Autónomas en la Unión Europea*, Centro de Estudios Políticos y Constitucionales, Madrid, pp. 69-100.

RIBOT IGUALADA, Josep Maria: «El papel de los Parlamentos Nacionales como actores emergentes», en Elviro ARANDA ÁLVAREZ: «La 'alerta temprana' en el procedimiento legislativo de la Unión Europea. Una reflexión sobre su utilidad desde la reciente experiencia española», *Revista de Derecho Comunitario Europeo* n.º 44 (2013), pp. 101-153.

RIPOLL NAVARRO, Rafael: «Las regiones en Europa: el principio de subsidiariedad», en José Manuel CANALES ALIENDE y Manuel MENÉNDEZ ALZAMORA (eds.): *El sistema político y administrativo valenciano*, Tirant Lo Blanch, Valencia, 2012, pp. 416-440.

RIPOLL NAVARRO, Rafael: «La relación de vasos comunicantes entre el Estado central, la Unión Europea y las comunidades autónomas», en José María BENEYTO PÉREZ, Inmaculada RODRÍGUEZ ROBLERO y Rafael RIPOLL NAVARRO (coords.): *Las competencias del Estado español en relación con el proceso de integración autonómico y europeo,* Bosch, Madrid, 2012, pp. 95-128.

Ripoll Navarro, Rafael y **Terradez Salom**, Daria: «La necesaria europeización de la Constitución Española», *Revista Valenciana d'Estudis Autonòmics* n.º 59, vol. 2 (2014), pp. 24-51.

Tribunal Constitucional. Sentencia n.º 31/2010, de 28 de junio de 2010 (BOE n.º 172, de 16 de julio de 2010).

Tribunal Constitucional. Sentencia n.º 165/1994, de 26 de mayo de 1994 (*BOE* n.º 151 de 21 de junio de 1994). Conflicto positivo de competencia 1.501/1988. Promovido por el Gobierno de la Nación frente al Gobierno del País Vasco, en relación con el Decreto 89/1988, de 19 de abril, del Gobierno Vasco, por el que se establece la estructura orgánica del Departamento de Presidencia, Justicia y Desarrollo Autonómico.

Van Staa, Herwig: «La apuesta por el desarrollo del regionalismo en Europa: el papel del Congreso de Autoridades Locales y Regionales», en Damjanovic, Mijat (coord.): «Regionalismo, regionalización y políticas regionales en Europa: experiencias y perspectivas», *Cuadernos Constitucionales de la Cátedra Fadrique Furió Ceriol* n.º [monográfico] 73/74 (2012), pp. 29-37.

LA DIMENSIÓN SOCIAL DE LA UNIÓN EUROPEA: APUNTES EN EL CONTEXTO DE LA PRESIDENCIA ESPAÑOLA DEL CONSEJO

THE SOCIAL DIMENSION OF THE EUROPEAN UNION: NOTES IN THE CONTEXT OF THE SPANISH PRESIDENCY OF THE COUNCIL

Tatsiana Ushakova[1]

Sumario: Introducción. I. ¿Qué es Europa? II. ¿Qué rasgos caracterizan a la Unión Europea? III. ¿La Unión Europea es también una unión social? IV. ¿Qué prioridades debe afrontar la Unión Europea en materia social? V. Consideraciones finales. Bibliografía consultada.

Contents: Introduction. What is Europe? 2. What are the characteristics of the European Union? 3. Is the European Union also a social union? 4. What are the priorities for the European Union in the social field? Final considerations. Bibliography.

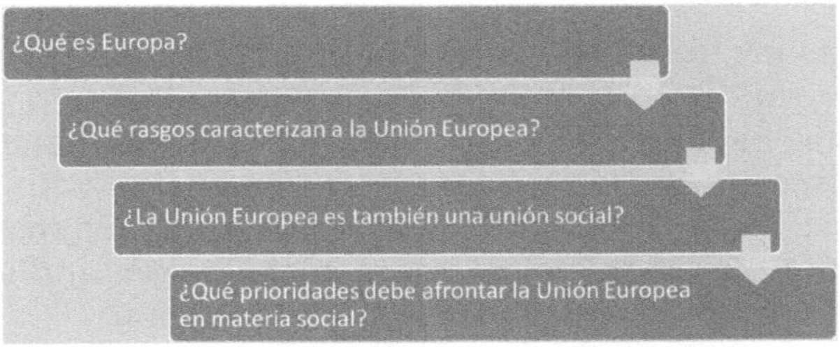

Imagen 1.: Esquema del análisis deductivo (elaboración propia).

1 Profesora Titular de Derecho del Trabajo y de la Seguridad Social, Universidad de Alcalá; Lecturer of Labour and Social Security Law, University of Alcalá

Resumen: El presente estudio pretende contribuir al debate sobre el papel que desempeña España, debido a su Presidencia del Consejo de la Unión Europea, para afrontar los retos de la política social. Además, sirve para reflexionar sobre el rumbo que tiene que tomar la Unión en los actuales y futuros desafíos en este ámbito.

La dimensión social de la Unión se manifiesta en otros contextos, entre ellos: el siempre presente reto demográfico; la casi olvidada crisis financiera y económica; la situación de la pandemia y postpandemia; los conflictos bélicos y los desastres medioambientales y, como consecuencia de ellos, la llegada masiva de refugiados al territorio de la UE, así como las discrepancias sobre el futuro del proyecto europeo y la salida de los británicos tras el Brexit.

Dichos acontecimientos invitan a indagar más allá de la política social de la Unión y a abordar el tema a partir de un planteamiento más general para avanzar hacia unos aspectos más específicos. Así, siguiendo el método deductivo, se propone ir redescubriendo y desvelando la dimensión social a partir de cuatro interrogantes: ¿Qué es Europa? ¿Qué rasgos caracterizan a la Unión Europea? ¿La Unión Europea es también una unión social? y ¿Qué prioridades debe afrontar la Unión Europea en materia social?

Abstract: This study aims to contribute to the debate on the role of Spain, due to its Presidency of the Council of the European Union, in facing the challenges of social policy. It also serves to inquire on the direction that the Union must take in the current and future challenges in this area.

The social dimension of the Union is manifested in other contexts, including: the ever-present demographic challenge; the almost forgotten financial and economic crisis; the pandemic and post-pandemic situation; armed conflicts and environmental disasters and, consequently, the massive arrival of refugees on EU territory, as well as disagreements about the future of the European project and the UK's withdrawal from the EU after Brexit.

These events invite us to look beyond the EU's social policy and to approach the subject from a more general perspective and then move on to more specific aspects. Thus, following the deductive method, it is proposed to rediscover and unveil the social dimension with regard to the four questions: What is Europe, what features characterise the European Union, is the European Union also a social union, and what priorities should the European Union address in the social field?

Palabras clave: Unión Europea (UE), proceso de integración, política social, derechos sociales, derechos laborales, migración laboral, empleo

Key words: European Union (EU), integration process, social policy, social rights, labour rights, labour migration, employment.

Introducción

El presente estudio se elabora para contribuir al debate sobre el papel que desempeña España, debido a su Presidencia del Consejo de la Unión Europea (UE)[2], para afrontar los retos de la política social. Además, sirve para reflexionar sobre el rumbo que tiene que tomar la Unión en los actuales y futuros desafíos en este ámbito.

España asume el mandato presidencial desde «el segundo semestre de 2023, del 1 de julio al 31 de diciembre, en un periodo de grandes retos para los Estados miembros y la Unión Europea en su conjunto»[3]. De este modo, la Presidencia española se centra en cuatro prioridades para su semestre: reindustrializar la UE y garantizar su autonomía estratégica abierta; avanzar en la transición ecológica y la adaptación medioambiental; impulsar una mayor justicia social y económica y, por último, avanzar en la unidad de la Unión Europea[4].

Como se puede comprobar, todos los objetivos fijados guardan relación con la dimensión social de la UE, en particular el tercero, que resalta la importancia de la justicia social. En este sentido, cabe recordar que la justicia social es también uno de los principios constitucionales de la Organización Internacional del Trabajo (OIT), plasmado en su acuerdo fundacional y en el documento que se encuentra debajo de la piedra angular del edificio principal de la OIT en Ginebra: *Si vis pacem, cole justitiam* – «Si desea la paz, cultive la justicia»[5].

Además, estos retos se inscriben en el *Programa* elaborado por el Consejo para las futuras Presidencias española, belga y húngara, durante los próximos 18 meses[6]. Al respecto, es especialmente relevante el propósito de

---

2 Véase la página de la Presidencia española en: https://spanish-presidency.consilium.europa.eu/ ; sobre la Presidencia en el Consejo de la Unión Europea, en: https://www.consilium.europa.eu/es/council-eu/presidency-council-eu/ , y en los arts. 16.9 del Tratado de la Unión Europea (TUE) y 236(b) del Tratado de Funcionamiento de la Unión Europea (TFUE), *DO* C 202, de 7 de junio de 2016.

3 Citado por «Prioridades», en: https://spanish-presidency.consilium.europa.eu/es/programa/prioridades/

4 *Ibidem.*

5 Como afirma Supiot, «[l]os principios constitucionales de la OIT no han perdido ni un ápice de valor o actualidad. Considerando «que la paz universal y permanente solo puede basarse en la justicia social», el cometido primordial de la OIT, derivado del preámbulo de su Constitución, es evitar que «cualquier nación no adopt[e] un régimen de trabajo realmente humano», ya que «esta omisión constituiría un obstáculo a los esfuerzos de otras naciones que deseen mejorar la suerte de los trabajadores en sus propios países». Supiot, A., «El mandato de la OIT al cumplirse su centenario», *Revista Internacional del Trabajo,* 2020, vol. 139, n.° 1, p. 125.

6 Consejo de la Unión Europea, «Impulsar la Agenda Estratégica», Programa de 18 meses del Consejo (1 de julio de 2023 - 31 de diciembre de 2024), Bruselas, 20 de junio de 2023, Ref. 10597/23, Anexo.

«velar por que la doble transición se realice de una forma equitativa, justa e inclusiva reforzando la dimensión social de Europa»[7]. En esta línea de ideas, el esfuerzo de las futuras presidencias debe dirigirse hacia una aplicación efectiva del Plan de Acción del Pilar Europeo de Derechos Sociales y del Plan de Acción de la Comisión para la economía social, con especial atención a una serie de aspectos tales como la respuesta al reto demográfico, una movilidad laboral justa en la Unión y el acceso a la protección social y la protección de los trabajadores, la salud y la seguridad, la inclusión y la no discriminación en el trabajo, la prevención del estrés en el trabajo y el síndrome de desgaste profesional, en consonancia con la nueva iniciativa de la Comisión sobre la salud mental, y la integración de los grupos más vulnerables o en riesgo de exclusión[8].

La dimensión social de la Unión se relaciona con y se proyecta en otros contextos, entre ellos: la casi olvidada crisis financiera y económica y la siempre presente crisis demográfica; la situación de la pandemia y postpandemia; los conflictos bélicos y los desastres medioambientales y, como consecuencia de ellos, la llegada masiva de refugiados a los Estados de la UE, y las discrepancias sobre el futuro, con la salida de los británicos del «concierto europeo» tras el Brexit. Dichos acontecimientos invitan a indagar más allá de la política social de la Unión y a abordar el tema a partir de un planteamiento más general para elaborar unas conclusiones más específicas. Así, siguiendo el método deductivo, se pretende ir redescubriendo y desvelando la dimensión social a partir de cuatro interrogantes: ¿Qué es Europa? ¿Qué rasgos caracterizan a la Unión Europea? ¿La Unión Europea es también una unión social? y ¿Qué prioridades debe afrontar la Unión Europea en materia social?

I. ¿Qué es Europa?

«¿Qué es Europa?» – han preguntado y siguen preguntando los pensadores y estudiosos. Así se titula uno de los epígrafes de *La Europa cosmopolita,* de Ulrich Beck[9]. Muchos de estos estudiosos afirman que no saben cómo contestar a esta pregunta.

El sociólogo alemán comienza su discurso con estas palabras: «Cuando tratamos de aproximarnos a Europa, ya sea desde el punto de vista político o científico-social, tenemos la impresión de encontrarnos en una sala de los espejos. Dependiendo de la posición del observador, esta sala parece más grande o más pequeña, el menor desplazamiento altera sus proporciones.

7 Consejo de la Unión Europea, «Impulsar la Agenda Estratégica...», *op. cit.,* p. 2.

8 *Ibidem.,* p. 7.

9 Beck, U., *La Europa cosmopolita,* Paidós, Barcelona, Buenos Aires, México, 2006, pp. 23 y ss.

Dónde empieza y dónde acaba Europa, qué es y qué debe ser, todas estas preguntas para las que no hay respuestas claras y sencillas»[10].

Del mismo modo, en su ensayo más reciente, Javier Cercas dice que no lo sabe muy bien y trae a colación el pasaje muy citado, en relación con el tiempo, de las *Confesiones* de San Agustín, que reza así: «Si nadie me lo pregunta, lo sé; pero si quiero explicárselo al que me lo pregunta, no lo sé»[11].

Sin embargo, hay una cierta facilidad en afirmar lo que no es Europa. Como reconoce José Ortega y Gasset en su ensayo «España como posibilidad», y lo hace por referencia a «la retina de Julius Meier-Graefe», Europa «no es una expresión geográfica»[12]. Descartado el concepto geográfico, se abre un sinfín de posibilidades, empezando por la representación simbólica de Europa raptada por un toro, en la *Metamorfosis* de Ovidio[13]. Se trata del viaje mítico de la joven, llevada de Oriente a Occidente, que tiene una simbología especial[14]. Es interesante la siguiente reflexión a partir de *El rapto de Europa*, que señala: «El término Occidente es impreciso, relativista, traslaticio; está llamado a emigrar como el astro solar de que procede la imagen. América es más occidental que Europa como, de otra parte, el Lejano Oriente es más oriental que el Cercano, cuna de la civilización; pero, aunque fuera posible la perduración de la cultura creada por Europa en otras tierras, aunque se perfeccione y aun culmine en ciertos aspectos en el Nuevo Mundo, lo que, a nosotros, europeos, nos interesa vitalmente son las formas de vida radicadas en nuestras viejas tierras. Ni Europa como expresión geográfica, ni Occidente como mera expresión cultural, sino Europa occidental»[15].

Según *La idea de Europa* de George Steiner, recordada por Cercas, todo se reduce a cinco axiomas: en primer lugar, Europa y sus cafés, donde la gente conspira, escribe y debate, y donde nacen las grandes filosofías, los movimientos artísticos, las ideologías y las estéticas; en segundo lugar, el

---

10 BECK, *op. cit.,* p. 23.

11 SAN AGUSTÍN, *Confesiones de San Agustín*, Libro XI, Capítulo XIV, párr. 17, digitalizado por Librodots, p. 75, disponible en: http://www.historicodigital.com., también citado por CERCAS, J., «*E pluribus unum*: Europa y el heroísmo de la razón», *El País*, 16 de julio de 2017, recopilado en CERCAS, J., *No callar: Crónicas, ensayos y artículos. 2000-2022,* Tusquets, Barcelona, 2023, p. 325.

12 ORTEGA Y GASSET, J., «España como posibilidad», en ORTEGA Y GASSET, J., *Meditación de Europa y otros ensayos,* Alianza, Madrid, p. 202.

13 «Júpiter y Europa», en OVIDIO NASÓN, P., *Metamorfosis,* Biblioteca virtual universal (traducción PÉRZ VEGA, A.), párrs. 833-875. Para visualizar la escena, véase, entre los numerosos cuadros dedicados al episodio, *El rapto de Europa* de Rubens, en el Museo del Prado y de Rembrandt, en el Museo J. Paul Getty de Los Ángeles.

14 BANCALARI MOLINA, A., «El mito de Europa en los textos literarios clásicos», *Acta Literaria*, n.° 43, II (2011), p. 97.

15 DIEZ DEL CORRAL, L., *El rapto de Europa. Una interpretación histórica de nuestro tiempo*, Alianza, Madrid, 1974, pp. 121-122, citado por BANCALARI MOLINA, *LOC. CIT.*, pp. 98-99.

paisaje, a saber, la naturaleza domesticada y paseable, que contrasta con la intransitable de Asia, América, África y Oceanía; en tercer lugar, Europa como un *lieu de mémoire* plagado de recuerdos históricos, a la vez luminosos y asfixiantes; en cuarto lugar, la herencia de Atenas y Jerusalén, de Sócrates y de Jesucristo, de la razón y de la revelación, y, por último, la conciencia de su propia caducidad[16].

En su *Meditación de Europa,* Ortega y Gasset habla de Europa como Estado[17]. De hecho, sostiene que «ningún Estado nacional europeo ha sido nunca totalmente soberano en relación con los demás. La soberanía nacional ha sido siempre relativa y limitada por la presión que sobre cada una de ellas ejercía el cuerpo íntegro de Europa [...]. Había, pues, un poder público europeo y había un Estado europeo»[18]. Además, a lo largo de la historia, ese Estado ha recibido diversos nombres. Se le llamaba «concierto europeo» en los tiempos de Wilhelm von Humboldt y, poco después, y antes de la Primera Guerra Mundial, se hablaba del «equilibrio europeo»[19]. Ya en el siglo XVIII, William Robertson definió el equilibrio europeo como «*the greatest secret of modern politics*», y no es de extrañar, «porque el equilibrio o balanza de poderes es una realidad que consiste esencialmente en la existencia de una pluralidad»[20].

No obstante, el aspecto más llamativo en el contexto de este estudio es la definición de Europa como «espacio social», que existía como tal antes de la creación y reafirmación de los Estados nacionales, y se iba forjando a base de una convivencia larga de los pueblos europeos con influencia de los mitos, como el «rapto de Europa», las creencias religiosas y el pensamiento humanista[21].

II. ¿Qué rasgos caracterizan a la Unión Europea?

Para muchas personas, la Europa de hoy se identifica con la Unión Europea, que, a su vez, remite al histórico Tratado de Maastricht, de 1992, que anunció «...una nueva etapa en el proceso creador de una Unión cada vez más estrecha entre los pueblos de Europa, en la cual las decisiones serán tomadas de la forma más próxima posible a los ciudadanos» y señaló, entre los

---

16 Steiner, G., *La idea de Europa,* Siruela, Madrid, 2020, resumido por Cercas, *Loc. cit.*, pp. 326-327.

17 En este párrafo se sigue el razonamiento de Ortega y Gasset, «Cultura europea y pueblos europeos», en *Meditación de Europa y otros ensayos, op. cit.,* pp. 39 y ss.

18 *Ibidem*, p. 39.

19 *Ibidem.*

20 Ortega y Gasset, «De Europa meditatio quaedam», *op. cit.,* p. 128.

21 *Ibidem, op. cit.,* pp. 70-71.

objetivos de la Unión, el compromiso de «promover un progreso económico y social equilibrado y sostenible...»[22]. El Tratado de Maastricht supuso una nueva etapa en el proceso de la integración europea que iniciaron las tres comunidades [la Comunidad Europea del Carbón y del Acero (CECA), la Comunidad Económica Europea (CEE, posteriormente, la Comunidad Europea) y la Comunidad Europea de la Energía Atómica (CEEA)][23]. Al marco institucional comunitario, compuesto por el Consejo, el Parlamento, la Comisión, el Tribunal de Justicia y el Tribunal de Cuentas, se sumaron un Sistema Europeo de Bancos Nacionales y un Banco Central Europeo, así como el Banco Europeo de Inversiones y el Fondo Europeo de Inversiones. Asimismo, en virtud del Tratado, se establecieron un Comité Económico y Social y un Comité de las Regiones, con competencias consultivas.

A partir de la reforma de Maastricht, las competencias se clasificaron en tres grandes grupos, también conocidos como «pilares»: el primer pilar estaba integrado por las Comunidades Europeas y proporcionaba un marco que permitía a las instituciones comunitarias ejercer, en los ámbitos regulados por el Tratado las competencias que habían sido objeto de una transferencia de soberanía por parte de los Estados miembros; el segundo pilar estaba formado por la política exterior y de seguridad común (PESC) prevista en el título V del Tratado, y el tercer pilar estaba constituido por la cooperación en los ámbitos de la justicia y los asuntos de interior (CAJAI) del título VI del Tratado. Los dos últimos V y VI establecían una cooperación de carácter intergubernamental, que se servía de las instituciones comunes y estaba dotada de algunos elementos supranacionales, en particular la asociación de la Comisión Europea y la consulta del Parlamento Europeo[24].

Posteriormente, los tratados constitutivos sufrieron varias reformas: por un lado, proliferaron los acuerdos de adhesión a la Unión Europea, siempre sumando nuevos Estados miembros, hasta la salida del Reino Unido en 2020; por otro, se llevaron a cabo las importantes reformas institucionales de Ámsterdam, de 1997; de Niza, de 2001; del Proyecto de Tratado por el que se establecía la Constitución Europea, de 2003, un proyecto fallido, y de Lisboa,

---

22 El Tratado de la Unión Europea, firmado en Maastricht el 7 de febrero de 1992, entró en vigor el 1 de noviembre de 1993. DO C 191, de 29 de julio de 1992.
Con carácter general, véase MOLINA DEL POZO, C. F., *Derecho de la Unión Europea,* 6.ª ed., Colección Jurídica General. Cursos, Editorial Reus, Madrid, 2022.

23 Véase el resumen de SOKOLSKA, I., «Los Tratados de Maastricht y Ámsterdam», *Fichas Temáticas de la Unión Europea, Parlamento Europeo*, marzo de 2023, disponible en: https://www.europarl.europa.eu/factsheets/es/sheet/3/los-tratados-de-maastricht-y-amsterdam#_ftn1
Asimismo, véase la recopilación de los textos de los tratados en MOLINA DEL POZO, C. F., *Tratado de Lisboa. Tratado de la Unión Europea, Tratado de Funcionamiento de la Unión Europea, Carta Europea de Derechos Fundamentales: textos consolidados y anotados,* 2.ª ed., Editorial Universitaria Ramón Areces, Madrid, 2018.

24 SOKOLSKA, *Loc. cit.*

de 2007[25]. En particular, tras la entrada en vigor del Tratado de Lisboa, en 2009, la Carta de los Derechos Fundamentales de la UE (CDF) adquirió un valor vinculante y pasó a formar parte del Derecho primario de la Unión, junto con los tratados constitutivos, a saber, el TUE, el TFUE y el TCEEA.

Hoy, el rasgo primero, y más llamativo por paradójico, de la Unión Europea, es su lema «Unidad en la diversidad»[26]. Al respecto, en el Preámbulo del Proyecto de Tratado de la Constitución Europea, se expresaba la seguridad de que, «unida en la diversidad», Europa brinda las mejores posibilidades de proseguir, respetando los derechos de todos y reconociendo la responsabilidad para con las generaciones futuras y la Tierra, y de que este Proyecto es la gran aventura que hace que Europa sea un espacio especialmente propicio para la esperanza humana[27]. Por muy paradójico que parezca, el fracaso del proyecto de Constitución simboliza esta oposición constante entre la unidad y la diversidad de la Unión.

En palabras de Ortega y Gasset, «[l]a homogeneidad no fue ajena a la diversidad... Cada nuevo principio uniforme fertilizaba la diversificación»[28]. En este sentido, cuando España aspiraba a ser un Estado europeo, en definitiva, pretendía reafirmar su identidad frente a otros Estados de Europa. Y, asimismo, cuando, en el marco de la UE, se realiza un esfuerzo armonizador o, menos aún, un intento de establecer normas mínimas, lo que hace es aflorar más, si cabe, las diferencias entre los Estados miembros en este campo concreto, entre muchos otros, la política social.

Es cada vez más manifiesta la implicación del ordenamiento jurídico europeo en los ordenamientos nacionales de sus Estados miembros, con el apoyo en el principio de primacía defendido por el Tribunal de Justicia (TJ o TJUE), según el cual «el Derecho de la Unión tiene primacía absoluta sobre los or-

---

25 *DO* C 306, de 17 de diciembre de 2007.

26 En la Declaración n.º 52 anexa al Tratado de Lisboa, una serie de países, entre ellos Bélgica, Bulgaria, Alemania, Grecia, España, Italia, Chipre, Lituania, Luxemburgo, Hungría, Malta, Austria, Portugal, Rumanía, Eslovenia y Eslovaquia, declararon «que la bandera que representa un círculo de doce estrellas doradas sobre fondo azul, el himno tomado del «Himno a la Alegría» de la Novena Sinfonía de Ludwig van Beethoven, la divisa «Unidad en la diversidad», el euro en tanto que moneda de la Unión Europea y el Día de Europa el 9 de mayo seguirán siendo, para ellos, los símbolos de la pertenencia común de los ciudadanos a la Unión Europea y de su relación con ésta». Citado por Unión Europea, Consejo de la Unión Europea, «Tratado de Lisboa. Texto consolidado del Tratado de la Unión Europea, Protocolos, Anexos y Declaraciones relativas a las disposiciones de los Tratados, a los Protocolos anejos a los Tratados y Declaraciones de los Estados Miembros», *Revista De Las Cortes Generales*, núms. 70-72 (2007), pp. 1129-1130.

27 Párrafo quinto del Preámbulo del Proyecto de Tratado por el que se instituye una Constitución para Europa, adoptado por consenso por la Convención Europea el 13 de junio y el 10 de julio de 2003, *DO* C 169, de 18 de julio de 2003.

28 Ortega y Gasset, «Cultura europea y pueblos europeos», en *Meditación de Europa y otros ensayos, op. cit.*, p. 24.

denamientos nacionales de los Estados miembros, y los tribunales nacionales deben tenerlo en cuenta en sus resoluciones»[29]. En los asuntos clásicos *Van Gend & Loos*[30] y *Costa/ENEL*[31], el TJ sentó la tesis sobre la primacía del Derecho de la Unión sobre el Derecho nacional, y, en la jurisprudencia posterior, reafirmó su doctrina, llegando a establecer la primacía de las normas comunitarias, incluso sobre los derechos fundamentales garantizadas en las constituciones nacionales en el asunto *Handelsgesellschaft*[32].

En virtud de la *Declaración relativa a la primacía,* aneja al Tratado de Lisboa[33], se incorpora el Dictamen del Servicio Jurídico del Consejo, de 22 de junio de 2007, que recuerda, con arreglo a una jurisprudencia reiterada del Tribunal de Justicia, «que los Tratados y el Derecho adoptado por la Unión sobre la base de los mismos priman sobre el Derecho de los Estados miembros, en las condiciones establecidas por la citada jurisprudencia».

El Dictamen reza:

> «Resulta de la jurisprudencia del Tribunal de Justicia que la primacía del Derecho comunitario es un principio fundamental del Derecho comunitario. Según el Tribunal de Justicia, este principio es inherente a la naturaleza específica de la Comunidad Europea. En el momento de la primera sentencia de esta jurisprudencia constante (Costa/ENEL, 15 de julio de 1964, asunto 6/64 [1] el Tratado no contenía mención alguna a la primacía, y todavía hoy sigue sin contenerla. El hecho de que el principio de primacía no esté incluido en el futuro Tratado no cambiará en modo alguno la existencia de este principio ni la jurisprudencia existente del Tribunal de Justicia.
>
> [1] "(...) se desprende que, al Derecho creado por el Tratado, nacido de una fuente autónoma, no se puede oponer, debido a su específica naturaleza original una norma interna, cualquiera que sea ésta, ante los órganos jurisdiccionales, sin que al mismo tiempo aquél pierda su carácter comunitario y se ponga en tela de juicio la base jurídica misma de la Comunidad"»[34].

En España, el Derecho de la UE ha tenido una repercusión indudable en todo el ordenamiento jurídico. Al respecto, valga invocar las dos primeras reformas constitucionales: la del art. 13.2, relativa al sufragio pasivo en las

29 Citado por Bux, U., Maciejewski, M., *Las fuentes y el ámbito de aplicación del Derecho de la Unión Europea,* Fichas temáticas de la Unión Europea, Departamento Temático de Derechos de los Ciudadanos y Asuntos Constitucionales del Parlamento Europeo, abril de 2023, disponible en: https://www.europarl.europa.eu/factsheets/es/sheet/6/las-fuentes-y-el-ambito-de-aplicacion-del-derecho-de-la-union-europea.

30 STJ, de 5 de febrero de 1963, en el asunto 26/62.

31 STJ, de 15 de julio de 1964, en el asunto 6/64.

32 STJ, de 17 de diciembre de 1970, en el asunto 11/70.

33 *DO* C 202/344, de 7 de junio de 2016.

34 *Ibidem.*

elecciones municipales, de 1992[35], y la del art. 135, sustituido íntegramente por un texto nuevo, debido a la aplicación de la disciplina presupuestaria, de 2011[36].

En el ámbito laboral, prácticamente toda la actividad normativa constante y frenética se debe a la recepción de las normas del Derecho de la Unión y de la jurisprudencia del TJUE en el ordenamiento jurídico nacional. Sirven de referencia la reciente reforma del Estatuto de los Trabajadores[37], operada por el RD Ley 32/2021, de 28 de diciembre, que modifica el sistema de contratación[38]; la Ley 15/2022, de 12 de julio, integral de trato y la no discrimina-

35 «La primera reforma constitucional consistió en añadir, en el artículo 13.2, la expresión "y pasivo" referida al ejercicio del derecho de sufragio de los extranjeros en elecciones municipales.
El 7 de febrero de 1992 se firmó en Maastricht el Tratado de la Unión Europea por el que, entre otros, se modificaba el Tratado Constitutivo de la Comunidad Económica Europea. El artículo 8.B de éste, prescribiría, tras la aprobación del Tratado de Maastricht, que "todo ciudadano de la Unión europea que resida en un Estado miembro del que no sea nacional tendrá derecho a ser elector y elegible en las elecciones municipales del Estado miembro en el que resida...".
El Gobierno de la Nación, en la reunión del Consejo de Ministros celebrada el 24 de abril de 1992, acuerda iniciar el procedimiento previsto en el artículo 95.2 de la Constitución al objeto de que el Tribunal Constitucional se pronuncie sobre la eventual contradicción entre la Constitución española y el que sería artículo 8.B citado.
El pronunciamiento del Tribunal Constitucional, de fecha 1 de julio de 1992, declaraba:
1.° que la estipulación contenida en el futuro artículo 8 B, apartado 1, del Tratado Constitutivo de la Comunidad Económica Europea, tal y como quedará redactado por el Tratado de la Unión Europea, es contraria al artículo 13.2 de la Constitución en lo relativo a la atribución del derecho de sufragio pasivo en elecciones municipales a los ciudadanos de la Unión Europea que no sean nacionales españoles». Citado por CONGRESO DE LOS DEPUTADOS, «La primera reforma constitucional (1992)», en: https://app.congreso.es/consti/constitucion/reforma/primera_reforma.htm

36 Esta reforma se lleva a cabo «en el contexto de una profunda y prolongada crisis económica», en la que «se hacen cada vez más evidentes las repercusiones de la globalización económica y financiera. La estabilidad presupuestaria adquiere un valor estructural y condicionante de la capacidad de actuación del Estado. Por otra parte, el Pacto de Estabilidad y Crecimiento de la zona euro tiene como finalidad prevenir la aparición de déficits presupuestarios excesivos dando así confianza en la estabilidad económica de dicha zona. La reforma del artículo 135 de la Constitución persigue garantizar el principio de estabilidad presupuestaria vinculando a todas las Administraciones Publicas, reforzar el compromiso de España con la Unión Europea y garantizar la sostenibilidad económica y social». Citado por CONGRESO DE LOS DEPUTADOS, «Segunda reforma constitucional (2011)», disponible en: https://app.congreso.es/consti/constitucion/reforma/segunda_reforma.htm

37 Real Decreto Legislativo 2/2015, de 23 de octubre, por el que se aprueba el texto refundido de la Ley del Estatuto de los Trabajadores, *B.O.E.* n.° 255, de 24 de octubre de 2015.

38 Sobre esta reforma, véase, entre otros, BALLESTER PASTOR, M.ª A., *La Reforma Laboral de 2021 Más allá de la crónica,* Ministerio de Empleo y Seguridad Social, Madrid, 2022; CRUZ VILLALÓN, J., «Texto y contexto de la reforma laboral de 2021 para la pospandemia», *Temas laborales: Revista andaluza de trabajo y bienestar social*, n.° 161 (2022), pp. 11-66; GIL Y GIL, J. L., «Alcance de la reforma laboral de 2021», *Noticias CIELO,* n.° especial de 2022,

ción[39], o la reforma de la normativa reguladora del servicio de hogar, llevada a cabo por el Real Decreto-ley 16/2022, de 6 de septiembre[40].

III. ¿La Unión Europea es también una unión social?

La respuesta a esta pregunta tiene que ser afirmativa, porque, desde el momento de la creación de las tres Comunidades europeas, las normas sociales estaban presentes en los tres tratados constitutivos. Ante todo, se trataba de los arts. 117 a 128 del TCEE (los actuales arts. 48 y 151 a 164 del TFUE). Como señala Karen Anderson, siguiendo el razonamiento de otros autores, en particular de Linda Hantaris[41], los TCECA y TCEEA contenían disposiciones laborales más precisas que el TCEE, dado que se referían a los sectores concretos de las industrias minera, metalúrgica y de la energía atómica en pleno auge[42]. Por otro lado, llamaba atención el divorcio entre los objetivos ambiciosos de elevar el bienestar, las condiciones laborales y el progreso social y las medidas concretas para poder llevarlos a cabo[43].

Al respecto, hay que subrayar que el TJ ha contribuido a dar contenido palpable a la dimensión social de las Comunidades y, después, de la Unión. Al igual que los asuntos *Van Gend & Loos* y *Costa/ENEL* han reafirmado el valor del Derecho europeo en los ordenamientos jurídicos nacionales, la conocida sentencia en el asunto *Defrenne* ha reforzado los objetivos sociales de la en-

dedicado a «La reforma laboral española de 2021: puntos críticos del Real Decreto-ley 32/2021», coordinado por Mella Méndez, L. disponible en: https://www.cielolaboral.com/numeros/ y, del mismo autor, «La réforme du marché du travail de 2021», *Revue de Droit Comparé du Travail et de la Sécurité Sociale*, n.° 1 (2022), pp. 184-187; Monereo Pérez, J. L., Rodríguez Escanciano, S., Rodríguez Iniesta, G. (Dirs.), Ortiz Castillo, F. (Coord.), *La reforma laboral de 2021. Estudio técnico de su régimen jurídico,* Laborum, Murcia, 2022; Sanguineti Raymond, W., «Lectura y relectura de la reforma laboral de 2021» *Trabajo y derecho: nueva revista de actualidad y relaciones laborales,* n.° 88 (2022), disponible en: https://wilfredosanguineti.wordpress.com/2022/04/23/lectura-y-relectura-de-la-reforma-laboral-de-2021-opinion-de-trabajo-y-derecho-num-88/ , y Sempere Navarro, A. V., «La reforma laboral de 2021 y los convenios colectivos», *Revista española de derecho del trabajo*, n.° 251 (2022), pp. 49-80.

39 Ley 15/2022, de 12 de julio, integral para la igualdad de trato y la no discriminación, *B.O.E.* n.° 167, de 13 de julio de 2022. En particular, véase el apartado I. Marco Regulatorio de la Exposición de Motivos.

40 Real Decreto-ley 16/2022, de 6 de septiembre, para la mejora de las condiciones de trabajo y de Seguridad Social de las personas trabajadoras al servicio del hogar, *B.O.E.*, n.° 216, de 8 de septiembre de 2022.

41 Hantaris, L., *Social Policy in the European Union,* 3rd ed., Palgrave, London, 2007.

42 Anderson, K. M., *Social Policy in the European Union,* Palgrave, London, 2015, p. 54.

43 Anderson, *op. cit.,* p. 56.

tonces Comunidad, describiéndola no solo como una unión económica, sino, al mismo tiempo, como un ente en pro de la acción común para garantizar el progreso social y mejorar las condiciones laborales[44].

En este sentido, la evolución de la política social europea se refiere, sobre todo, a la conquista paulatina de las competencias de las instituciones europeas en este ámbito. Desde los comienzos del proceso de integración, dichas competencias estaban relacionadas con el mercado interior (o, anteriormente, con el mercado común)[45] y, en particular con la libertad de movimiento de los trabajadores, la seguridad y salud en el trabajo y la igualdad y la no discriminación en materia de empleo y ocupación. El cuadro de competencias de la Unión en materia social y la consiguiente distribución de estas entre la Unión y los Estados miembros se ha ido fraguando mediante sucesivas reformas de los Tratados fundacionales, en especial a partir del Acta Única Europea, de 1986[46], que clarificó este aspecto, y, como una aportación más relevante de las reformas posteriores, operadas por el Tratado de Maastricht, de 1992, el Tratado de Ámsterdam, de 1997[47], y el Tratado de Niza, de 2000[48]. El Tratado de Lisboa, de 2007, ha añadido un nuevo precepto al capítulo sobre la política social, por el que la Unión tenía que reconocer y promover el papel de los interlocutores sociales en su ámbito, teniendo en cuenta la diversidad de los sistemas nacionales, y facilitar el diálogo entre ellos, dentro del respeto de su autonomía, precisando que la cumbre social tripartita para el crecimiento y el empleo debe contribuir al diálogo social (art. 152 TFUE).

El art. 3.3 del TUE proporciona el fundamento jurídico inicial de la competencia de la Unión en la materia de la política social. Desde la primera línea del artículo, se percibe que el interés en regular dicha materia se conecta con el establecimiento de un mercado interior. Con este objetivo, se promueve la acción de la UE en pro de una economía social de mercado altamente competitiva, tendente al pleno empleo, al progreso social y al fomento de la

---

44 STJ de 8 de abril de 1976, en el asunto C-43/75 *(Defrenne II)*, párr. 10. Hay que tener en cuenta que existen tres asuntos *Defrenne,* con sus sentencias correspondientes: la STJ de 25 de mayo de 1971, en el asunto C-80/70; la citada STJ de 8 de abril de 1976, en el asunto C-43/75, y la STJ de 15 junio de 1978, en el asunto C-149/77. Véase sobre el contenido y el alcance se las sentencias, Ugartemendia Eceizabarrena, J. I. Y Bengoetxea Caballero, J. R., «Breves apuntes sobre las sentencias básicas del Tribunal de Justicia de la Unión Europea», *UNED. Teoría y Realidad Constitucional*, n.° 33 (2014), pp. 449-451.

45 It should be noted that the present Article 151 TFEU is essentially identical to Article 136 TEC except for «Union» replacing «Community» and «internal market» replacing «common market». Ales, E., Bell M., Deinert, O., Robin-Oliver, S. (Eds.), *International and European Labour Law. A Commentary,* Nomos, Baden-Baden; Beck, München; Hart, Oxford, 2018, y Jimena Quesada, L., *Social Rights and Policies in the European Union. New Challenges in a Context of Economic Crisis*, Tirant lo Blanch, Valencia, 2016, p. 24.

46 *DO* L 169, de 29 de junio de 1987.

47 *DO* C 340, de 10 de noviembre de 1997.

48 *DO* C 80, de 10 de marzo de 2001.

protección social, y de una mayor cohesión económica, social y territorial y solidaridad entre los Estados miembros.

En el mismo artículo, se propone combatir la exclusión social y la discriminación y fomentar la justicia y la protección sociales, la igualdad entre mujeres y hombres, la solidaridad entre las generaciones y la protección de los derechos del niño. En suma, se promueve la cohesión económica y social.

Para reforzar la disposición citada, el Tratado de Lisboa añade las así llamadas «cláusulas sociales horizontales», esto es, los arts. 8 y 9 del TFUE, que reiteran todas las obligaciones de la UE en relación con los derechos fundamentales[49]. Entre otros aspectos, en la definición y ejecución de las políticas de la UE, exhortan a tener en cuenta la promoción de un nivel de empleo elevado y la garantía de una protección social adecuada (art. 9 del TFUE).

El reparto de competencias en materia social entre la UE y sus Estados miembros[50] puede sistematizarse de manera descendente, de una mayor a una menor intensidad de intervención de la UE. A la Unión le corresponde la regulación básica de la libre circulación de trabajadores (arts. 45 a 48 del TFUE), y, progresivamente, la regulación de la libre circulación de personas (arts. 67 y ss. TFUE), así como las oportunas medidas de acompañamiento (seguridad social de los trabajadores migrantes, reconocimiento de diplomas y títulos profesionales, desplazamiento temporal de trabajadores, criterios de determinación de la ley aplicable y el foro competente). Cabe destacar que la UE va adquiriendo competencias cada vez más incisivas en materia de inmigración y entrada de nacionales de terceros países y aspectos conexos[51].

El título X del TFUE (arts. 151 a 161), independiente desde la reforma de Lisboa, se dedica a la política social y, de conformidad con el principio de atribución (art. 5.1 del TUE), se sitúa en el ámbito de las competencias compartidas [art. 4.2(b) del TFUE]. El art. 153.1 TFUE señala los campos en los que la Unión apoya y completa la acción de los Estados miembros para la consecución de los objetivos sociales de la UE anunciados en el art. 151. Estos ámbitos comprenden: la mejora del entorno de trabajo para proteger la salud y la seguridad de los trabajadores, condiciones de trabajo, seguridad social y protección social de los trabajadores, protección de los trabajadores en caso de rescisión del contrato laboral, información y consulta a los trabajadores, representación y defensa colectiva de los intereses de los trabajadores y de los empresarios, incluida la cogestión, condiciones de empleo de los nacionales de terceros países que residan legalmente en el territorio de

---

49 Véase Sciarra, S., *Solidarity and Conflict. European Social Law in Crisis,* Cambridge University Press, Cambridge, 2018, pags. 25-26.

50 Véase un análisis más detallado en Aranzadi, *Fuentes del derecho: Normas comunitarias sobre relaciones de trabajo,* Doc. Aranzadi 2003/8, con la última revisión del 11 de agosto de 2022.

51 *Ibidem.*

la Unión, integración de las personas excluidas del mercado laboral, igualdad entre hombres y mujeres por lo que respecta a las oportunidades en el mercado laboral y al trato en el trabajo, lucha contra la exclusión social, y modernización de los sistemas de protección social.

En este sentido la expresión «apoyar y completar» parece ajustarse más al patrón de las competencias complementarias del art. 6 del TUE que al de las competencias compartidas entre la Unión y sus Estados miembros[52]. Aunque, también es cierto que dicha atribución se realiza con referencia a «los aspectos definidos en el presente Tratado», anunciando, de este modo, que requiere la precisión en normas específicas, y suponiendo la complejidad adicional al, ya de por sí complejo, ámbito de competencias que, además, en virtud del principio de subsidiariedad, permite la intervención de la UE en la medida en que los objetivos pretendidos no puedan alcanzarse de manera suficiente a nivel nacional, y se consiguen mejor a nivel europeo (art. 5.3 TUE).

En las competencias compartidas, la UE y sus países tienen potestad para legislar y adoptar actos jurídicamente vinculantes. No obstante, como indica el art. 2.2 del TFUE, los Estados ejercerán su competencia en la medida en que la Unión no haya ejercido la suya. La directiva es el medio más apropiado para el ámbito de las competencias señalado, debido a su naturaleza de acto que «obliga al Estado miembro destinatario en cuanto al resultado que deba conseguirse, dejando sin embargo a las autoridades nacionales la elección de la forma y los medios» (art. 288 del TFUE). Y, en efecto, el art. 153.2 (b) contempla la posibilidad de adoptar directivas, a saber, «las disposiciones mínimas que tendrán que aplicarse progresivamente», para regular el gran número de campos mencionados a través del procedimiento de mayoría cualificada. No obstante, se exige la unanimidad para los ámbitos de la seguridad social y protección social de los trabajadores, la protección de los trabajadores en caso de rescisión de contrato laboral, la representación y defensa colectiva de los intereses de los trabajadores y de los empresarios, incluida la cogestión, y las condiciones de empleo de los nacionales de terceros países que residan legalmente en el territorio de la Unión. Además, quedan fuera de esta competencia normativa las materias relativas a las remuneraciones, asociación y sindicación, derecho de huelga y cierre patronal (art. 153.5 del TFUE).

---

52 «Al respecto, se observa una cierta ambigüedad. Por un lado, la política social se sitúa en el ámbito de las competencias compartidas. Por otro, el modo de acción de la UE, que consiste en apoyar y completar, se aproxima más al patrón de las competencias complementarias del art. 6 del TFUE. En los ámbitos correspondientes a esas competencias, como, por ejemplo, la formación profesional, es mínima la intervención de la Unión». Ushakova, T., «Hacia un concepto común de protección contra el despido en el Derecho de la Unión Europea», en Molina Del Pozo, C. F. (Dir.), Cirefice, R., Jiménez Carrero, J. A. (Coords.), *El futuro de los procesos de integración en el marco de las relaciones Unión Europea-América Latina,* Editorial Colex, A Coruña, 2022, p. 288.

El art. 156 contempla el papel de la Comisión Europea en el fomento de la colaboración entre los Estados miembros y de la coordinación de sus acciones en los ámbitos de la política social, particularmente en materia de empleo, derecho del trabajo y condiciones de trabajo, formación y perfeccionamiento profesionales, seguridad social, protección contra los accidentes de trabajo y enfermedades profesionales, higiene del trabajo, derecho de sindicación y negociaciones colectivas entre empresarios y trabajadores.

Por lo que respecta al empleo[53], regulado en el título IX del TFUE (arts. 145 a 150), la intervención de la Unión en este campo es más débil. Está previsto que la UE contribuya a un alto nivel de empleo mediante el fomento de la cooperación entre los Estados miembros, y que apoye y, en caso necesario, complemente sus actuaciones (art. 147). En este sentido, a las instituciones de la UE corresponde la elaboración de directrices u orientaciones de política de empleo, que se renuevan o confirman con periodicidad anual (arts. 145 y 148), y que sirven de guía a los países miembros para elaborar planes anuales de empleo, en los que deben indicarse las medidas normativas y administrativas que se proponen adoptar y los recursos financieros asignados con estos fines. El Consejo de la UE, una vez examinada la aplicación de las políticas de empleo de los Estados miembros, puede formular recomendaciones a estos (art. 148.4). Además, la Unión cuenta con instrumentos específicos de apoyo al empleo, como el Fondo Social Europeo (art. 162 TFUE).

Con la proclamación de la Carta de los Derechos Fundamentales de la UE, que goza de un valor vinculante, igual que los tratados, a partir de la entrada en vigor de la reforma de Lisboa, se refuerza la dimensión social de la Unión con el catálogo de los derechos laborales. La mayoría de estos derechos, con alguna excepción, se agrupan bajo el título muy sugerente de «Solidaridad» y sus contenidos se inspiran en las Cartas Sociales Europeas[54]. No en vano, los objetivos sociales establecidos en el art. 151 se vinculan con los derechos sociales fundamentales de la Carta Social Europea, de 1961, y la Carta comunitaria de los derechos sociales fundamentales de los trabajadores, de 1989.

53 Véase Aranzadi, *Fuentes del derecho, op. cit.*

54 Véase Union Europea, *Explicaciones sobre la Carta de los Derechos Fundamentales, DOUE* C 303/17, de 14 de diciembre de 2007.
España ratificó recientemente la Carta Social Europea (revisada): Instrumento de Ratificación de la Carta Social Europea (revisada), hecha en Estrasburgo el 3 de mayo de 1996, *B.O.E.* n.º 139, 11 de junio de 2021.
En relación con la parte IV, artículo D, párrafo 2, de la Carta Social Europea (revisada), España declara que acepta la supervisión de sus obligaciones contraídas en la Carta según lo que establece el procedimiento recogido en el Protocolo Adicional a la Carta Social Europea que desarrolla un sistema de reclamaciones colectivas, hecho en Estrasburgo, el 9 de noviembre de 1995.

Hoy en día, la dimisión social de la UE es más visible, gracias al Pilar Europeo de los Derechos Sociales (PEDS), proclamado solemnemente en 2017[55]. En este sentido, sugiere un cierto paralelismo con el destino de la Carta de los Derechos Fundamentales. Podría esperase que, al igual que la CDF, un día logre un valor jurídicamente vinculante. Sin embargo, se asemeja más a instrumentos como la Agenda 2030 de la ONU[56], en especial tras la aprobación del Plan de Acción en 2021[57]. Podemos acceder a la página del Pilar y, de manera muy visual y gráfica, observar un número de iniciativas importante que se asocian a sus 20 principios, con muy pocas excepciones. La mayoría de esas iniciativas, como el mismo Pilar, revisten formas no vinculantes de «marcos», «planes de acción», «líneas directrices» o «recomendaciones». Entre los actos vinculantes adoptados en el marco del PEDS, cabe mencionar el Reglamento 2019/1149, por el que se crea la Autoridad Laboral Europea[58], una herramienta que refuerza las garantías de la libertad de movimiento de los trabajadores; la Directiva 2019/1152 sobre unas condiciones laborales transparentes y previsibles[59]; la Directiva 2019/1158 sobre la conciliación de la vida laboral y familiar[60], y la Directiva 2022/2041 sobre unos salarios mínimos adecuados[61].

Es evidente que los desafíos recientes requieren la renovación profunda del Derecho primario de la UE. Así lo considera el Parlamento Europeo, al

---

55 Recomendación (UE) 2017/761 de la Comisión, de 26 de abril de 2017, sobre el pilar europeo de derechos sociales, *DO* L 113, de 29 de abril de 2017.

56 Resolución de la Asamblea General de la ONU *Transformar nuestro mundo: la Agenda 2030 para el Desarrollo Sostenible,* de 25 de septiembre de 2015, UN Doc. A/RES/70/1.

57 Véase el contenido del Plan de Acción en: https://op.europa.eu/webpub/empl/european-pillar-of-social-rights/es/
Sin embargo, el informe anual sobre los derechos humanos en la Unión Europea señala las Cartas Sociales Europeas como referencia importante para la implementación del Pilar. EUROPEAN UNION, «2022 Annual Report on Human Rights and Democracy in the World», *Report of the High Representative of the Unión for Foreign Affairs and Security Policy*, Brussels, 2022, p. 139, disponible en:

58 Reglamento (UE) 2019/1149 del Parlamento Europeo y del Consejo, de 20 de junio de 2019, por el que se crea la Autoridad Laboral Europea, se modifican los Reglamentos (CE) n.° 883/2004, (UE) n.° 492/2011 y (UE) 2016/589 y se deroga la Decisión (UE) 2016/344, *DOUE* L 186, de 11 de julio de 2019.

59 Directiva (UE) 2019/1152 del Parlamento Europeo y del Consejo, de 20 de junio de 2019, relativa a unas condiciones laborales transparentes y previsibles en la Unión Europea, *DOUE* L 186, de 11 de julio de 2019.

60 Directiva 2019/1158 del Parlamento Europeo y del Consejo, de 20 de junio de 2019, relativa a la conciliación de la vida familiar y la vida profesional de los progenitores y los cuidadores, y por la que se deroga la Directiva 2010/18/UE del Consejo, *DOUE* L 188, de 12 de julio de 2019.

61 Directiva (UE) 2022/2041 del Parlamento Europeo y del Consejo, de 19 de octubre de 2022, sobre unos salarios mínimos adecuados en la Unión Europea, *DOUE* L 275, de 25 de octubre de 2022.

impulsar la convocatoria de una convención para revisar los Tratados[62]. Entre los aspectos de la propuesta parlamentaria, se formula la necesidad de «adaptar las competencias atribuidas a la Unión por los Tratados [...]; garantizar la plena aplicación del pilar europeo de derechos sociales e incorporar el progreso social del artículo 9 del TFUE, vinculado a un Protocolo de Progreso Social, a los Tratados» y «apoyar el refuerzo de la competitividad y la resiliencia de la economía de la Unión, prestando especial atención a las pequeñas y medianas empresas y a los controles de la competitividad, y promover inversiones orientadas al futuro centradas en las transiciones ecológica y digital justas»[63]. Junto con las garantías relativas al Pilar, resulta relevante el propósito de reforzar el procedimiento para la protección de los valores en los que se fundamenta la Unión y precisar la constatación y las consecuencias de las violaciones del art. 7 del TUE y de la CDF de la UE[64].

IV. ¿Qué prioridades debe afrontar la Unión Europea en materia social?

Entre los temas principales que se abordan durante la Presidencia española del Consejo, destacan: la agricultura y pesca, la competitividad, la energía, el Espacio Schengen, la gobernanza económica, la igualdad, el pacto migratorio, la sanidad, la transformación digital y la transición ecológica[65]. Todos estos aspectos guardan relación con la política social. Por ejemplo, en el ámbito de la agricultura y pesca, en particular en el sector pesquero, la UE se configura como el quinto productor mundial de pesca y acuicultura, con cerca del tres por ciento de la producción[66]. Además, la pesca destaca por su papel crucial en la actividad económica de las regiones costeras del continente europeo, y el empleo tiende a concentrarse en algunos países, como España, Grecia e Italia. Estos tres países suman el 62 por ciento del empleo de la UE[67].

En el terreno de la igualdad, a pesar de que ha constituido uno de los fundamentos principales de la producción normativa de la UE en el ámbito social, persisten muchos retos no superados y aparecen otros nuevos. Así, por

62 Resolución del Parlamento Europeo, de 9 de junio de 2022, sobre la convocatoria de una convención para la revisión de los Tratados (2022/2705(RSP)), *DOUE* C 493, de 27 de diciembre de 2022.

63 Párr. 5 de la Resolución.

64 *Ibidem.*

65 Citado por «Asuntos principales», en: https://spanish-presidency.consilium.europa.eu/es/programa/asuntos-principales/

66 *Ibidem.*

67 *Ibidem.*

lo que respecta a la violencia de género, las diferentes formas de violencia contra las mujeres y las niñas son en su conjunto una de las discriminaciones y vulneraciones sistemáticas más graves y habituales de los derechos humanos a escala mundial[68]. La Agencia de los Derechos Fundamentales de la Unión Europea (FRA) informa de que «una de cada tres mujeres de la UE ha sufrido violencia física y/o sexual, y tipos de violencia como la ciberviolencia, que se dirige en especial a mujeres jóvenes y a las que ejercen su actividad en la esfera pública, van en aumento»[69]. Para afrontar estas prácticas, la Comisión Europea adoptó una nueva propuesta de Directiva sobre la lucha contra la violencia hacia las mujeres y la violencia doméstica, de 8 de marzo de 2022[70]. En este sentido, un instrumento de referencia para la UE es el Convenio del Consejo de Europa sobre prevención y lucha contra la violencia contra las mujeres y la violencia doméstica, de 2011 (el Convenio de Estambul)[71]. De hecho, El Convenio de Estambul es el marco internacional más amplio para abordar de forma integral la violencia contra las mujeres y la violencia doméstica. Sin embargo, a diferencia de la propuesta de la UE, no

68 «Poner fin a todas las formas de violencia contra la mujer», *Ibidem.*

69 *Ibidem.*

70 Propuesta de Directiva del Parlamento Europeo y del Consejo sobre la lucha contra la violencia contra las mujeres y la violencia doméstica, COM (2022) 105 final.

71 Convenio del Consejo de Europa sobre prevención y lucha contra la violencia contra las mujeres y la violencia doméstica (*CETS* n.º 210); Véase sobre el Convenio Ushakova, T., «La aportación del nuevo Convenio del Consejo de Europa al debate sobre la violencia de género», *Revista Internacional y Comparada de Relaciones Laborales y Derecho del Empleo,* vol. 1 (2013), n.º 4, pp. 1-18.
«En 2016, la Comisión propuso la adhesión de la UE al Convenio de Estambul, tras lo cual la Comisión y la Presidencia del Consejo firmaron el Convenio en nombre de la UE en 2017. Hasta la fecha, el proceso de adhesión de la UE no ha concluido ya que el Consejo no ha adoptado aún la decisión final de celebración. La finalización de la adhesión de la UE al Convenio sigue siendo una prioridad para la Comisión. Las medidas de la presente propuesta pretenden alcanzar los objetivos del Convenio en los ámbitos de competencia de la UE, reforzando así la protección que confiere el Convenio. Una vez que la UE se adhiera al Convenio, la presente iniciativa supondrá la ejecución del Convenio en esos ámbitos». Propuesta de Decisión del Consejo relativa a la firma, en nombre de la Unión Europea, del Convenio del Consejo de Europa sobre prevención y lucha contra la violencia contra las mujeres y la violencia doméstica, COM (2016) 111 final, de 4 de marzo de 2016; Propuesta de Decisión del Consejo relativa a la celebración, por la Unión Europea, del Convenio del Consejo de Europa sobre prevención y lucha contra la violencia contra las mujeres y la violencia doméstica, COM (2016) 109 final, de 4 de marzo de 2016. Citado por la Propuesta de Directiva, COM (2022) 105 final.
En el proceso de la adhesión de la UE al Convenio de Estambul, hay que tener en cuenta que, a diferencia del proceso similar de adhesión de la UE al Convenio Europeo de Derechos Humanos, no todos los Estados miembros han ratificado el primero. Véase la información más detallada en «EU accession to the Council of Europe Convention on preventing and combating violence against women ("Istanbul Convention")», disponible en: https://www.europarl.europa.eu/legislative-train/theme-area-of-justice-and-fundamental-rights/file-eu-accession-to-the-istanbul-convention

contempla explícitamente los fenómenos más recientes como la ciberviolencia contra las mujeres[72], que van en aumento con el uso de internet y de las herramientas informáticas y que, a menudo, constituyen una prolongación de la violencia que sufren las víctimas fuera de línea. En parte, dichas prácticas se han extendido debido a la situación de la pandemia y postpandemia.

En relación con el Plan de Acción del Pilar, dicha Propuesta de Directiva se enmarca en el compromiso de luchar contra la violencia de género y proponer legislación a tal efecto. En el caso de España, algunas de estas conductas se encuentran ya contempladas como delitos en la Ley Orgánica 10/2022, de 6 de septiembre, de garantía integral de la libertad sexual[73].

La igualdad retributiva y la igualdad en el ámbito laboral son temas recurrentes. Al respecto, uno de los avances más recientes de la UE ha sido la adopción, en noviembre de 2022 y tras diez años de negociaciones, de la Directiva (UE) 2022/2381 del Parlamento Europeo y del Consejo, relativa a un mejor equilibrio de género entre los administradores de las sociedades cotizadas y a medidas conexas[74]. Con esta nueva normativa, las empresas cotizadas deben asegurar que, de aquí a 2026, las personas del sexo infrarrepresentado, que suelen ser las mujeres, ocupen al menos el 40 por ciento de los puestos de administrador no ejecutivo o al menos el 33 por ciento del total de puestos de administrador, ejecutivo o no ejecutivo. A nivel nacional, destaca el Anteproyecto de Ley Orgánica de Representación Paritaria de Mujeres y Hombres en los Órganos de Decisión, analizado por el Consejo de Ministros y Ministras de España en marzo de 2023, ya que pretende adelantarse a los plazos previstos en la legislación europea y asegurar que las sociedades cotizadas tengan al menos un 40 por ciento de consejeras en sus consejos de administración antes del 1 de julio de 2024.

El Pacto Migratorio es uno de los puntos más destacados y complejos de la agenda española. Al igual que el tema de la igualdad, es un aspecto recurrente. Cabe recordar que la decisión de renovar la política migratoria venía motivada por la llamada crisis de los refugiados del año 2015, con la llegada masiva de personas que huían de los conflictos en Siria, Afganistán e Irak.

Parece que, con el acuerdo alcanzado en el Consejo, de 8 de junio de 2023, «la UE está más cerca que nunca de cerrar un pacto migratorio que mejore el statu quo»[75]. Existe una propuesta de la Comisión, enmendada por

---

72 La ciberviolencia se entiende como el intercambio no consensuado de imágenes íntimas, el ciberacecho, el ciberacoso y la incitación a la violencia o al odio por medios cibernéticos.

73 *B.O.E.* n.° 215, de 07 de septiembre de 2022.

74 *DOUE* n.° 315, de 7 de diciembre de 2022.

75 Citado por «El Pacto sobre Migración y Asilo, más cerca que nunca», en: https://spanish-presidency.consilium.europa.eu/es/programa/asuntos-principales/ .
Véase la información más detallada en: https://www.consilium.europa.eu/es/policies/eu-migration-policy/eu-asylum-reform/

el Parlamento Europeo, y una orientación general del Consejo que hacen posible un acuerdo final durante la Presidencia española bajo los principios de solidaridad y responsabilidad compartida. En este sentido, España tiene que lidiar con las situaciones e intereses muy desiguales de los Estados miembros, incluida su propia posición como uno de los países más afectados por la presión migratoria proveniente de África, junto a Chipre, Grecia, Italia y Malta (Med5).

La propuesta de la Comisión reúne cinco reglamentos vinculados entre sí, que se añaden a otros actos provenientes de propuestas de 2016 (Reglamento de la Agencia Europea de Asilo, Reglamento de Cualificación, Reglamento de Condiciones de Acogida, Reglamento de Reasentamiento).

Como resume la página de la Presidencia española[76], en primer lugar, el Reglamento de gestión de Asilo y Migración (RAM) es una pieza fundamental en el nuevo diseño y supone la reforma del Reglamento de Dublín, que hasta ahora ha asignado al Estado de primera entrada la responsabilidad de las solicitudes de asilo y de las ayudas que emanan del Estatuto de Refugiado, y, como contrapartida, contiene medidas de solidaridad. En segundo lugar, el reglamento que regula las situaciones de crisis permite a un Estado solicitar a la Comisión la activación de una respuesta de emergencia ante una avalancha migratoria inesperada. En tercer lugar, se propone la reforma del Reglamento de Eurodac (sistema de comparación de impresiones dactilares usado para ayudar a determinar el Estado miembro responsable del estudio de una solicitud de asilo). En cuarto lugar, se concibe el reglamento sobre el control de migrantes en las fronteras exteriores. Y, por último, se requiere la reforma del Reglamento de procedimientos comunes y garantías.

Dichas propuestas se combinan con las actuaciones frente a los desafíos puntuales, como es el caso de refugiados a raíz del conflicto armado en el territorio de Ucrania. Desde febrero de 2022 hasta marzo de 2023, cuatro millones de ucranianos, sobre todo mujeres y niños, han entrado masivamente en la UE y se les han acogido sin demora gracias a una aplicación de la Directiva de Protección Temporal, que establece un periodo de protección de un máximo de tres años[77]. Tal y como estipula la Directiva 2001/55/CE,

> la protección temporal debe tener una duración inicial de un año. Salvo que se le ponga fin sobre la base de lo dispuesto en el artículo 6, apartado 1, letra b), de di-

---

76 *Ibidem.*

77 Decisión de Ejecución (UE) 2022/382, del Consejo de 4 de marzo de 2022, por la que se constata la existencia de una afluencia masiva de personas desplazadas procedentes de Ucrania en el sentido del artículo 5 de la Directiva 2001/55/CE y con el efecto de que se inicie la protección temporal, ST/6846/2022/INIT. *DO* L 71, de 4 de marzo de 2022.
Véase Garcés Mascareñas, B., «La acogida de refugiados ucranianos: más allá de la emergencia», *CIDOB Opinión,* 754, marzo de 2023, 3 pp., disponible en: https://www.cidob.org/es/publicaciones/serie_de_publicacion/opinion_cidob/2023/la_acogida_de_refugiados_ucranianos_mas_alla_de_la_emergencia

cha Directiva, dicho período debe prorrogarse automáticamente por seis períodos mensuales durante un plazo máximo de un año. La Comisión hará un seguimiento y una revisión constantes de la situación. En cualquier momento, puede proponer al Consejo que ponga fin a la protección temporal, basándose en que la situación en Ucrania sea tal que permita el regreso seguro y duradero de aquellos a quienes se haya concedido protección temporal, o proponer al Consejo que prorrogue la protección temporal durante un año como máximo[78].

Le corresponde a la Presidencia española determinar qué va a ocurrir después de este plazo. Es importante destacar que, en marzo de 2022, España adoptó el Real Decreto-ley 6/2022, sobre medidas urgentes de respuesta a las consecuencias económicas y sociales de la guerra en Ucrania[79] y, en marzo de 2023, acogió a más de 170. 000 refugiados procedentes de la zona de conflicto[80]. Además, estos hechos tienen que considerarse en el contexto del reto demográfico, marcado como una de las prioridades para las Presidencias de los próximos 18 meses.

Por último, y sin ánimo exhaustivo, se perfila el reto tecnológico y que, hoy en día, se traduce en el digital y está estrechamente relacionado con otros tales como el medioambiental y el social. El avance de las tecnologías afecta a distintas facetas del ámbito laboral.

En primer lugar, se trata de su proyección en el terreno de los derechos humanos y, en particular, de los derechos laborales. En este sentido, es muy ilustrativa la Declaración conjunta del Parlamento Europeo, el Consejo y la Comisión sobre los Derechos y Principios Digitales para la Década Digital[81]. La Declaración se fundamenta en los valores indivisibles y universales de la dignidad humana, la libertad, la igualdad y la solidaridad, en los que también se inspira todo el proyecto europeo, en virtud de los Tratados y la CDF[82]. En esta línea de ideas, el Parlamento Europeo ha promovido varias iniciativas para precisar los principios éticos que deben guiar la UE en su camino hacia la transformación digital[83]. En este nuevo entorno, parecía importante asegurar el pleno respeto de derechos fundamentales como la protección de datos, el derecho a la privacidad, la ausencia de discriminación, la igualdad de gé-

78 Considerando 21 de la Decisión de Ejecución.

79 Real Decreto-ley 6/2022, de 29 de marzo, por el que se adoptan medidas urgentes en el marco del Plan Nacional de respuesta a las consecuencias económicas y sociales de la guerra en Ucrania, *B.O.E.* n.º 76, de 30 de marzo de 2022.

80 «España supera las 170.000 protecciones temporales a refugiados de Ucrania un año después de la activación del mecanismo», 10 de marzo de 2023, citado por: https://www.lamoncloa.gob.es/serviciosdeprensa/notasprensa/interior/paginas/2023/100323-protecciones-temporales-refugiados-ucrania.aspx

81 *DO* C 23, de 23 de enero de 2023.

82 Considerando 1 de la Declaración.

83 Considerando 4 de la Declaración.

nero, y de principios como la protección de los consumidores, la neutralidad tecnológica y de la red, la fiabilidad y la inclusividad. El Parlamento también ha insistido en reforzar la protección de los derechos de los usuarios, los derechos de los trabajadores y el derecho a la desconexión.

En el ámbito laboral, la Declaración aborda el reto digital bajo el título relativo a las «Condiciones de trabajo justas y equitativas» y estipula lo siguiente:

> 5. Toda persona tiene derecho a unas condiciones de trabajo equitativas, justas, saludables y seguras, así como a una protección adecuada en el entorno digital y en el puesto de trabajo físico, con independencia de su situación laboral y de la modalidad o la duración del empleo.
>
> 6. Las organizaciones sindicales y patronales desempeñan un papel importante en la transformación digital, en particular en lo relativo a la definición de unas condiciones de trabajo justas y equitativas, también en lo que respecta al empleo de herramientas digitales en el trabajo.
>
> Nos comprometemos a:
>
> a) velar por que toda persona pueda desconectar y beneficiarse de salvaguardias para asegurar el equilibrio entre vida privada y vida laboral en un entorno digital;
>
> b) garantizar que las herramientas digitales no supongan ningún tipo de riesgo para la salud física y mental de los trabajadores en el entorno de trabajo;
>
> c) garantizar el respeto de los derechos fundamentales de los trabajadores en el entorno digital, incluidos su derecho a la privacidad, el derecho de asociación, el derecho de negociación y acción colectiva, así como la protección frente a una vigilancia ilegal e injustificada;
>
> d) garantizar que el uso de la inteligencia artificial en el lugar de trabajo sea transparente y siga un enfoque basado en los riesgos, y que se adopten las medidas de prevención correspondientes para mantener un entorno de trabajo seguro y saludable;
>
> e) garantizar, en particular, que las decisiones importantes que afecten a los trabajadores cuenten con supervisión humana y que, en general, se los informe de que están interactuando con sistemas de inteligencia artificial.

Además, es significativo que «la visión de la UE sobre la transformación digital sitúa a las personas en el centro, empodera a los ciudadanos e incentiva a las empresas innovadoras. La Decisión sobre el programa de política «Itinerario hacia la Década Digital» para 2030 establece las metas digitales concretas basadas en cuatro puntos cardinales: capacidades digitales, infraestructuras digitales, digitalización de las empresas y de los servicios públicos»[84].

Desde hace años, la formación y la capacitación en el ámbito digital es una de las prioridades de la Unión Europea. Para supervisar los avances de

84 Considerando 6 de la Declaración.

los Estados miembros, se elaboró una herramienta llamada «Índice de Economía y Sociedad Digitales (DESI)», un índice compuesto que resume indicadores relevantes sobre el rendimiento digital y evalúa el avance de los Estados miembros según cinco dimensiones principales: Conectividad, Capital Humano, Uso de Internet, Integración de la Tecnología Digital y Servicios Públicos Digitales[85]. A partir del año 2014, la Comisión Europea supervisa el progreso digital de los Estados miembros a través del DESI. Así, cada año, se elaboran perfiles de países, que les permiten identificar los aspectos que requieren una acción prioritaria[86]. Como se puede comprobar en la imagen (Imagen. 2), que se reproduce a continuación, según los datos del año 2022, España se sitúa en la séptima posición, precedida por Finlandia, Dinamarca, Países Bajos, Suecia, Irlanda y Malta.

Imagen 2. índice de Economía y Sociedad Digitales.

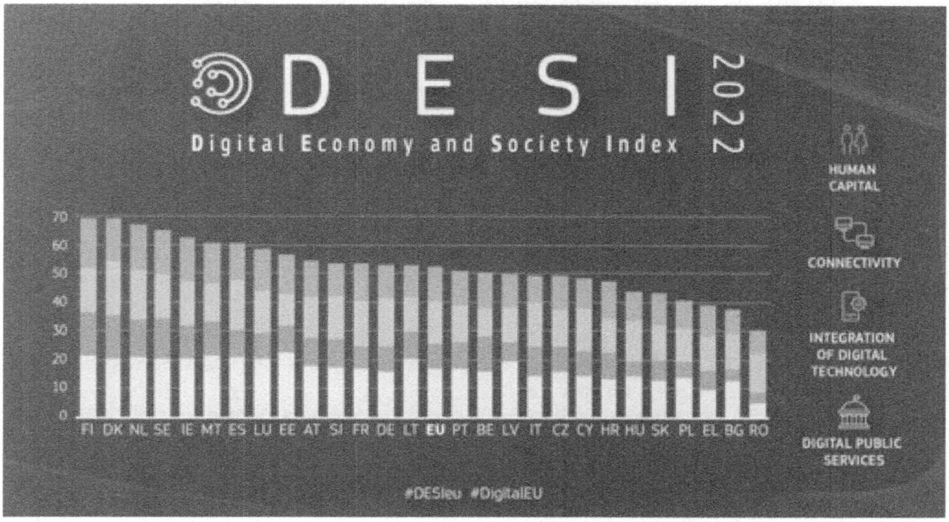

Fuente: «The Digital Economy and Society Index (DESI)», disponible en: https://digital-skills-jobs.europa.eu/en/inspiration/resources/digital-economy-and-society-index-desi [Acceso: 29 de agosto de 2023].

85 Citado por «The Digital Economy and Society Index (DESI)», disponible en: https://digital-skills-jobs.europa.eu/en/inspiration/resources/digital-economy-and-society-index-desi.

86 *Ibidem.*

La reciente Ley Orgánica 3/2022, es la respuesta española a los dos grandes retos transformadores del modelo económico, a saber, la transición ecológica y la digitalización[87], y al compromiso al respecto, asumido por España tanto en el plano nacional como europeo. Presenta una oportunidad de modernización, desde el punto de vista económico, y de cualificación y de empleabilidad, desde el punto de vista social[88].

Una de las prioridades concretas de la Presidencia española en este ámbito es contribuir a la adopción de un Reglamento europeo de Inteligencia Artificial (AI)[89]. La Inteligencia Artificial se define como «un conjunto de tecnologías de rápida evolución que puede generar un amplio abanico de beneficios económicos y sociales en todos los sectores y actividades sociales. Mediante la mejora de la predicción, la optimización de las operaciones y de la asignación de los recursos y la personalización de la prestación de servicios, la inteligencia artificial puede facilitar la consecución de resultados positivos desde el punto de vista social y medioambiental, así como proporcionar ventajas competitivas esenciales a las empresas y la economía europea»[90]. Asimismo, al ser aplicable en determinados ámbitos, la propuesta pretende surtir efectos positivos en los derechos de diversos grupos especiales, como los derechos de los trabajadores a unas condiciones de trabajo justas y equitativas (art. 31 de la CDF)[91].

Del mismo modo, está sobre la mesa la Propuesta de Directiva relativa a la mejora de las condiciones laborales en el trabajo en plataformas digitales[92], aspecto que ha generado más de un centenar de resoluciones de los órganos jurisdiccionales en los Estados europeos. También en España, la muy comentada STS 805/2020, dio origen a la Ley 12/2021[93] conocida como Ley

87 Ley Orgánica 3/2022, de 31 de marzo, de ordenación e integración de la Formación Profesional, *B.O.E.* n.° 78, de 1 de abril de 2022.
Sobre la Ley, véase, entre otros, MELLA MÉNDEZ, L., «Sobre la Ley Orgánica 3/2022, de 31 de marzo, de ordenación e integración de la reforma profesional: valoración general de una ambiciosa reforma», *Briefs AEDTSS,* n.° 31 (2022), pp. 163-168.

88 Apartado IV del Preámbulo de la LO 3/2022.

89 Propuesta de Reglamento del Parlamento Europeo y del Consejo por el que se establecen normas armonizadas en materia de inteligencia artificial (Ley de Inteligencia Artificial) y se modifican determinados actos legislativos de la Unión, de 21 de abril de 2021, COM (2021) 206 final.

90 Citado por 1.1. «Razones y objetivos de la propuesta» de Exposición de Motivos.

91 Citado por 3.5. «Derechos fundamentales» del apartado 3. Resultados de las evaluaciones es post, las consultas con las partes interesadas y las evaluaciones de impacto.

92 COM (2021)762 final, de 9 de diciembre de 2021.

93 Ley 12/2021, de 28 de septiembre, por la que se modifica el texto refundido de la Ley del Estatuto de los Trabajadores, aprobado por el Real Decreto Legislativo 2/2015, de 23 de octubre, para garantizar los derechos laborales de las personas dedicadas al reparto en el ámbito de plataformas digitales, *B.O.E.* n.° 233, de 29 de septiembre de 2021.
«La labor esencial realizada por la Inspección de Trabajo y Seguridad Social se encuentra

«Riders», norma que presume la laboralidad en el ámbito de las plataformas digitales de reparto y añade un nuevo grupo de derechos de información al art. 64.4 (d) del Estatuto de los Trabajadores, con la siguiente redacción:

> Ser informado por la empresa de los parámetros, reglas e instrucciones en los que se basan los algoritmos o sistemas de inteligencia artificial que afectan a la toma de decisiones que pueden incidir en las condiciones de trabajo, el acceso y mantenimiento del empleo, incluida la elaboración de perfiles.

Otro aspecto relevante en que hay que insistir en el contexto tecnológico y digital es el concepto de Industria 5.0[94], que proporciona «una visión del modo en que la industria europea podría liderar la transiciones ecológica y digital mediante la conciliación de los derechos y las necesidades de los trabajadores, con avances tecnológicos y límites planetarios»[95]. Esta idea ya es-

---

en el origen de buena parte de las sentencias que han resuelto a favor o en contra de la laboralidad de las prestaciones de servicios en plataformas digitales de reparto y que han culminado con la STS 805/2020, de 25 de septiembre.
La nueva disposición adicional incorpora los criterios y parámetros establecidos por el Tribunal Supremo en dicha sentencia, primera dictada en unificación de doctrina, valiéndose para ello de la prevalencia del principio de realidad en el sentido señalado por sentencias precedentes, como la STS 263/1986, de 26 de febrero de 1986, o STS de 20 de enero de 2015, recurso 587/2014, y en la que se destaca, asimismo, la necesidad de adaptar los requisitos de dependencia y ajenidad al contexto actual». Citado por el apartado II del Preámbulo de la Ley 12/2021.

94 En el momento de redacción de estas líneas, los informes sobre la Industria 5.0 están disponibles en inglés y pueden consultarse a partir de la entrada «Industry 5.0: Towards more sustainable, resilient and human-centric industry», en: https://research-and-innovation.ec.europa.eu/news/all-research-and-innovation-news/industry-50-towards-more-sustainable-resilient-and-human-centric-industry-2021-01-07_en .
Durante los últimos diez años, el concepto más relevante ha sido el de la Industria 4.0, centrada sobre todo en el uso de la inteligencia artificial y la digitalización de procesos para incrementar la productividad y la eficiencia. Sin embargo, en la etapa que empieza, la nueva Industria 5.0 no solo debe afrontar las necesidades de digitalización, Big Data, IA, robotización y cobots, sino situar la sociedad y el factor humano en el centro del avance tecnológico.
Según la Comisión Europea, la Industria 5.0 podría definirse como aquella que pretende «alcanzar objetivos sociales más allá del empleo y el crecimiento para convertirse en un proveedor resistente de prosperidad, haciendo que la producción respete los límites de nuestro planeta y situando el bienestar del trabajador en el centro del proceso de producción» (Breque *et al.*, 2021).
Esta nueva visión, por lo tanto, pretende centrarse en tres aspectos de forma complementaria: la sostenibilidad, el bienestar de las personas y la resiliencia de nuestra sociedad frente a cambios o amenazas. La construcción de una nueva sociedad pasa a ser uno de los fundamentos de la nueva Industria 5.0. Citado por: https://www.interempresas.net/Robotica/Articulos/405295-La-Industria-50-el-nuevo-paradigma-de-la-transformacion-digital.html .

95 Unión Europea, «Marco estratégico de la UE en materia de salud y seguridad en el trabajo 2021-2027. La seguridad y la salud en el trabajo en un mundo laboral en constante transformación», Comunicación de la Comisión al Parlamento Europeo, al Consejo, al Comité Económico y Social y al Comité de las Regiones, COM (2021) 323 final, de 28 de junio de 2021, p. 8.

taba latente en el Plan de Acción de la Comisión Europea para su mandato de 2019 a 2024. Sin embargo, el Informe de Expertos Independientes, de 2022, ha resaltado la necesidad de hacer referencia a la Industria 5.0 centrada en la persona. De este modo, la industria como motor de la recuperación tiene que ir más allá del mero desarrollo tecnológico y digital, teniendo en cuenta el factor medioambiental y el bienestar social.

En esta línea de razonamiento, hay que valorar que, durante la crisis sanitaria, económica y social sin precedentes, España, como sus Estados vecinos más avanzados, ha sabido hacer frente a las dificultades, sacar lecciones y aprovechar la situación para aprobar dos normas de suma importancia: la Ley 10/2021, de 9 de julio, de trabajo a distancia[96], y la Ley 19/2021, de 20 de diciembre, de ingreso mínimo vital[97]. La particularidad de estos actos normativos reside en el hecho de que, aunque se promulgasen en los tiempos de la Covid-19, su aplicación se proyecta hacia el futuro y sirve para reforzar la faceta social del Estado. Dichos ámbitos del Derecho de la Unión, correspondientes a los principios del Pilar Europeo de Derechos Sociales están respaldados, por ahora, por un acuerdo marco[98] y una recomendación[99].

V. Consideraciones finales

El logo que ha adoptado la Presidencia española del Consejo de la Unión Europea «combina los principios y valores europeos que España hace suyos» y «quiere transmitir la idea de que España, al igual que los demás Estados miembros, en realidad no solo pertenece a la UE, sino es un elemento estructural de esta»[100]. Esta idea «subraya la profunda identificación y cercanía [...] con el proyecto europeo» y la vocación europeísta del Estado español. A su vez, el lema «Europa más cerca» quiere transmitir el «espíritu de cercanía humana, política e institucional»[101].

---

96 *B.O.E.* n.º 164, de 10 de julio de 2021.

97 *B.O.E.* n.º 304, de 21 de diciembre de 2021.

98 Acuerdo Marco Europeo sobre el Teletrabajo, suscrito el 16 de julio de 2002, por UNICE/UEAPME, CEEP y CES. Resolución de 31 de enero de 2003, de la Dirección General de Trabajo, por la que se dispone la inscripción en el Registro y publicación del Acuerdo Interconfederal para la Negociación Colectiva 2003 (ANC 2003), *B.O.E.* n.º 47, de 24 de febrero de 2003.
Véase también el reciente Acuerdo marco relativo a la aplicación del apartado 1 del artículo 16 del Reglamento (CE) n.º 883/2004 en los casos de teletrabajo transfronterizo habitual, *B.O.E.* n.º 185, de 4 de agosto de 2023.

99 Recomendación del Consejo de 30 de enero de 2023 sobre una renta mínima adecuada que procure la inclusión activa, *DOUE* n.º 41, de 3 de febrero de 2023.

100 Véase «Logo de la Presidencia española en el Consejo de la UE», en: https://spanish-presidency.consilium.europa.eu/es/presidencia/logo-y-lema/

101 «Europa más cerca», *Ibidem*.

Con el paso de las décadas, se ha demostrado que la idea inicial de que el desarrollo económico aseguraría automáticamente el progreso social no era del todo cierta, y que el futuro de la integración europea estaba vinculado a una fuerte dimensión social. En efecto, se ha demostrado que es necesaria «una convergencia al alza y una política social más eficaz a nivel de la UE y de sus Estados miembros»[102]. Es más, se ha planteado la necesidad de apostar por una Europa más dinámica para impulsar la competitividad, el crecimiento inteligente e integrados, el pleno empleo y el ejercicio efectivo de todos los derechos sociales, alertando de que, si no se lograse el equilibrio señalado, no habría ningún futuro para la unión política[103]. De este modo, se ha abogado por poner en marcha el pilar social de la Unión Económica y Monetaria en el marco de una Europa social, ya que, si no se realizase dicho propósito, no se contaría con la adhesión de los ciudadanos al proyecto europeo[104]. Así, el desarrollo de la dimensión social de la Unión Europea asegura su mayor visibilidad y transparencia y, por ende, el apoyo de la población.

En el documento de reflexión sobre la dimensión social de la UE, elaborado en el contexto de la ya superada crisis financiera y económica[105], se analizan cinco escenarios del futuro de la Europa social del Libro Blanco de la Comisión: «Seguir igual», «Solo el mercado único», «Los que desean hacer más, hacen más», «Hacer menos, pero de forma más eficiente» y «Hacer mucho más conjuntamente»[106]. Dichos escenarios se resumen en tres opciones para el futuro, que siguen vigentes hoy en día: «Limitar la "dimensión social" a la libre circulación», «Los que desean hacer más en el ámbito social hacen más» y «Profundizar en la dimensión social conjuntamente».

La libertad de circulación es uno de los principios básicos y piedras angulares de la arquitectura europea, y la mayoría de las normas armonizadoras sirve para asegurar dicha libertad. También es evidente que la integración europea se lleva a cabo «a varias velocidades» y mediante «*opt-outs*»: los ejemplos más significativos de ello son la zona euro y el espacio Schengen, mientras que el Reino Unido ha logrado reunir el mayor número de los «*opt-*

102 Véase a respecto el Dictamen del Comité Económico y Social Europeo sobre «El pilar europeo de derechos sociales: evaluación de las primeras medidas de aplicación y recomendaciones para el futuro», *DOEU* C 14, de 15 de enero de 2020.

103 Dictamen del Comité Económico y Social Europeo sobre el tema «Por una dimensión social de la Unión Económica y Monetaria Europea» (Dictamen exploratorio), *DOUE* C 271, de 19 de septiembre de 2013, y el comentario al respecto de Rojo Torrecilla, E., «La construcción de la dimensión social de la Unión Europea: muchos retos pendientes y muchas necesidades a las que responder», *Anuario IET de Trabajo y Relaciones Laborales*, vol. 2 (2014), p. 122. 117-126.

104 *Ibidem.*

105 Unión Europea, «Documento de reflexión sobre la dimensión social de Europa», Comisión Europea, COM (2017) 206, de 26 de abril de 2017.

106 Unión Europea, «Documento de reflexión sobre la dimensión social de Europa», p. 23.

outs», seguida por Dinamarca, Irlanda y Polonia, y llevarlo a sus últimas consecuencias abandonado la Unión.

Sin embargo, y especialmente con la puesta en marcha del Pilar Europeo de Derechos Sociales, la opción más conveniente y, hasta irreversible, consiste en profundizar en la dimensión social conjuntamente. Las ventajas de este modelo ya se señalaron en el Documento de reflexión, de 2017: en primer lugar, los ciudadanos tendrían más igualdad de derechos sociales y se identificarían más con el proyecto europeo; en segundo lugar, se evitaría el *dumping social,* se reforzaría el mercado único y los mercados laborales estarían más integrados; en tercer lugar, se facilitaría la adhesión a la zona euro y las economías mostrarían más resiliencia frente a las crisis externas e internas, actuando conjunta y solidariamente, y, por último, la Unión Europea estaría mejor situada en el plano internacional[107]. Los inconvenientes de este modelo son sobradamente conocidos: una mayor intervención de la UE en los ámbitos nacionales provocaría la desconfianza de los ciudadanos de algunos países que se verían perjudicados frente a otros, y, a raíz de esta percepción, errónea o no, la acción en conjunto chocaría con la voluntad política de algunos gobiernos[108]. Como se puede observar, el último obstáculo señalado se supera en parte mediante la adopción de medidas no vinculantes, como planes de acción, por ejemplo, el propio Plan de Acción del PEDS, programas, resoluciones o recomendaciones, especialmente en los campos más sensibles.

Por lo que respecta a la Presidencia española, los aspectos de la dimensión social más destacados que requieren de impulso son: la competitividad expresada en el Plan Industrial del Pacto Verde, el nuevo Pacto Migratorio y la transformación digital. Cada una de estas facetas guardan una relación directa con el ámbito laboral y se expresan en las propuestas normativas en forma de reglamento europeo. Así, el Plan Industrial del Pacto Verde implica la adopción de un reglamento sobre una industria de cero emisiones netas, que fija objetivos ambiciosos en la producción de tecnologías limpias. El Pacto Migratorio requiere de adopción o reforma de unos cinco reglamentos en el contexto de la crisis demográfica y la llegada masiva de refugiados. Y la digitalización invita a abordar el desafío que plantea la Inteligencia Artificial mediante un reglamento.

Finalmente, y como decía Ortega y Gasset, europeísta convencido, en su reflexión sobre Europa de hace unos 70 años, la cultura europea es propensa a sufrir crisis periódicas, lo que significa que no es una cultura cerrada, y quiere ir más allá de lo que era y más allá de sí misma. Dicha afirmación es extrapolable al proceso de integración europea y su dimensión social. En

107 *Ibidem,* p. 31.

108 *Ibidem.*

este sentido, aunque la Presidencia española no logre resultados concretos, allanará, con toda la seguridad, el camino para avances venideros, en consonancia con la célebre expresión de Cervantes de que «el camino es mejor que la posada».

Bibliografía consultada

Ales, E., Bell M., Deinert, O., Robin-Oliver, S. (Eds.), *International and European Labour Law. A Commentary,* Nomos, Baden-Baden; Beck, München; Hart, Oxford, 2018.

Anderson, K. M., *Social Policy in the European Union,* Palgrave, London, 2015.

Aranzadi, *Fuentes del derecho: Normas comunitarias sobre relaciones de trabajo,* Doc. Aranzadi 2003/8, con la última revisión del 11 de agosto de 2022.

Ballester Pastor, M.ª A., *La Reforma Laboral de 2021. Más allá de la crónica,* Ministerio de Empleo y Seguridad Social, Madrid, 2022.

Bancalari Molina, A., «El mito de Europa en los textos literarios clásicos», *Acta Literaria*, n.º 43, II (2011), pp. 95-109.

Beck, U., *La Europa cosmopolita,* Paidós, Barcelona, Buenos Aires, México, 2006.

Bux, U., Maciejewski, M., *Las fuentes y el ámbito de aplicación del Derecho de la Unión Europea,* Fichas temáticas de la Unión Europea, Departamento Temático de Derechos de los Ciudadanos y Asuntos Constitucionales del Parlamento Europeo, abril de 2023, disponible en: https://www.europarl.europa.eu/factsheets/es/sheet/6/las-fuentes-y-el-ambito-de-aplicacion-del-derecho-de-la-union-europea.

Cercas, J., «*E pluribus unum*: Europa y el heroísmo de la razón», *EL PAÍS*, 16 de julio de 2017.

Cercas, J., *No callar: Crónicas, ensayos y artículos. 2000-2022,* Tusquets, Barcelona, 2023, pp. 325-336.

Consejo de la Unión Europea, *Impulsar la Agenda Estratégica,* Programa de 18 meses del Consejo (1 de julio de 2023 - 31 de diciembre de 2024), Bruselas, 20 de junio de 2023, Ref. 10597/23.

Cruz Villalón, J., «Texto y contexto de la reforma laboral de 2021 para la pospandemia», *Temas laborales: Revista andaluza de trabajo y bienestar social*, n.º 161 (2022), pp. 11-66

Diez del Corral, L., *El rapto de Europa. Una interpretación histórica de nuestro tiempo*, Alianza, Madrid, 1974.

European Union, «2022 Annual Report on Human Rights and Democracy in the World», *Report of the High Representative of the Unión for Foreign Affairs and Security Policy*, Brussels, 2022, available at: https://www.eeas.europa.eu/eeas/eu-annual-reports-human-rights-and-democracy_en

Garcés Mascareñas, B., «La acogida de refugiados ucranianos: más allá de la emergencia», *CIDOB Opinión,* 754, marzo de 2023, 3 pp., disponible en: https://www.cidob.org/es/publicaciones/serie_de_publicacion/opinion_cidob/2023/la_acogida_de_refugiados_ucranianos_mas_alla_de_la_emergencia

Gil y Gil, J. L., «Alcance de la reforma laboral de 2021», *Noticias CIELO,* n.º especial de 2022, dedicado a «La reforma laboral española de 2021: puntos críticos del Real Decreto-ley 32/2021», coordinado por Mella Méndez, L. disponible en: https://www.cielolaboral.com/numeros/.

Gil y Gil, J. L., «La réforme du marché du travail de 2021», *Revue de Droit Comparé du Travail et de la Sécurité Sociale,* n.º 1 (2022), pp. 184-187.

Hantaris, L., *Social Policy in the European Union,* 3rd ed., Palgrave, London, 2007.

Jimena Quesada, L., *Social Rights and Policies in the European Union. New Challenges in a Context of Economic Crisis*, Tirant lo Blanch, Valencia, 2016.

Mella Méndez, L., «Sobre la Ley Orgánica 3/2022, de 31 de marzo, de ordenación e integración de la reforma profesional: valoración general de una ambiciosa reforma», *Briefs AEDTSS,* n.º 31 (2022), pp. 163-168.

Molina del Pozo, C. F., *Tratado de Lisboa. Tratado de la Unión Europea, Tratado de Funcionamiento de la Unión Europea, Carta Europea de Derechos Fundamentales: textos consolidados y anotados,* 2.ª ed., Editorial Universitaria Ramón Areces, Madrid, 2018.

Molina del Pozo, C. F., *Derecho de la Unión Europea,* 6.ª ed., Colección Jurídica General. Cursos, Editorial Reus, Madrid, 2022.

Molina del Pozo, C. F. (Dir.), **Cirefice, R., Jiménez Carrero, J. A.** (Coords.), *El futuro de los procesos de integración en el marco de las relaciones Unión Europea-América Latina,* Editorial Colex, A Coruña, 2022.

Monereo Pérez, J. L., Rodríguez Escanciano, S., Rodríguez Iniesta, G. (Dirs.), **Ortiz Castillo, F.** (Coord.), *La reforma laboral de 2021. Estudio técnico de su régimen jurídico,* Laborum, Murcia, 2022.

Ortega y Gasset, J., *Meditación de Europa y otros ensayos,* Alianza, Madrid, 2015.

Ortega y Gasset, J., «Cultura europea y pueblos europeos», en *Meditación de Europa y otros ensayos,* Alianza, Madrid, 2015, pp. 19-51.

Ortega y Gasset, J., «De Europa meditatio quaedam», en Ortega y Gasset, J., *Meditación de Europa y otros ensayos,* Alianza, Madrid, 2015, pp. 53-159.

Ortega y Gasset, J., «España como posibilidad», en Ortega y Gasset, J., *Meditación de Europa y otros ensayos,* Alianza, Madrid, 2015, pp. 201-203.

Ovidio Nasón, P., *Metamorfosis,* Biblioteca virtual universal (traducción Pérez Vega, A.).

Rojo Torrecilla, E., «La construcción de la dimensión social de la Unión Europea: muchos retos pendientes y muchas necesidades a las que responder», *Anuario IET de Trabajo y Relaciones Laborales*, vol. 2 (2014), pp. 117-126.

San Agustín, *Confesiones de San Agustín*, digitalizado por Librodots, disponible en: http://www.librodots.com

Sanguineti Raymond, W., «Lectura y relectura de la reforma laboral de 2021», *Trabajo y derecho: nueva revista de actualidad y relaciones laborales,* n.° 88 (2022), disponible en: https://wilfredosanguineti.wordpress.com/2022/04/23/lectura-y-relectura-de-la-reforma-laboral-de-2021-opinion-de-trabajo-y-derecho-num-88/ .

Sciarra, S., *Solidarity and Conflict. European Social Law in Crisis,* Cambridge University Press, Cambridge, 2018.

Sempere Navarro, A. V., «La reforma laboral de 2021 y los convenios colectivos», *Revista española de derecho del trabajo*, n.° 251 (2022), pp. 49-80.

Sokolska, I., «Los Tratados de Maastricht y Ámsterdam», *Fichas Temáticas de la Unión Europea, Parlamento Europeo*, marzo de 2023, disponible en: https://www.europarl.europa.eu/factsheets/es/sheet/3/los-tratados-de-maastricht-y-amsterdam#_ftn1 .

Steiner, G., *La idea de Europa,* Siruela, Madrid, 2020.

Supiot, A., «El mandato de la OIT al cumplirse su centenario», *Revista Internacional del Trabajo,* 2020, vol. 139, n.º 1, pp. 125-145.

Ugartemendia Eceizabarrena, J. I. y Bengoetxea Caballero, J. R., «Breves apuntes sobre las sentencias básicas del Tribunal de Justicia de la Unión Europea», *UNED. Teoría y Realidad Constitucional*, n.º 33 (2014), pp. 449-451.

Unión Europea, Comisión Europea, «Documento de reflexión sobre la dimensión social de Europa», COM (2017) 206, de 26 de abril de 2017.

Unión Europea, Consejo de la Unión Europea, «Tratado de Lisboa. Texto consolidado del Tratado de la Unión Europea, Protocolos, Anexos y Declaraciones relativas a las disposiciones de los Tratados, a los Protocolos anejos a los Tratados y Declaraciones de los Estados Miembros», *Revista de las Cortes Generales*, núms. 70-72 (2007), pp. 703-1166.

Union Europea, *Explicaciones sobre la Carta de los Derechos Fundamentales, DOUE* C 303/17, de 14 de diciembre de 2007.

Ushakova, T., «Hacia un concepto común de protección contra el despido en el Derecho de la Unión Europea», en Molina del Pozo, C. F. (Dir.), Cirefice, R., Jiménez Carrero, J. A. (Coords.), *El futuro de los procesos de integración en el marco de las relaciones Unión Europea-América Latina,* Editorial Colex, A Coruña, 2022, pp. 285-302.

Ushakova, T., «La aportación del nuevo Convenio del Consejo de Europa al debate sobre la violencia de género», *Revista Internacional y Comparada de Relaciones Laborales y Derecho del Empleo,* vol. 1 (2013), n.º 4, pp. 1-18.

Made in the USA
Middletown, DE
05 November 2026

36587643R00133